SCORPIO

LYNNE McTAGGART

DIE
KRAFT
DER
ACHT

Wie die Intention einer kleinen Gruppe
unser Leben heilen und die Welt verändern kann

Aus dem Englischen von
Elisabeth Liebl

SCORPIO

Titel der Originalausgabe: *The Power of Eight*
© 2017 by Lynne McTaggart
Published in agreement with the author, c/o Barbor International. INC.,
Armonk, New York, USA

5. Auflage 2021

Deutsche Erstausgabe
© 2020 der deutschsprachigen Ausgabe
Scorpio Verlag in Europa Verlage GmbH, München
© 2018 der deutschsprachigen Ausgabe
Trinity Verlag in der Scorpio Verlag GmbH & Co. KG, München
Umschlaggestaltung: Guter Punkt, München
nach einem Motiv von Shutterstock.com und theBookDesigners
Layout und Satz: Robert Gigler, München
Druck und Bindung: Pustet, Regensburg
ISBN: 978-3-95550-271-3

Für Caitlin und Kyle

Und im Gedenken an Stella, die nicht erst sehen musste,
um zu glauben

»Denn die Wunder erzählen in kleiner Schrift
genau dieselbe Geschichte noch einmal,
die über die ganze Schöpfung hin in so großen Buchstaben
geschrieben steht, dass manche von uns
sie nicht entziffern können.«

C. S. LEWIS, GOTT AUF DER ANKLAGEBANK

INHALT

VORWORT

Jahrelang habe ich mich dagegen gewehrt, dieses Buch zu schreiben, weil ich nicht wirklich an das glauben konnte, was vor meinen eigenen Augen geschah: die eigenartigen Heilprozesse in meinen Workshops. Anders ausgedrückt: Ich hatte so meine Probleme damit, zu akzeptieren, dass es Wunder gibt.

Und dabei sind die Begriffe »Wunder« bzw. »Heilprozesse« keineswegs im übertragenen Sinne zu verstehen. Ich meine damit ganz reale Geschichten in der Größenordnung der Erzählung aus der Bibel, in der fünf Brote und zwei Fische zur Speisung für 4000 Menschen wurden. Es handelt sich um zahlreiche außerordentliche, unerhörte Erfahrungen, bei denen Menschen von allen möglichen körperlichen Beschwerden geheilt wurden, nachdem man sie in eine kleine Gruppe steckte, die kollektiv heilende Gedanken entwickelte. Ich rede hier von Wundern, die sämtliche vorgefassten Meinungen über die Natur der Welt infrage stellen.

Die Idee, Menschen in Gruppen von acht Personen zu versammeln, entsprang ursprünglich einer bloßen Laune. 2008 hatte ich ein Seminar abgehalten und wollte bei der Gelegenheit ausprobieren, was passiert, wenn die Gruppe heilende Gedanken gezielt auf einen der Teilnehmer richtet. Später taufte ich solche Gruppen dann »Kraft-der-Acht«-Gruppen (Power of Eight). Ich hätte sie auch »Kraft der acht Millionen« nennen können, weil sie sich als derart machtvoll erwiesen, dass sie nahezu alles über den Haufen warfen, was ich über die Natur des Menschen zu wissen meinte.

Als Autorin interessiere ich mich vor allem für die großen Mysterien des Lebens, für die geheimnisvollsten aller Fragen – für die Natur des Bewusstseins, außersinnliche Erfahrungen, das Leben nach dem Tod. Für all jene Dinge also, die das Schulwissen massiv herausfordern. Ich suche – wie der Psychologe und Philosoph William James es ausdrückte – nach der einen weißen Krähe, die mir erlaubt zu sagen, dass nicht alle Krähen schwarz sind.

Doch auch wenn es mich zu allem hinzieht, was ungewöhnlich ist, so bleibe ich ihm Grunde meines Herzens doch eine hartgesottene Berichterstatterin. Das kommt wohl noch von meiner früheren Tätigkeit als Investigativjournalistin. Ich bemühe mich, meine Thesen auf feste Beweise zu gründen. Irgendwelche Abrakadabra-Erklärungen wie Auren oder mystische Kräfte aus dem Hut zu zaubern oder Begriffe wie »Quanten« und »Energie« ungenau und nicht durchdacht einzusetzen liegt mir überhaupt nicht. Ich hasse nichts mehr als esoterisches Wischiwaschi, weil es das, was ich mache, in ein zwielichtiges Licht rückt.

Ich bin keine Atheistin – oder gar Agnostikerin. Ein tief verborgener innerer Anteil in mir ist davon überzeugt, dass Menschen mehr sind als ein Haufen Chemikalien und ein paar elektrische Signale. Doch der Hauptgrund, weshalb die Grenzlinie zwischen dem Materiellen und dem Immateriellen mich so anzieht, ist die Tatsache, dass ich mich auf die Doppelblindversuche und gaußschen Glockenkurven verlasse, die diesen Glauben stützen.

Mein eigenes, damals noch recht konventionelles Weltbild war zum ersten Mal ins Wanken geraten, als ich an den Recherchen für mein Buch *Das Nullpunkt-Feld* arbeitete. Ursprünglich wollte ich einen wissenschaftlichen Beleg dafür finden, warum Homöopathie und Geistheilung funktionieren, doch meine Nachforschungen führten mich auf ganz neues Terrain und machten mich mit revolutionären Erkenntnissen bekannt, die unsere üblichen Glaubenssätze über das Universum und seine Funktionsweise infrage stellen. Die Pioniere unter den Wissenschaftlern, die ich in diesem Zusammenhang befragte – die im Übrigen alle für völlig untadelige Institutionen tätig waren und einen ebenso untadeligen Ruf genossen –, hatten erstaunliche Entdeckungen über die Welt der subatomaren Teilchen gemacht, die die bis dato als gültig angesehenen Gesetze der Biochemie und Physik über den Haufen zu werfen drohten. Sie fanden Belege dafür, dass die gesamte Wirklichkeit durch das Nullpunkt-Feld miteinander verbunden ist, ein Quantenenergiefeld, ein weites Netzwerk, in dem Energien ausgetauscht werden. Einige Biologen hatten bahnbrechende Forschungen angestellt, die vermuten ließen, dass das ursprünglichste Kommunikationssystem im Körper nicht chemische Reaktionen sind, sondern Quantenfrequenzen und subatomare energetische Entladungen. Sie führten Studien durch, die bewiesen, dass das menschliche Bewusstsein Zugang zu Informationen jenseits der konventionellen Grenzen von Raum und Zeit hat. In unzähligen Experimenten wiesen sie nach, dass unsere Gedanken nicht auf unseren Kopf beschränkt sind, sondern über dessen Grenzen hinaustreten, fähig, sowohl Dinge als auch andere Menschen zu durchdringen, ja zu beeinflussen. Jeder dieser Wissenschaftler war über ein einzelnes Mosaiksteinchen gestolpert – alle zusammengesetzt ergaben eine neue Wissenschaft, eine vollkommen neue Weltsicht.

Als ich *Das Nullpunkt-Feld* schrieb, wagte ich mich weiter vor auf das Terrain dieser neuen Sicht der Wirklichkeit. Besonders neugierig machte mich eine spezielle Entdeckung: dass Gedanken nämlich mehr sind als nur Schall und Rauch und die physische Materie beeinflussen können.

Diese Vorstellung ließ mich nicht mehr los. Es gab ja damals schon eine Menge Bestseller über die Macht der geistigen Anziehungskraft und der Intention – die Vorstellung, dass man seine Herzenswünsche tatsächlich realisieren kann, indem man sich bewusst darauf konzentriert. Mir war das immer ein bisschen suspekt gewesen, zumindest warf es eine ganze Menge Fragen auf. Handelt es sich dabei wirklich um eine Kraft und kann man sie tatsächlich auf alles anwenden? Und was kann man damit anstellen? Kann man damit Krebs heilen oder geht es eher darum, Quantenteilchen zu verschieben? Die wichtigste Frage aber war zweifellos: Was passiert, wenn viele Menschen zur selben Zeit denselben Gedanken denken? Wird der Effekt dadurch verstärkt?

Die Studien zu *Das Nullpunkt-Feld* hatten mir eines gezeigt: Der Geist ist in gewisser Weise untrennbar mit der Materie verbunden und wirklich in der Lage, sie zu verändern. Diese Tatsache warf zwar eine Reihe Fragen über die Natur des Bewusstseins auf, wurde jedoch gleichzeitig banalisiert durch all die Bücher, die behaupteten, man könne sich selbst reich denken.

Ich aber wollte mehr ... mehr als das Anziehen eines Diamantringes oder eines Autos, mehr als nur *mehr Dinge*. Ich hatte da ein deutlich kühneres Ziel. Die neuen wissenschaftlichen Erkenntnisse schienen alles zu verändern, was wir über unsere angeborenen menschlichen Fähigkeiten zu wissen glaubten, und ich wollte ihre Grenzen testen. Denn sollten wir tatsächlich dieses außergewöhnliche Potenzial besitzen, hieße dies, dass wir zukünftig anders handeln und leben müssen, damit wir diesem neuen Blick auf uns selbst gerecht werden und ein Teil des großen Ganzen sein können. Ich wollte herausfinden, ob diese Fähigkeit stark genug war, um Menschen heilen zu können, ja die ganze Welt. Als wahrer ungläubiger Thomas des 21. Jahrhunderts suchte ich nach einem Weg, den Zauber in seine Bestandteile zu zerlegen.

Mein nächstes Buch – *Intention* – sollte genau davon handeln. Ich wollte alle glaubwürdigen wissenschaftlichen Forschungsergebnisse zum Thema »Macht des Geistes über die Materie« zusammentragen. Gleichzeitig verstand sich das Buch als Einladung. Es gab nur sehr wenige Forschungsarbeiten zur Frage der Gruppenintention. Mein Plan war es daher, meine Leser zu Versuchsteilnehmern zu machen und diesbezüglich ein groß angelegtes Experiment zu starten. Nach Erscheinen des Buches 2007 (auf Deutsch 2013) versammelte ich eine Gruppe von Wissenschaftlern um mich, die Erfahrung mit der Erforschung des Bewusstseins hatten: Physiker, Biologen, Psychologen, Statistiker und Neurowissenschaftler. In regelmäßigen Zeitabständen bat ich meine Internet-Gemeinde bzw. die Teilnehmer, die zu einem meiner Vorträge oder Seminare gekommen waren, einen bestimmten, vorher festgelegten Gedanken zu fassen und auf ein Zielobjekt im Labor zu richten. Dieses Objekt wurde von einem der Wissenschaftler aus der besagten Gruppe kontrolliert. Anschließende Messungen sollten zeigen, ob unsere Gedanken irgendetwas verändert hatten.

Dieses Projekt nahm immer größere Ausmaße an, bis es zum größten globalen Labor wurde. Mehrere 100 000 Leser aus über 100 Ländern nahmen an den ersten kontrollierten Versuchen über die Kraft der Massenintention und ihre Auswirkungen auf die materielle Welt teil. Obwohl einige der Experimente recht simpler Natur waren, wurden selbst diese unter streng wissenschaftlichen Bedingungen durchgeführt. Das übliche Protokoll wurde haarklein befolgt. Alle Experimente – eines ausgenommen – wurden streng kontrolliert und waren »blind«: Die beteiligten Wissenschaftler wurden erst über das Ziel unserer Intentionen informiert, als das Experiment vorüber war und man die Resultate bestimmte.

Ehrlich gesagt, war ich weit davon entfernt, an einen sicheren Erfolg zu glauben, doch ich war bereit, es zu versuchen. Ich versah das Buch mit dem Vermerk, dass die Resultate weniger wichtig seien als die Bereitschaft, sich auf diese Idee einzulassen. Dann veröffentlichte ich *Intention,* trug zwei Monate später die ersten Resultate zusammen und atmete einmal tief durch.

Wie sich herausstellte, klappte das mit den Experimenten. Sie funktionierten *tatsächlich.* Von den 30 Experimenten, die ich seitdem durchgeführt habe, haben 26 messbare und statistisch bedeutsame Resultate erzielt. Bei drei der vier Experimente, bei denen dies nicht der Fall war, waren technische Probleme der Grund. Nur zur Information: Fast kein Arzneimittel, welches Pharmaunternehmen auf seine Wirksamkeit testen, erzielt ein ähnlich positives Resultat.

Etwa ein Jahr nachdem ich das globale Experiment mit Tausenden Versuchspersonen begonnen hatte, beschloss ich, die Versuchsanordnung zu verkleinern. Ich gründete die Achtergruppen und ließ sie heilende Intentionen aussenden. Für mich war das nur eine neue, nicht ganz so formale Versuchsreihe, aber genauso couragiert wie die erste – bis sich plötzlich Wirkungen zeigten, die alles in den Schatten stellten, was ich mir je vorzustellen gewagt hätte. Menschen, die seit langer Zeit unter chronischen Erkrankungen litten, berichteten von spontanen Heilungen, die beinahe an ein Wunder grenzten.

Das Buch zur *Intention* und zur fokussierten Energie sprach offensichtlich die Fantasie der Leserschaft an. Selbst Bestsellerautor Dan Brown erwähnte mich und meine Arbeit in seinem Roman *Das verlorene Symbol.* Doch die Resultate dieser Experimente sind nur ein Teil der Geschichte. Eigentlich sind sie noch nicht mal der wichtigere Teil.

Denn während ich diese Experimente durchführte und mit den Achtergruppen arbeitete, stellte ich, wie mir heute bewusst ist, durchweg die falschen Fragen.

Die wichtigsten Fragen nämlich bezogen sich auf den Prozess selbst, darauf, was er über die Natur des Bewusstseins aussagt, über unsere außergewöhnlichen menschlichen Fähigkeiten und die Macht des Kollektiven.

Die Ergebnisse, die die Gruppen und die Versuchsteilnehmer erzielten, waren zwar erstaunlich, doch sie verblassten regelrecht im Vergleich zu dem, was mit den Teilnehmern selbst passierte. Denn die stärkste Wirkung, die die Gruppenintention auslöste, zeigte sich an den Teilnehmern selbst, ein Effekt, den fast alle bekannten Bücher zum Thema übersahen.

An einem bestimmten Punkt wurde mir plötzlich klar, dass die Erfahrung der Gruppenintention große Veränderungen in den Menschen bewirkte: Das individuelle Bewusstsein wandelte sich. Es legte das Gefühl des Getrenntseins, der Individualität ab und führte die Gruppenmitglieder zu etwas, was man nur als Erfahrung ekstatischer Einheit bezeichnen kann. Ganz egal, wie groß oder klein das Experiment angelegt war, ob es im globalen Rahmen stattfand oder in einer der Achtergruppen, es entfaltete jedes Mal dieselbe Gruppendynamik, die so stark war, dass sie Leben veränderte, ja Wunder geschehen ließ. Ich registrierte Hunderte, wenn nicht Tausende von Belegen dieser unmittelbaren wunderbaren Wirkung auf das Leben der Teilnehmer: Die einen fanden Heilung von chronischen und ernsthaften Krankheiten, die anderen versöhnten sich mit ihren Partnern. Wieder andere fanden zu einem neuen Lebenssinn und lösten sich aus ihrem ungeliebten Beruf, um von nun an eine Tätigkeit auszuüben, die ihnen mehr Erfüllung und Abenteuer versprach. Einige wenige Teilnehmer veränderten sich vor meinen Augen. Und dabei war kein Schamane oder Guru zugegen. Es fand auch kein kompliziertes Heilritual statt – tatsächlich war keine vorausgehende spirituelle Erfahrung nötig. Alles, was es brauchte, war die Tatsache, dass diese

Menschen in der Gruppe zusammenkamen. *Was um alles in der Welt hatte ich mit diesen Leuten angestellt?* Anfangs konnte ich es einfach nicht fassen. Jahrelang schrieb ich diesen Rückkopplungseffekt nur meiner Fantasie zu, die vielleicht ein bisschen hyperaktiv war. Oder wie ich meinem Mann ständig sagte: Ich brauchte mehr Fallgeschichten, musste mehr Experimente durchführen, mehr »harte Beweise« sammeln. Dann erschrak ich angesichts ebendieser Beweise und suchte nach historischen oder wissenschaftlichen Präzedenzfällen.

Schließlich dämmerte mir, dass diese Experimente mir die tief greifende und unmittelbare Erfahrung von etwas ermöglichten, was ich vorher nur verstandesmäßig begriffen hatte: dass nämlich die Geschichten, die wir uns über das Funktionieren unseres Geistes erzählen, alle falsch sind. Jedes Experiment, das ich durchführte, jede Achtergruppe, die sich traf, bewies, dass Gedanken nicht auf unser Gehirn begrenzt sind, dass sie vielmehr ihren Weg hinausfinden zu Menschen und Dingen, die mitunter Tausende Kilometer weit weg sind, und diese verändern. Gedanken besaßen möglicherweise die Fähigkeit, alles zu heilen, was im Leben schiefgegangen war.

Das vorliegende Buch ist der Versuch, sich auf all die Wunder einen Reim zu machen, die während dieser Experimente geschahen, zu begreifen, was ich mit meinen Teilnehmern gemacht hatte, und zwar vor dem Hintergrund wissenschaftlicher Resultate bzw. spiritueller und religiöser historischer Erfahrung. Letztlich ist es die Biografie eines Zufalls, eines menschlichen Unterfangens, in das ich zufällig hineinstolperte und das historische Vorläufer hat, die bis in die Zeit der frühchristlichen Kirche zurückreichen. In *Die Kraft der Acht* geht es auch um mich und darum, was einem passiert, wenn die Spielregeln, an die man sich sein Leben lang gehalten hat, plötzlich nicht mehr gelten.

Die Resultate der Gruppenintentions-Experimente sind beeindruckend, doch darum geht es hier nicht. Hier ist die Rede von der wunderbaren Kraft, die Sie in sich tragen. Die Kraft, mit der Sie Ihr Leben heilen können und die ironischerweise in jenem Moment zum Tragen kommt, in dem Sie aufhören, an sich selbst zu denken.

....

TEIL I

WIE MAN EIN WUNDER ERKLÄRT

....

1. KAPITEL

DER RAUM
DER MÖGLICHKEITEN

Eines Nachmittags Ende April 2008 saßen mein Mann Bryan und ich vor dem Computer und überlegten, wie sich die breit angelegten Intentionsexperimente, die ich für meine Seminare in den Vereinigten Staaten und in London für den Sommer geplant hatte, sozusagen maßstabsgerecht verkleinern ließen.

Es war das Jahr nach dem Start der globalen Intentionsexperimente. Im Rahmen dieser Experimente hatte ich Leser in aller Welt gebeten, eine klar formulierte Absicht an ein kontrolliertes Ziel in einem der Laboratorien zu schicken, in dem Wissenschaftler sich zur Zusammenarbeit mit mir bereit erklärt hatten. Wir hatten zu jener Zeit drei oder vier Experimente durchgeführt und abgeschlossen, bei denen die Teilnehmer eine bestimmte Intention auf einfache Zielobjekte wie Pflanzen oder Samen gerichtet hatten. Die Ergebnisse waren bemerkenswert ermutigend gewesen.

Nun versuchte ich, diesen Prozess in eine Form zu übersetzen, die den Teilnehmern selbst helfen würde und die sich in einem Wochenendseminar gut vermitteln ließe. Bis zu jenem Zeitpunkt wusste ich nur, was ich nicht wollte: Ich wollte den Leuten nicht das Gefühl geben, ich könnte ihnen helfen, Wunder zu wirken, wie das so viele Workshops zum Thema »gerichtete Intention« regelmäßig versprechen. Auch die grundsätzlichen Beschränkungen, die sich mit dem Format »Wochenendseminar« verbinden, bereiteten mir Sorge. Die Macht, die Gedanken auf unser Leben entfalten können, wird häufig erst nach Wochen, Monaten oder gar Jahren sichtbar. Wie konnten wir also zwischen Freitagabend und Sonntagnachmittag den Menschen eine sinnvolle Erfahrung ebendieser Kraft ermöglichen?

Der erste Schritt war, unsere Gedanken in einer Power-Point-Vorlage zu erfassen.

Ich tippte ein: *fokussiert.* Ich hatte viele Menschen interviewt, die man als Meister der gerichteten Intention bezeichnen könnte: buddhistische Mönche, Qigong-Meister, Heiler. Und alle sagten sie übereinstimmend aus, dass dazu ein hochenergetischer Geisteszustand vonnöten sei, der den Geist gleichsam »scharf stellte«.

Konzentriert, warf Bryan ein. Vielleicht konnte die gerichtete Intention mehrerer Menschen diese Kraft ja konzentrieren. Zumindest machte es den Anschein.

Da alle globalen Intentionsexperimente, die ich plante, zur Heilung des Planeten gedacht waren, war es nur sinnvoll, die Wochenendseminare auf das Thema »Heilung« auszurichten. Wir beschlossen, dass in den Seminaren versucht werden sollte, etwas im Leben der Teilnehmer zu heilen.

Dann schrieb ich: *kommunal.*

Im Sinne von: *eine kleine Gruppe betreffend.*

»Bringen wir die Teilnehmer doch in kleinen Gruppen von ungefähr acht Leuten zusammen, damit sie heilende Intentionen auf jemanden richten, der ebenfalls Teil der Gruppe ist und gesundheitliche Probleme hat«, sagte ich zu Bryan. Vielleicht konnten wir ja so herausfinden, ob solch eine Kleingruppe dieselben »Pferdestärken« an Intention aufbringen würde wie eine große Gruppe. Wo läge wohl die Teilnehmerzahl, ab der dies nicht mehr funktionieren würde? Würden wir eine kritische Masse von Teilnehmern brauchen, die denen unserer größer angelegten Experimente entsprach? Oder würde eine Achtergruppe genügen? Wir wissen heute nicht mehr, wer als Erster auf den Begriff kam. Vermutlich Bryan, denn er ist so ein Mensch, der in Schlagzeilen denken kann und immer ganz selbstverständlich treffende Begriffe findet. Jedenfalls tauften wir das ganze Projekt »Die Kraft der Acht«. Und als wir am 17. Mai 2008 nach Chicago zu unserem ersten Workshop flogen, hatten wir einen Plan.

Ich hatte bereits angefangen, über Kleingruppen nachzudenken, nachdem ich gehört hatte, was mit Don Berry passiert war. Don, ein US-Veteran aus Tullahoma, hatte sich im März 2007 auf meiner Webseite zu den Intentionsexperimenten angemeldet und sich als »Zielobjekt« für das erste Experiment am lebenden Menschen angeboten. 1981 hatte man bei Don Morbus Bechterew diagnostiziert. Seine Wirbelsäule war versteift, er konnte sich nicht mehr zur Seite beugen. Selbst seine Rippen schienen wie festgefroren, sodass er seit mehr als 20 Jahren den Brustkorb nicht bewegen konnte. Er hatte außerdem zwei künstliche Hüftgelenke gebraucht und litt unter ständigen Schmerzen. Und er besaß zahlreiche Röntgenaufnahmen und Arztberichte, die seinen medizinischen Zustand über die Jahre hinweg dokumentierten. Eventuelle Veränderungen waren also problemlos nachzuweisen.

Nachdem Don sich in meinem Blog zu Wort gemeldet hatte, sandten ihm Mitglieder meiner Online-Gemeinde zweimal wöchentlich heilende Intentionen. Er wiederum begann, über seinen Gesundheitszustand Tagebuch zu führen. »Im Verlauf des Experiments fühlte ich mich allmählich immer besser«, schrieb er mir. »Die Heilung fand nicht sofort statt, doch mein Wohlbefinden stieg langsam, und ich hatte weniger Schmerzen.«

Acht Monate danach schrieb Don mir erneut. Als er zu seiner halbjährlichen Kontrolluntersuchung beim Rheumatologen ging, konnte er diesem zum ersten Mal seit Jahren berichten, dass er sich großartig fühle und nur gelegentlich Schmerzen habe. »Ich bin immer noch steif, aber ich habe das Gefühl, als könnte ich mich besser bewegen. Und auf der Schmerzskala liege ich deutlich unter meinem üblichen Wert«, sagte er dem Arzt. »Ich kann mich nicht erinnern, mich in den letzten Jahren auch nur einmal so gut gefühlt zu haben.«

Der Arzt holte sein Stethoskop heraus und horchte Dons Herz ab. Dann ließ er ihn tief ein- und ausatmen, horchte ihn noch einmal ganz genau ab und sah Don plötzlich ganz überrascht an. Mit ungläubiger Miene verkündete er: »Ihr Brustkorb hat sich soeben bewegt!«

Der Arzt, schrieb Don, habe ihn offenen Mundes angestarrt. »Mein Brustkorb bewegt sich!!!! Ich fühle mich wie ein ganz normaler Mensch! Ich hatte keine Spontanheilung zu verzeichnen, aber das Intentionsexperiment hat bei mir ein paar Räder in Gang gesetzt, sodass ich mich jetzt viel besser fühle. Außerdem habe ich dabei gemerkt, dass meine Art zu denken meine Gesundheit und meine Umwelt ganz erheblich beeinflusst hat.«

Ich rechnete nun also damit, dass der Gruppeneffekt bei unserem Seminar in Chicago vergleichbar ausfallen würde. Leichte körperliche Verbesserungen, verursacht durch Placeboeffekte. Sozusagen eine Übung in Wohlbefinden – ein bisschen wie nach einer Massage oder einer Gesichtsbehandlung bei der Kosmetikerin.

Ich schreibe immer »Chicago«, dabei waren wir gar nicht in der Stadt selbst, sondern in Schaumburg im Staate Illinois. Schaumburg ist eine der Musterstädte im Golden Corridor des nordwestlichen Illinois, der seinen Namen der Tatsache verdankt, dass er mit seinen Shoppingmalls, Industriegebieten, Fortune-500-Unternehmen sowie Burger- und Sushi-Ketten entlang der Interstate 90 quasi eine Goldgrube ist. Der Mobilfunkkonzern

Motorola hat sein Hauptquartier in Schaumburg. Und die Wood-
field Mall, einen Steinwurf von unserem Hotel entfernt, ist das
elftgrößte Einkaufszentrum in den Vereinigten Staaten. Der riesige Hotelkomplex hätte überall in Amerika stehen können. Das
Renaissance Schaumburg Convention Center Hotel war von den
Organisatoren unseres Workshops hauptsächlich wegen seiner
Lage ausgewählt worden. (Es lag nur rund 20 Kilometer vom
Flughafen Chicago O'Hare entfernt.) Nachdem die urbane Elite
erkannt hatte, dass es sich lohnen könnte, schlummerndes Farm-
land wach zu küssen und für die Stadtentwicklung zu nutzen,
kaufte man noch einmal 45 Morgen zwischen der Interstate 90
und der Route 61 auf und verwandelte sie in das elegante Hotel,
in dem wir untergebracht waren.

Am Abend, bevor der Workshop begann, saßen wir in der riesigen Hotelhalle vor einem elektrischen Kamin und starrten auf
den Wasserstrahl hinaus, der sich aus dem gewaltigen Teich erhob
und uns von der Schnellstraße trennte. Es fühlte sich vom Stand
meiner Erfahrung her viel zu früh an, dieses Seminar zu halten.
Ich fragte mich, was wohl am nächsten Tag auf uns zukäme. Sollten wir Kreise bilden? Uns an den Händen halten? Und wo sollten
die Personen platziert werden, auf die sich die jeweilige Intention
richtete? War es besser, wenn sie Teil ihres Kreises blieben oder
wenn sie sich in die Mitte setzten? Wie lange sollten die Gruppen
ihre heilende Intention aufrechterhalten? Bildeten genau acht
Teilnehmer die ideale Anzahl oder wäre eine beliebige Zahl genauso effektiv?

Bei unseren globalen Internetexperimenten waren wir überall
dort, wo Menschen betroffen waren, äußerst sorgsam vorgegan-
gen. Wir hatten das Experiment zum Schutz der Teilnehmer nur
auf die kleinen, informellen Gruppen beschränkt, die sich über
meine Webseite zusammenfanden, um zum Beispiel Menschen

wie Don Berry heilende Energie zu schicken. Wir wussten ja nicht, ob es positive oder negative Auswirkungen haben würde, wenn Tausende von Menschen ihre Gedanken auf eine Person konzentrierten. Nun arbeiteten wir ohne Sicherheitsvorkehrungen, ohne Blindversuche oder wissenschaftliche Methode. *Und wenn nun jemand dabei Schaden nahm?* Nur eines schien mir gewiss, obwohl auch dies nichts weiter als ein Bauchgefühl war: Wir sollten die Gruppen im Kreis anordnen. Am nächsten Tag würden wir herausfinden, ob meine Intuition korrekt war.

Am Samstag teilten wir also unser Publikum von etwa 100 Personen in kleine Gruppen von ungefähr acht Leuten auf, wobei wir darauf achteten, dass die Leute sich nach Möglichkeit nicht kannten. Wir baten, dass in jeder Gruppe eine Person mit körperlichen oder emotionalen Problemen sich freiwillig als Zielobjekt der Gruppenintention zur Verfügung stellte. Diese Person sollte den anderen ihr Problem erklären. Danach würde die Gruppe einen Kreis bilden, sich an den Händen fassen und gemeinsam ihre heilenden Gedanken auf dieses Gruppenmitglied richten. Diese heilende Intention sollte zehn Minuten lang gehalten werden. Mit dieser Zeitspanne hatten wir auch bei unseren größer angelegten Experimenten gearbeitet. Der Hauptgrund für diese Entscheidung war, dass ungeübte Menschen einen fokussierten Gedanken nicht länger als zehn Minuten halten können.

Ich zeigte den Teilnehmern, wie sie »in ihre Kraft kommen« können. In die hierzu verwendete Technik sind die üblichen Methoden der Meister gerichteter Intention – buddhistische Mönche, Qigong-Meister und spirituelle Heiler – eingeflossen. Diese Praktiken habe ich dann auf die Bedingungen abgestimmt, welche in Studien, die die Macht des Geistes über die Materie unter Laborbedingungen untersuchten, am besten funktioniert hatten. Wir begannen also mit einer kleinen Atemübung, dann wurde visualisiert, und am Ende übten die Teilnehmer sich in Mitgefühl, um in den fokussierten, hochenergetischen Zustand zu gelangen, den wir brauchten.[1] Dann zeigte ich ihnen, wie man eine spezifische und möglichst genaue Intention fasst, denn Genauigkeit hatte sich in den Laborversuchen als unabdingbar erwiesen. Die Mitglieder der einzelnen Gruppen sollten einen Kreis bilden, wobei das »Zielobjekt« in der Mitte saß. Der Rest der Gruppe sollte ihm die Hand auflegen, sodass jede Gruppe von oben aussah wie ein Rad mit Nabe und Speichen. Ich hatte keine Erfahrung, welche Aufstellung und Haltung die beste war, doch es schien mir wichtig, dass der Körperkontakt zwischen den Gruppenmitgliedern während der Übung nicht unterbrochen wurde.

»Das ist letztlich nur ein weiteres Experiment«, sagte ich den Teilnehmern, bevor wir loslegten. Was ich ihnen nicht sagte, war, dass dies letztlich eine Jungfernfahrt war und dass die Anweisungen, die ich gab, spontane Eingebungen waren. »Alles, was Sie dabei erleben und erfahren, wird akzeptiert.« Wir spielten Musik ab, die wir auch für unsere breiter angelegten Experimente genutzt hatten, und sahen zu, wie die Gruppenmitglieder einen möglichst tiefen Kontakt zueinander herstellten. Bevor sie am Abend nach Hause gingen, sagten wir den »Zielobjekten«, dass sie am nächsten Tag ihre Erfahrung während der Übung und ihren geistigen, emotionalen und körperlichen Zustand am Morgen danach beschreiben sollten.

»Erfinden Sie keine Verbesserung, die nicht da ist«, legte ich ihnen ans Herz.

Am Sonntagmorgen bat ich die Menschen, die die Intentionen empfangen hatten, ihre Erlebnisse zu berichten. Etwa zehn Menschen kamen nach vorne und nahmen nebeneinander Aufstellung. Wir drückten ihnen nacheinander ein Mikrofon in die Hand.

Eine Frau, sie litt unter Schlaflosigkeit und nächtlichen Schweißausbrüchen, hatte zum ersten Mal seit Jahren gut geschlafen. Eine andere Frau, die schlimme Schmerzen im Bein gehabt hatte, berichtete, dass ihre Schmerzen sich während der Übung verschlimmert hatten, dass sie jedoch danach sehr viel leichter geworden waren. Tatsächlich hätte sie sich danach schmerzfreier gefühlt als je in den vergangenen neun Jahren. Wieder eine andere Frau, die unter chronischer Migräne litt, erzählte, dass ihre Kopfschmerzen am nächsten Morgen vollkommen verschwunden waren. Bei einer anderen waren die Magenschmerzen und die Probleme mit ihrem Reizdarmsyndrom weg. Eine Frau mit Depressionen erklärte, ihre Stimmung habe sich deutlich aufgehellt. Und in diesem Stil ging es noch über eine Stunde weiter.

Ich wagte nicht, zu Bryan hinüberzusehen, so baff war ich. *Vielleicht geht der Lahme ja doch,* dachte ich. Sosehr ich den ganzen New-Age-Kram auch verabscheuen mochte, das, was da gerade vor meinen Augen passierte, hatte wirklich etwas von einer neuen Zeit. Ich hoffte sehr, dass die Resultate nicht Ergebnis von autosuggestiven Kräften waren. Jedenfalls schien die Gruppenintention im Laufe des Tages immer stärker zu werden.

Zurück zu Hause, wusste ich zunächst nicht recht, was ich mit dem Erlebten anfangen sollte. Dass es zu einer spontanen Wunderheilung gekommen sein könnte, schloss ich von vornherein aus. Vielleicht ließen sich die Resultate ja mit der Erwartungshaltung der Personen erklären. Möglicherweise hatte die Gruppenerfahrung dem oder der Betroffenen ermöglicht, sich die Erlaubnis zur Entfaltung der eigenen Selbstheilungskräfte zu geben.

Aber das ganze nächste Jahr verging, und wir machten überall, wo wir hinkamen, dieselbe Erfahrung, bei jedem einzelnen Seminar, ganz egal, wie groß die Teilnehmerzahl war. Wann immer wir

Gruppen von ungefähr acht Leuten bildeten, diese in der Technik unterwiesen und sie baten, einem Gruppenmitglied heilende Intentionen zu schicken, wurden wir Zeuge der erstaunlichsten Verbesserungen, von körperlichen wie seelischen Transformationen.

Marekje hatte Multiple Sklerose. Sie konnte sich nur mit Gehhilfen fortbewegen. Am Morgen nach der Gruppensitzung kam sie ohne ihre Krücken ins Seminar.

Marcia litt an einer starähnlichen Trübung der Linse in einem Auge. Am Tag nach der Gruppensitzung erzählte sie, ihr Sehvermögen auf diesem einen Auge sei fast wieder normal.

Da war Heddy in Maarssen in den Niederlanden mit einem rheumatischen Knie. »Ich konnte mein Knie nur noch maximal 90 Grad beugen. Es tat ständig weh, vor allem beim Treppensteigen. Daher musste ich immer sehr vorsichtig jede einzelne Stufe nach unten nehmen, Schritt für Schritt.« Ihre Achtergruppe hatte sich in einem engen Kreis um Heddy gesetzt. Zwei der Gruppenmitglieder hatten ihr die Hand aufs Knie gelegt.

»Anfangs habe ich gar nichts gespürt. Dann wurde es warm, und dann fingen plötzlich meine Muskeln an zu zittern. Auch die anderen zitterten mit mir. Und der Schmerz verging. Ein paar Minuten später war er vollkommen verschwunden.«

An jenem Abend konnte Heddy mühelos die Treppen hinauf und hinunter gehen. Sie besuchte sogar die Hotelsauna. Und der Schmerz blieb weg, auch am nächsten Morgen. »Ich stand morgens auf und ging unter die Dusche. Ich hatte völlig vergessen, dass ich das ja eigentlich immer nur schrittweise schaffe. Ich ging ganz normal die Stufen nach unten.«

Lauras Mutter in Denver hatte Skoliose, eine Wirbelsäulenverkrümmung. Nach der Gruppenübung erzählte sie, dass die Schmerzen plötzlich verflogen seien. Einige Monate später schrieb Laura mir, die Wirbelsäule ihrer Mutter habe sich so sehr verändert, dass sie ihr den Rückspiegel im Auto neu einstellen musste, weil sie jetzt aufrechter sitzen konnte.

Paul in Miami litt unter Sehnenentzündung an der Hand. Diese war mittlerweile so stark geworden, dass er ständig eine Schiene tragen musste. Bis er in einer der Achtergruppen zum Zielobjekt auserkoren wurde und am nächsten Tag vor dem Publikum stand – ohne Schiene –, um zu zeigen, wie gut er nun seine Hand bewegen konnte.

Dann war da noch Diane, die ebenfalls an Skoliose litt und daher ungeheure Schmerzen in der Hüfte hatte. Sie hatte aufhören müssen, Sport zu treiben, und war im Jahr zuvor zweieinhalb Zentimeter kleiner geworden. Während der Gruppensitzung hatte sie im Rücken starke Wärme verspürt und ein heftiges Zucken. Am nächsten Tag erklärte sie: »Es ist, als hätte ich eine neue Hüfte.« Gloria wiederum meinte, sie hätte während der Übung das Gefühl gehabt, sie werde in beide Richtungen gedehnt und gestreckt. Danach war der Dauerschmerz in der Lendenwirbelsäule verschwunden.

Daniel aus Madrid litt an einer ungewöhnlichen Stoffwechselstörung. Sein Körper konnte kein Vitamin D aufnehmen, sodass seine Wirbelsäule stark nach vorne verkrümmt war, was seine Atmung beeinträchtigte. Während der Übung fühlte sein Rücken sich wund an, seine Hüften heiß, und seine Arme und Beine wurden kalt. Zunächst fühlte er stärkeren Schmerz und hatte den Eindruck, sein Rücken strecke sich, als würde er wachsen. An einem bestimmten Punkt meinte er gar, er würde abbrechen. Nach der Sitzung berichtete Daniel, er könne nun zum ersten Mal seit Jahren normal atmen. Tatsächlich hatte er eine viel aufrechtere Körperhaltung.

Solche Erfahrungen gab es zu Hunderten, ja zu Tausenden. Und ich stand jedes Mal dabei und sah mit eigenen Augen, wie

sich diese Veränderungen vollzogen. Eigentlich hätte ich diese un-
glaublichen Wandlungserfahrungen toll finden müssen, erlebte
sie zunächst aber als schiere Bürde. Ich dachte, sie würden meine
Glaubwürdigkeit in dem untergraben, was ich als meine »eigentliche« Aufgabe betrachtete: die breit angelegten, globalen Experimente.

Daher ignorierte ich viele Jahre lang, was geschah. Ich wusste
nicht zu schätzen, was Menschen wie Rosa mir zu sagen versuchten, die eine Gruppenheilung zur Anregung ihrer Schilddrüse erlebte: »Ich spürte eine Öffnung wie einen Tunnel, über den ich
mich mit dem Universum verband. Wenn mir diese Verbindung
selbst gelänge, würde ich mich heilen können. Es fühlte sich an,
als würde ich Heilung geben und empfangen, während ich selbst
heilte.«

2. KAPITEL

....

DIE ERSTEN GLOBALEN EXPERIMENTE

Eine gute Journalistin stört die soziale Ordnung. Ihre Waffe ist das sorgfältige Aufzeichnen beobachtbarer Phänomene. Man beginnt mit dem, was bekannt ist, und baut darauf Fakt um Fakt wie ein Wissenschaftler oder Detektiv. Auch Wissenschaftler können Boten unbequemer Wahrheiten sein, denn die besten Wissenschaftler, so heißt es, wüssten es zu schätzen, wenn man ihnen nachweist, dass sie falschliegen.

Doch sowohl Journalisten als auch Wissenschaftler gehen von bestimmten Annahmen aus. Sie formulieren ihre These, suchen einen Weg, um sie zu überprüfen, und lehnen sich dann zurück, bis sie erkennen, wo sie das hinführt. Manchmal stellt man fest, dass man falschen Wegweisern gefolgt und auf noch nicht vermessenes Territorium geraten ist. Wenn Sie eine echte Entdeckernatur sind, sind Sie in diesem Moment absolut hingerissen. Denn gerade wenn Sie erkennen, dass Ihre Hypothese falsch ist, entdecken Sie mitunter radikal Neues über die Welt und das, was sie im Innersten zusammenhält.

Aber wie beweist man etwas, das alle Gesetzmäßigkeiten infrage stellt, die man gelernt hat? Was, wenn Ihre Hypothese samt und sonders auf Grundlagen fußt, die jenseits der Grenzen des sicher Gewussten und Beobachtbaren liegen? *Was, wenn Sie nach*

DIE KRAFT DER ACHT

der mathematischen Gleichung für ein Wunder suchen? Als im März 2007 unser erstes globales Intentionsexperiment startete, 15 Monate vor besagtem Seminar in Schaumburg, war auch dies ein totaler Blindflug. Wir hatten keine Vorgaben, denen wir folgen konnten, keine Präzedenzfälle, die uns den Weg wiesen. Letztlich hatte sich noch nie jemand auf das Gebiet meines Forschungsgegenstandes gewagt: Gruppenintentionen. Es gab eine ganze Reihe verlässlicher wissenschaftlicher Belege dafür, dass Menschen mit ihren Gedanken die materielle Wirklichkeit beeinflussen konnten. Dabei waren die unterschiedlichsten Zielobjekte ausgewählt worden, von elektrischen Geräten bis hin zu lebenden Menschen. Robert Jahn, der mittlerweile emeritierte Dekan der Princeton University School of Engineering, und Brenda Dunne, Psychologin und Leiterin des Princeton Engineering Anomalies Research Labors (PEAR), hatten dort über 30 Jahre hinweg Anomalien in der Interaktion zwischen Mensch und Maschine untersucht und sorgsam überzeugende Beweise für die Auswirkungen gerichteter Intention auf elektronische Geräte gesammelt. Sie hatten Zufallsgeneratoren gebaut, sogenannte REGs, wie einen Computer, bei dem nach dem Zufallsprinzip das Auftauchen zweier Bilder auf einem Bildschirm gesteuert wurde, zum Beispiel das eines Cowboys bzw. Indianers. Beide Bilder erschienen zu je 50 Prozent auf dem Bildschirm. Jahn und Dunne hatten nun Probanden vor diesen Bildschirm gesetzt und sie angewiesen, mit ihren Gedanken die Häufigkeit, in der Indianer bzw. Cowboys auftraten, zu verändern. Nach der Auswertung von mehr als 2,5 Millionen Versuchen hatten Jahn und Dunne eindeutig unter Beweis gestellt, dass menschliche Absichten diese elektronischen Geräte in die eine oder andere vorgegebene Richtung beeinflussen können. Ihre Resultate wurden unabhängig voneinander von 68 Wissenschaftlern repliziert.

Der verstorbene William Braud, Psychologe und Forschungs-leiter der Mind Science Foundation in San Antonio in Texas, der später auch das Institut für Transpersonale Psychologie leitete, hatte selbst eine Reihe von Experimenten durchgeführt, die zeigen, dass Gedanken die Bewegung von Tieren beeinflussen und starke Auswirkungen auf das autonome Nervensystem (auf den Kampf-Flucht-Impuls und die Stressreaktion) haben.

Auf dem Höhepunkt der Aids-Epidemie in den 1980ern er-sann die mittlerweile verstorbene Dr. Elisabeth Targ eine geniale kontrollierte Versuchsanordnung, bei der 40 spirituelle Heiler aus den gesamten Vereinigten Staaten die Gesundheit von Aids-Patienten positiv beeinflussten und sogar ihr Leben verlängerten. Die Heiler hatten die Probanden nie kennengelernt, hatten nie in Kontakt zu ihnen gestanden und den Personen nur heilende Gedanken geschickt.

Viele offizielle und inoffizielle Meditationsgruppen berichteten von positiven Resultaten bei dem Versuch, die Gewalt an be-stimmten Orten zu reduzieren. Die Gesellschaft für Transzenden-tale Meditation, die vom verstorbenen Maharishi Mahesh Yogi gegründet worden war, hatte eine Reihe von Studien durchge-führt, bei denen sich zu diesem Zweck große Gruppen von Medi-tierenden zusammenschlossen. Das Resultat ist provokant, denn man stellte daraufhin die These auf: Wenn 1 Prozent der Bevölke-rung Transzendentale Meditation praktiziert und von diesen eine Personengruppe, die der Quadratwurzel aus dieser Zahl ent-spricht, TM-Sidhi übt, eine fortgeschrittenere Form der Medita-tion, dann nimmt Gewalt in jeder Form – vom Mord bis hin zum Verkehrsunfall – ab.

Aber es gab fast keine Experimente zu der Frage, was passiert, wenn eine Gruppe von Menschen zur selben Zeit denselben Ge-danken/dieselbe Intention auf dasselbe Ziel richtet.

Da es also keine Vorbilder gab, standen wir vor einer ganzen Reihe von Fragen. Wie drückt man seine Intention am besten aus? Sollten wir im Ausdruck unserer Intention so genau wie möglich sein oder eher eine allgemeine Absicht fassen, zum Beispiel, dass das Zielobjekt positiv beeinflusst würde, aber das Universum entscheiden sollte, was der beste Weg hierzu war? Sollten die Sender der Intention im selben Raum sein oder konnte jeder zu Hause vor dem Computer bleiben? Und wenn wir die Experimente über das Internet ausführten, wie es unsere Absicht war, mussten die Sender dann eine Live-Verbindung zum Zielobjekt haben, zum Beispiel eine Live-Rückmeldung aus dem Labor? War die reale Entfernung von Bedeutung? Würde die Kraft der Intention abnehmen, wenn das Zielobjekt weit entfernt war? Und wie lange sollte man die Intention nach Möglichkeit halten? Konnte man sie jederzeit senden oder musste das Universum dafür gleichsam »in Stimmung« sein? Und gab es eine optimale Anzahl von Teilnehmern, um einen messbaren Effekt zu erzielen? Brauchten wir eine bestimmte kritische Masse wie bei der TM-Studie, um Ergebnisse zu bekommen?

All das wollten wir ausprobieren und unsere Unsicherheit damit Stück für Stück auflösen.

Die wohl wichtigste Frage von allen war, welche glaubwürdigen Wissenschaftler ihren Ruf riskieren würden, um kostenlos für mich zu arbeiten. Glücklicherweise tragen einige Wissenschaftler so wie ich eine grundlegende Spiritualität in sich, die ihr Leben durchzieht und auch die Ausrichtung ihrer Forschungsprojekte bestimmt. Bald hatte ich Kontakt zu einem freiwilligen Kandidaten für die ersten Experimente aufgenommen: Es handelte sich um Dr. Gary Schwartz, Psychologe und Leiter des Laboratory for Advances in Consciousness and Health an der Universität Arizona. Garys Referenzen waren absolut untadelig: Mitglied der Phi

Beta Kappa Studentenvereinigung, die nur die Besten der Besten aufnimmt; erster Abschluss an der Cornell Universität; Doktortitel in Harvard; Assistenzprofessur in Harvard; dann Lehrstuhlinhaber an der Universität Yale und Direktor des Yale Psychophysiology Center (Zentrum für Psychophysiologische Forschung) sowie der Yale Behavioral Medicine Clinic (Beratungsstelle für Verhaltensmedizin). Trotz dieses imposanten Lebenslaufes fühlte Gary sich 1988 von dem engstirnigen akademischen Leben an der Ostküste eingeengt und tauschte es ein gegen die Weite des Landes und die Offenheit der akademischen Lehre in Arizona. Dort lehrt er als Professor für Psychologie, Medizin, Neurologie, Psychiatrie und Chirurgie und hat gleichzeitig die Freiheit, Forschungsprojekte zu verfolgen, die ihm am Herzen liegen. Diese Freiheit erfuhr 2002 noch eine substanzielle Erweiterung, als das Forschungszentrum für Komplementäre und Alternative Medizin der amerikanischen Gesundheitsbehörde ihm 1,8 Millionen Dollar bewilligte, um das »Center for Frontier Medicine and Biofield Science« (Zentrum für Grenzmedizin und Biofeld-Wissenschaft) zu gründen. Gary hatte schon eine ganze Reihe von Experimenten zur Energie-Medizin durchgeführt und hatte ein Labor zur Verfügung: Das Laboratory for Advances in Consciousness and Health widmete sich ganz der Erforschung menschlicher Heilkräfte.

Der kräftige, übersprudelnde Mann Anfang sechzig hatte es immer eilig. Er strahlte einen unbändigen Enthusiasmus aus, den er in seine Lehrveranstaltungen einfließen ließ. Auch seine Studenten beschäftigten sich in ihren Diplom- und Abschlussarbeiten mit den Themen, die ihm am Herzen lagen.

Als ich Gary kennenlernte, befasste er sich bereits seit einer Weile mit Grenzgebieten des menschlichen Geistes. Lange bevor er sich bereit erklärte, bei meinen Experimenten mitzuwirken, hatte er bereits Studien zu den verschiedenen Formen der Energieheilung und der Natur des Bewusstseins durchgeführt, darunter auch die sogenannten Afterlife Experiments. Diese Studien beschäftigten sich mit der Frage, ob Medien tatsächlich Kontakt zu Verstorbenen aufnehmen können, und waren so angelegt, dass Betrug unmöglich war. Die von ihm ausgewählten Medien übermittelten mehr als 80 Informationen über verstorbene Verwandte, von denen sie vorher nichts hatten wissen können, wie Namen, persönliche Eigenheiten, genaue Todesumstände, und lagen dabei zu 83 Prozent richtig. Gary ist für fast jede Untersuchung zu haben, wenn sie wissenschaftliche Anforderungen erfüllt und sich statistisch auswerten lässt. Es war sehr angenehm, endlich mal einen Wissenschaftler vor sich zu haben, der nicht halb vom Stuhl fiel bei der Vorstellung, dass eine große Menschengruppe versuchte, ein globales Problem durch positives Denken zu lösen.

Wie die meisten Wissenschaftler war aber auch Gary instinktiv vorsichtig und bestand darauf, dass wir bei den globalen Intentionsexperimenten Schritt für Schritt vorgingen. In der Wissenschaft fängt man ganz klein an, mit der einfachsten Frage, die man stellen kann. Also begannen wir mit »Pflanzen« und arbeiteten uns hoch zur »mineralischen Welt« und dann zum »Tierisch-Menschlichen«. Dabei war der Aufbau der Experimente anfangs noch ganz einfach gehalten und sollte später immer komplexer werden. Zunächst würden wir unsere Intentionen auf Pflanzen richten, dann auf Wasser und schließlich auf den Menschen.

Ehrlich gesagt war ich ziemlich geknickt, dass wir uns für den Anfang mit Pflanzen begnügen sollten. Als ich 2007 das Intentionsexperiment ins Leben rief, hatte ich große Pläne. Ich wollte Menschen aus brennenden Häusern retten. Mir schwebten konzertierte Aktionen vor zur Behandlung von Krebs, zum Schließen des Ozonlochs, und danach wollte ich etwas gegen die zunehmende Gewalt in den Städten dieser Welt unternehmen.

Während ich Gary all diese großen Ideen vortrug, zitierte er immer wieder aus der Eröffnungsszene des Films *Contact*, wo Ted Arroway seine impulsive Tochter Ellie bremst, die am Amateurfunkgerät versucht, außerirdische Signale zu empfangen.

»Kleine Schritte, Ellie«, sagte Gary zu mir immer wieder. »Kleine Schritte.« Er erinnerte mich ständig daran, dass wir ein Experiment durchführten, das so noch nie gemacht worden war. Zunächst einmal mussten wir belegen, dass die Gedanken einer Gruppe von Menschen tatsächlich einen Effekt hatten – welchen auch immer. Erst danach konnten wir uns der Frage zuwenden, ob sich auch Effekte auf größere und ungewöhnlichere Ziele belegen ließen. Wir mussten also tatsächlich Babyschritte machen.

Obwohl ich seine präzise Methodik zu schätzen wusste, lief die Entscheidungsfindung immer auf einen Kampf zwischen meinen gipfelstürmerischen Ideen und Garys wissenschaftlicher Vorsicht hinaus. »Warum versuchen wir nicht, die globale Erderwärmung zu stoppen?«, sagte ich bei einer unserer Brainstorming-Sitzungen am Telefon.

»Wie wäre es, wenn wir mit einem einzigen Blatt anfingen?«, gab er zurück. »Und wenn wir damit durch sind, wenden wir uns den Samen zu?«

Gary konnte mich schließlich überzeugen. Wenn wir uns zunächst auf ein einfaches biologisches System konzentrierten wie ein Blatt oder einen Samen, würden wir damit die zahllosen Variablen eliminieren, die mit jedem komplexeren lebenden Wesen verbunden sind, die Abertausende chemischer und elektrischer Vorgänge, die in jedem Augenblick gleichzeitig ablaufen. Nur indem wir uns zunächst mit einfachen Systemen beschäftigten, konnten wir belegen, dass eventuelle Veränderungen tatsächlich auf die Kraft der Intention zurückgingen und nicht auf die unzähligen anderen Möglichkeiten. Außerdem waren Pflanzen einfache, saubere Zielobjekte. Eine Pflanze zu wählen oder überhaupt irgendein nichtmenschliches Objekt hatte zudem den Vorteil, dass wir unsere Studie nicht erst von der Universität genehmigen lassen mussten, was gewöhnlich Monate dauerte. Sobald nämlich Versuche am Menschen durchgeführt werden, muss geprüft werden, ob diese auch ethischen Kriterien gehorchen.

Außerdem würden unsere wissenschaftlichen Experimente sich nach der uns zur Verfügung stehenden Ausrüstung richten müssen. Glücklicherweise war Garys Labor, das in einem unprätentiösen Klinkerbau auf dem Universitätsgelände untergebracht war, in dieser Hinsicht wie die Höhle des Aladin. Wir hatten die besten Geräte zur Verfügung, die jede noch so kleine Veränderung in einem lebenden Organismus messbar machten. Gary war stark beeinflusst durch die Arbeiten des mittlerweile verstorbenen deutschen Physikers Fritz Albert Popp, der bei seinen Studien zur Krebsforschung entdeckt hatte, dass jedes lebende Wesen, von der Alge bis zum Menschen, eine geringe Menge Licht ausstrahlt. Popp hatte seiner Entdeckung den wissenschaftlich gewichtigen Namen »Biophotonen-Emission« gegeben und den Rest seines aktiven Lebens damit zugebracht, das wissenschaftliche Establishment davon zu überzeugen, dass dieses schwache Licht das grundlegende Kommunikationsmittel im Körper und außerhalb desselben darstellt. Er war schließlich zu der Auffassung gelangt, dass dieses schwache Licht das zentrale Leitmedium des Körpers darstellt und die Millionen molekularer Reaktionen im Körper koordiniert bzw. seine Orientierung in der Umwelt ermöglicht. Als Popp 2014 verstarb, hatten die deutsche Regierung und mehr als 50 Wissenschaftler in aller Welt seine Forschungsergebnisse anerkannt.

Popp hatte mehrere Restlichtverstärker entworfen und gebaut, um das schwache Licht registrieren zu können. Gary wollte nun einen Schritt weitergehen und versuchen, es zu fotografieren. Er hatte einen Professor für Angewandte Optik überzeugt, ihm ein 100 000 Dollar teures CCD-Kamerasystem zu überlassen, das man gewöhnlich in der Astronomie verwendet, um das unendlich schwache Licht ferner Galaxien aufzufangen. Gary war überzeugt, dass dieses System ihm helfen würde, die schwachen Lichtemissionen lebender Wesen digital zu fotografieren und Pixel für Pixel zu zählen. Bevor wir mit der Arbeit begannen, hatte er von seinen Fördergeldern 40 000 Dollar für eine einfachere Version dieser Kamera ausgegeben, damit wir eine gute Grundlage hatten. Veränderungen in diesem unglaublich subtilen Lichtstrom ließen sich leichter erfassen als meinetwegen der Einfluss von Gedanken auf das Wachstum einer Pflanze. Und mit dieser Ausstattung konnten wir selbst haarkleine Veränderungen feststellen, wie Gary mir versicherte.

Wenn Wissenschaftler ein neues Experiment starten, sichten sie gewöhnlich zuallererst die wissenschaftlichen Arbeiten all jener, die vor ihnen dieses Terrain beackert haben. Dazu wird der bisherige Forschungsstand, alles, was experimentell bereits gesichert ist, zusammengefasst, ehe man zu neuen Ufern aufbricht. Für unseren Probelauf nun wollten wir zuerst die Studie replizieren, die wir mit Fritz Popp für mein Buch *Intention* durchgeführt hatten. Damals hatten 16 erfahrene Meditierende und ich uns in London versammelt, um heilende Gedanken an vier Zielobjekte in Popps Labor in der deutschen Stadt Neuss zu schicken – an zwei Schirmalgen *(Acetabularia acetabulum)*, an einen Pfennigbaum *(Crassularia ovata)* und an eine Frau. All diese Zielobjekte waren vorher Stress ausgesetzt gewesen. Messungen an allen vieren zeigten, dass wir deren schwachen Lichtstrom massiv beeinflusst hatten.

Doch bei diesem ersten Intentionsexperiment fehlte uns etwas, was bei echten wissenschaftlichen Experimenten unabdingbar ist: eine Kontrollgruppe. Das sind gleiche oder ähnliche Versuchsobjekte, auf die kein Einfluss ausgeübt wird. Unsere »Kontrolle« bestand letztlich aus den halbstündigen Zeiträumen, in denen wir keine Intentionen sandten. Und aus der Tatsache, dass die Wissenschaftler, die die Messungen vornahmen, nicht wussten, wann wir was machten. Diesmal würden Gary und ich zwei nahezu identische Zielobjekte auswählen, die unter genau denselben Bedingungen lebten. Wir würden unsere Intentionen nach dem Zufallsprinzip schicken und das jeweils andere Objekt zur Kontrolle nutzen. Auch hier würde die Studie »blind« ablaufen, d.h., die Wissenschaftler würden erst nach der Auswertung der Messergebnisse erfahren, welches Zielobjekt wir ausgesucht hatten. Auf diese Weise sollte verhindert werden, dass das Ergebnis von ihrer Seite unbewusst beeinflusst wurde.

Nachdem wir für unser erstes großes Intentionsexperiment verschiedene Zielobjekte durchgespielt hatten, entschieden wir uns für ein Geranienblatt. Wir wählten also eine gut gedeihende Geraniumpflanze aus Garys Labor als erstes Zielobjekt aus. Wir baten nun die Teilnehmer einer Konferenz, die mein eigenes Unternehmen am 11. März 2007 durchführte, dieser Pflanze die Intention zu senden, »das Leuchten« eines der beiden Geranienblätter, die wir zufällig auswählten, zu verstärken. Dieses Blatt wurde von einer Webcam aufgenommen und das Bild auf einen großen Bildschirm übertragen, auf dem die Teilnehmer der Konferenz es sehen konnten.

Ein Hauptgrund für Garys Vorsicht bei der Auswahl unseres ersten Zielobjekts lag in den Modalitäten, die erfüllt sein müssen, wenn Sie einen wissenschaftlichen Beweis erbringen wollen. Um zu zeigen, dass ein Phänomen dem wissenschaftlichen Standard gehorcht, müssen Sie nachweisen, dass es statistisch signifikant ist. Das ist quasi der mathematische Beleg dafür, dass Ihre Resultate kein Zufallsergebnis sind, sondern als logische Folge aus Ihrem Test hervorgehen. Zu diesem Zweck brauchen Sie eine kritische Masse an Ergebnissen für den Gegenstand Ihrer Studie. Die Wissenschaftler sind sich einig, dass alles, was einen P-Wert (Signifikanzwert) von unter 0,05 aufweist, als statistisch relevant gelten kann. Das wiederum heißt, die Wahrscheinlichkeit, dass Ihre Resultate nicht dem Zufall geschuldet sind, liegt bei weniger als 1 zu 20.

Damit unsere Resultate statistische Relevanz erreichen, brauchten wir also mehr als 30 Vergleichspunkte zwischen den beiden Blättern. Wissenschaftler nennen dies »Datenpunkte«. Selbst in einem so rudimentären Experiment wie dem unseren würde dies ein Protokoll von 50 Testergebnissen erfordern, die Garys junger Labortechniker Mark Bocuzzi überwachen sollte. Mark würde zwei Geranienblätter auswählen, die in der Größe und in der Stärke ihrer Lichtemission annähernd gleich waren. Dann würde er jedes Blatt 16-mal einstechen, sodass ein Netz von 36 auf 36 Millimeter entstand. Dies würde einige Stunden Vorbereitung erfordern. Dann sollte Mark beide Blätter unter die Digitalkamera legen und die Bilder an Peter senden, den Webmaster, der unser erstes Intentionsexperiment betreute. Dieser würde auf das Signal warten, dass die Gruppenintentionsübung vorüber war, und dann mit der CCD-Kamera Aufnahmen machen.

Ursprünglich hatten wir geplant, unsere Teilnehmer zu bitten, die Lichtemission zu verringern – wie im Experiment mit Popp. Denn es ist so, dass der Organismus umso gesünder ist, je niedriger sein Lichtniveau im Großen und Ganzen ist. Das jedoch widerspricht unserem gesunden Menschenverstand, haben wir doch die Vorstellung, dass Gesundheit und eine kraftvolle Ausstrahlung zusammengehören. Als der 11. März näher kam, ging mir daher im

Kopf um, dass unsere Teilnehmer die Lichtemission vermutlich lieber *verstärken* würden. Kurz vor dem Experiment beschlossen Gary und ich also, die Anweisung zu ändern und die Teilnehmer zu bitten, das Licht zu verstärken. Mir gefiel das nur bedingt, denn wenn Sie dieses schwache Licht verstärken, setzen Sie den Organismus damit unter Stress. Letztlich war das ganze Experiment also eine Übung darin, ein lebendes Wesen zu verletzen, selbst wenn es nur ein Blatt war, das bald von der Pflanze abfallen würde.

Am Tag der Konferenz warfen wir vor dem Publikum eine Münze, um zu entscheiden, welches der beiden Blätter das Zielobjekt sein sollte. Das zweite Blatt diente zur Kontrolle.

Gary und ich hatten beschlossen, dass die Teilnehmer die Intention zehn Minuten lang halten sollten. Wir hatten diesen Zeitrahmen gewählt, weil wir vermuteten, dass eine längere Phase der Konzentration schwierig sein würde. Eine Stunde bevor das Experiment beginnen sollte, fiel mir dann ein, dass selbst zehn Minuten zum Problem werden könnten, wenn die Teilnehmer keinen sogenannten Anker hatten, ein Objekt, das sie während ihrer Aufgabe unterstützte. Ich bat daher meinen Mann Bryan, Mel Carlile, der den Mind-Body-Spirit-Büchertisch für unsere Konferenz betreute, zu fragen, ob er uns nicht Meditationsmusik für das Experiment empfehlen könne. »Versucht es doch mit ›Choko Rei‹, dem ersten Musikstück auf dieser CD«, meinte Mel und brachte Bryan eine CD von Jonathan Goldmans Album *Reiki Chants*.

Unmittelbar bevor wir anfingen, rief Gary an und wünschte unserem Publikum viel Erfolg. »Vergessen Sie nicht«, fügte er hinzu, »dass Sie hier Wissenschaftsgeschichte schreiben.«

Ein riesiges Bild von einem Geranienblatt erschien auf dem Bildschirm. Zunächst half ich den Teilnehmern durch die von mir erprobten Techniken dabei, »in ihre Kraft zu gehen«. Schließlich war es so weit: »Nun lassen Sie das kleine Blatt leuchten und leuchten«, sagte ich. »Stellen Sie sich dieses Leuchten vor Ihrem geistigen Auge vor.«

Zehn Minuten lang ertönte die nahezu hypnotische Mediationsmusik, zehn Minuten lang richteten die Teilnehmer ihre Intention auf das Blatt. Später hörte ich zu meinem Erstaunen, dass *choku rei* letztlich heißt: »die Kraft stärken, in den Flow gehen und die heilende Energie fließen lassen«. Es bedeutete also in etwa dasselbe wie »in die eigene Kraft gehen«. Vielleicht gibt es ja wirklich keine Zufälle.

Damals allerdings kam ich mir eher ein bisschen lächerlich vor, wie ich da auf der Bühne stand. In meinen Tagen als Investigativjournalistin hatte ich es mir zur Regel gemacht, ein Phänomen erst dann als Tatsache anzuerkennen, wenn mindestens zwei voneinander unabhängige Quellen dieses stützten. Das war mir in Fleisch und Blut übergegangen. Bereits 1979, während ich an meinem ersten Buch über den privaten Adoptionsmarkt für Babys arbeitete, hatte ich eine schlaflose Nacht gehabt, weil ich mir über einen der Akteure auf diesem Markt nicht hatte schlüssig werden können. Der Kerl hatte eine Reihe von Adoptionsvermittlungsagenturen in verschiedenen Ländern bzw. US-Bundesstaaten gegründet. Seine Praktiken waren mir höchst zweifelhaft erschienen, und während eines Telefonats hatte er mir gegenüber sogar eine Drohung angedeutet. Andererseits bestand das Risiko, durch einen Fehler meinerseits sein Lebenswerk zu zerstören, selbst wenn dieses beinhaltete, mit Menschen zu handeln. Schließlich war ich um sechs Uhr morgens zu dem Entschluss gekommen, dass meine Informationen nicht ausreichten, dass die eine Anschuldigung einfach nicht genug war: *Ich konnte diese Geschichte nicht als Fakt betrachten.* Obwohl mein Bauchgefühl mir etwas anderes eingegeben hat, habe ich die Geschichte schließlich entsprechend abgeschwächt.

Und jetzt saß ich hier, Jahre später, und leitete eine Gruppe von Teilnehmern an, ein Gebet an ein Blatt zu sprechen. Alles, was ich hier tat, stellte meine Zwei-Quellen-Regel auf den Kopf. Jede einzelne Facette meines zäh Fakten sammelnden Selbst wurde hier infrage gestellt.

Nach der zehnminütigen Übung legte Mark beide Blätter in den Biophotonen-Bildgeber und fotografierte beide zwei Stunden lang. Die Konferenz endete, alle kehrten nach Hause zurück, und wir warteten darauf, welche Ergebnisse sich in dem kleinen Labor in Arizona gezeigt hatten.

»Du wirst es nicht glauben«, meinte Gary euphorisch, als wir uns ein paar Tage später per Telefon unterhielten. Er hatte erst nach dem Experiment erfahren, welches Blatt das Zielobjekt gewesen war. »Das Blatt, auf das die Intention gerichtet war, leuchtete so viel stärker, dass man hätte meinen können, das andere hätte sich vernachlässigt gefühlt.«

Die Veränderungen durch die Intention »Leuchten« waren so ausgeprägt, dass sie auch auf den digitalen Bildern des CCD-Kamerasystems zu sehen waren. Und auch in Zahlen ausgedrückt lag der Biophotoneneffekt deutlich im statistisch signifikanten Bereich. Gary meinte, all die Löcher in dem ausgewählten Blatt seien von Licht erfüllt gewesen. Verglichen mit den Löchern im Kontrollblatt waren sie deutlich lichtstärker.

Eine Woche später schickte Gary mir eine Kopie seiner ersten offiziellen Presseverlautbarung: »Für ein erstes Experiment dieser Art«, schrieb er, »könnten die Resultate nicht ermutigender ausfallen.«

Hingerissen von den überwältigenden Resultaten schmiedeten wir Pläne für unser erstes großes Online-Event am 24. März. Eine der Grundannahmen unserer frühen Hypothesen war, dass das Experiment nur funktionieren würde, wenn das Publikum eine

Echtzeit-Verbindung zum Zielobjekt herstellen könnte. Daher planten wir, während des Experiments je ein Live-Webcam-Bild des Ziel- und des Kontrollobjekts laufen zu lassen. In letzter Minute warnte Peter, unser Webmaster, uns und meinte, Webcam-Bilder könnten »einfrieren«, vor allem wenn sich Tausende auf der Webseite einloggen würden. Und kurz vor dem Online-Experiment sah es ganz so aus, als würden wir eine ganze Menge Teilnehmer haben. »Letztlich gehen solche Webcasts immer schief oder sind zumindest kaum vorhersagbar«, war sein endgültiges Urteil.

Und so baute Mark etwas auf, das einem Live-Bild sehr nahekam: Zwei Digitalkameras würden alle 15 Sekunden ein Bild von den Blättern auf unsere Webseite bringen. Statt eines Live-Videostreamings der Blätter würden wir Live-Fotos veröffentlichen, um unseren Server weniger zu belasten.

Meine jüngste Tochter, die damals zehn Jahre alt war, warf eine Münze, um Blatt 1 bzw. 2 zu wählen. Wir hatten uns einen riesigen Server mit Extra-Speicherplatz gemietet und all unsere anderen Webseiten stillgelegt, um mehr Power zu haben. Und dann warteten wir wieder in der Hoffnung, Wissenschaftsgeschichte zu schreiben.

Ich hingegen brachte – wie Tausende anderer Menschen – die nächste Stunde frustriert mit dem Versuch zu, meine Webseite aufzurufen, kam aber nie über die erste Seite hinaus. Peters Vorhersagen hatten sich als richtig erwiesen. So viele Menschen – es mussten ungefähr 10 000 gewesen sein – hatten gleichzeitig versucht, unsere Webseite aufzurufen, dass diese schlicht zusammenbrach.

Wir konnten nichs weiter tun, als den potenziellen Teilnehmern mitteilen, was passiert war, und versprechen, es so bald als möglich wieder zu versuchen. Gleichzeitig nahmen wir uns vor, nicht mehr so ausgedehnt Werbung für die Experimente zu machen, damit der Ansturm der Interessenten unseren Server nicht wieder lahmlegte. Die Kraft der Intention zu beweisen schien dagegen ein Leichtes. Die Schwierigkeit lag darin, eine technische Konstellation zu finden, die es Tausenden von Menschen erlauben würde, zur selben Zeit live dasselbe Zielobjekt zu betrachten.

Um nicht erneut einen Cyber-Datenstau zu verursachen, engagierten wir ein neues Webteam und mieteten einen riesigen Server von einem Unternehmen, das die Server für *Pop Idol* lieferte, die britische Version von *Deutschland sucht den Superstar*. Wir verfügten nun über einen Pool von neun Servern, der sich der Belastung vermutlich gewachsen zeigen würde. Unser neuer Webmaster Tony Wood kam von *Vision with Technology*. Sein Team betreute die IT von großen Unternehmen wie der *Financial Times*. Sie meinten, sie würden es auf jeden Fall hinbekommen, dass das Live-Bild nicht einfror. Diesmal nahmen wir während der Dauer des Experiments unsere Homepage regelrecht vom Netz und stellten nur eine einfache HTML-Seite zur Verfügung, über die sich vorher angemeldete Teilnehmer einloggen konnten. Das eigentliche Experiment lief also nicht über unsere Intentionsexperiment-Webseite. Doch um wirklich auf Nummer sicher zu gehen, wollte Tony eine Woche vor dem geplanten Termin einen Testlauf machen.

Als Datum wurde der 21. April angesetzt. Mittlerweile hatten sich 7000 Probanden zu unseren »Leucht«-Experimenten angemeldet, von denen ein Teil beim Testlauf mitmachte. Diesmal waren unser Zielobjekt die Samen der Feuerbohne *(Phaseolus coccineus)*. Auch hier war eine eindeutige Wirkung zu verzeichnen. Wie bei unserem Experiment im März vor anwesendem Publikum erhielten wir einen klaren positiven Effekt, auch wenn dieser nicht die Schwelle der statistischen Relevanz erreichte. Das lag aber

möglicherweise an der CCD-Kamera, die nur zwölf Samen aufnehmen konnte. Für die statistische Relevanz aber hätten wir ein
Minimum von 20 Datenpunkten gebraucht. Beim ersten Experiment hatten wir zwar nur zwei Blätter gehabt, doch Mark hatte
jedes 30-mal durchlöchert, um ausreichend Datenpunkte zu erhalten. Er verglich dann die Lichtemissionen an jeder einzelnen
Punktierung. Diesmal hatten wir zwölf Samen zur Verfügung und
daher nur zwölf Datenpunkte, an denen die Lichtemissionen verglichen werden konnten. Gary schrieb mir später dazu: »Wäre es
möglich, doppelt so viele Samen aufzunehmen, wären die Resultate statistisch relevant gewesen.«

Doch als wir eine Woche später, am 28. April, das »eigentliche«
Experiment durchführten, diesmal wieder mit Geranienblättern,
schafften es nur 500 Teilnehmer sich anzumelden, und so waren
die Ergebnisse wieder nicht aussagekräftig. Im August beschlossen wir daher, zu den Wurzeln zurückzukehren, und das erste Experiment mit den Blättern auf einer Konferenz in Los Angeles zu
wiederholen. Dabei wurden unsere ursprünglichen Ergebnisse repliziert.

Trotz dieses etwas wackeligen Stapellaufs war damit die
wichtigste Frage beantwortet: Würde das Ganze überhaupt
funktionieren? Obwohl wir zwei Experimente außen vor lassen
mussten, weil die potenziellen Teilnehmer sich nicht alle gleichzeitig auf unserer Webseite einloggen konnten, hatten wir dann,
wenn die Teilnehmer Zugang zu einem Bild des Zielobjekts
bekamen, drei positive Resultate zu verzeichnen: das Experiment
vom 11. März bei meiner Konferenz in London; das Experiment
mit den Samen am 14. April über das Internet; und die Wiederholung des ersten Experiments mit den Blättern bei der Konferenz in Los Angeles. Und wir hatten bei allen drei Ereignissen
klare Effekte.

Man fängt mit bestimmten Grundannahmen an. Dann baut man darauf seine These auf und hofft, dass sich ein klares Muster zeigt. Jedenfalls hatten mehr Experimente geklappt als nicht geklappt. Und waren die Fehlschläge nicht auf technische Probleme zurückzuführen? Beziehungsweise bei dem Experiment am 21. April auf eine zu niedrige Teilnehmerzahl? Obwohl die Webseite am 24. März zusammengebrochen war und wir das Experiment hatten abbrechen müssen, hatte eine Reihe von Leuten, die sich nicht einloggen konnten, ihre Intention auf ein geistiges Bild von einem Geranienblatt gerichtet. Garys hochsensible CCD-Kamera jedenfalls hatte einen Effekt verzeichnet, der in dieselbe Richtung ging wie die Daten von der Konferenz im März.

Was hieß das nun? Handelte es sich um reinen Zufall? War die mangelnde statistische Relevanz nun darauf zurückzuführen, dass das Publikum kein Bild vom Zielobjekt zu sehen bekam oder auf die technischen Probleme oder auf die Tatsache, dass die Teilnehmer über die ganze Welt verteilt waren und nicht in einem Raum beisammensaßen? Funktionierte das mit der Gruppenintention besser, wenn die Übung von einer konzentrierten Gruppe ausgeführt wurde, die im selben Raum war, wie bei der Konferenz im März? Oder musste man das Zielobjekt wirklich »sehen«, um es beeinflussen zu können?

Gelang das Experiment vom 28. April nicht, weil wir die kritische Masse an Teilnehmern nicht zusammenbrachten oder weil es technische Probleme gab? Könnte es vielleicht sein, wie Gary meinte, dass es einen gewissen »Langeweile-Effekt« gab? Dass also mein Publikum die Nase voll davon hatte, immer am selben Experiment teilzunehmen?

An diesem Punkt kannten wir die Antwort auf keine dieser Fragen. Wenn man in der Wissenschaft auf unpassende Resultate stößt, dann tröstet man sich damit, dass man den Test ja noch mal durchführen kann. Und wenn Sie dann das gewünschte Ergebnis replizieren können, können Sie auch erkennen, was bei dem einen Mal nicht funktioniert hat. Dann können Sie Ordnung und Gewissheit wiederherstellen und zwischen Ursache und Wirkung einen vorhersagbaren Zusammenhang feststellen.

Nur eines war zu diesem Zeitpunkt wirklich sicher: Wir mussten die Idee aufgeben, eine Live-Verbindung zu unseren Zielobjekten herzustellen. Ich konnte es mir schlicht nicht leisten, jedes Mal, wenn wir ein Experiment online machen wollten, Unmengen von Serverkapazität zu mieten. Die Wissenschaftler hatten uns ihre Zeit ja großzügigerweise kostenlos zur Verfügung gestellt, doch als ich das Intentionsexperiment ursprünglich plante, hatte ich nicht an die Kosten für die Technik gedacht. Für das Experiment am 21. April hatte ich für eine halbe Stunde Serverkapazität in diesem Umfang insgesamt 9000 Dollar bezahlt und viele Tausend Dollar mehr für die dafür benötigten Webseiten. Mein Unternehmen konnte so viel Geld nicht regelmäßig aufbringen. Wir mussten also einen anderen Weg für unsere Experimente finden. Gleichzeitig brauchten wir natürlich eine Versuchsanordnung, die leicht zu replizieren war, wenn wir wissenschaftlich abgesicherte Ergebnisse wollten.

Im Grunde suchte ich damit nach der Quadratur des Kreises: Wir brauchten hohe Serverkapazitäten, gleichzeitig aber einen Modus, das Experiment möglichst kostengünstig durchzuführen. Und dazu noch eine Plattform, die dem Ansturm Tausender Teilnehmer standhielt.

Doch es stellte sich heraus, dass die Live-Bilder gar nicht nötig waren. Als sich auf meiner Webseite mehrere Kleingruppen fanden, die von positiven Auswirkungen auf ihre Mitglieder berichteten, wurde mir klar, dass jeder von uns vor seinem Computerbildschirm die Verbindung längst hergestellt hatte.

3. KAPITEL

....

VIRTUELLE
VERSCHRÄNKUNGEN

Später sollten die Ärzte Daniel sagen, er habe unglaubliches Glück gehabt, dass es nicht sein Gesicht erwischt hatte. Es hatte an seinem Arbeitsplatz eine schreckliche Gasexplosion gegeben. Dabei wurden Daniels Hände so schwer verbrannt, dass man seiner Frau nach der notärztlichen Behandlung gleich sagte, er würde Hauttransplantationen brauchen und wochenlang auf der Intensivstation bleiben müssen. Daniels Frau fühlte sich ohnmächtig und niedergeschmettert, also kontaktierte sie die Intentionsgruppe, die sie mit ihrem Mann zusammen ins Leben gerufen hatte.

2008, nach unseren ersten Experimenten mit Blättern und Samen, beschlossen wir, größere Aktionen künftig auf Ning durchzuführen, einer Onlineplattform, auf der Gruppen sich ihr eigenes soziales Netzwerk einrichten können. Ning bot uns zwei Dinge, die wir dringend brauchten: Hunderte von Servern in aller Welt, die eine unbegrenzte Bandbreite hatten und spielend Tausende von gleichzeitigen Seitenaufrufen bewältigten. Das Wichtigste aber war die freie Zugänglichkeit. So konnten wir gleichzeitig eine Community aufbauen, auf der unsere Interessenten sich anmeldeten und sich selbstständig zu kleinen Intentionskreisen organisierten.

53

Daniel und ein paar andere Interessenten hatten sich also zu einer solchen Kleingruppe auf Ning zusammengeschlossen und experimentierten mit Intentionen, die sie einander schickten. Als die Gruppe von Daniels schwerem Unfall hörte, war klar, wer von nun an Zielobjekt im wirklichen Leben war. Sie fingen an, ihm jeden Tag zu bestimmten Zeiten ihre Intentionen zu senden.

Fünf Tage später konnte Daniel das Krankenhaus verlassen. Er war viele Wochen früher wieder gesund geworden als üblich und hatte alle Erwartungen übertroffen, denn er brauchte nicht einmal Hauttransplantationen. Die Ärzte hätten seinen Fall gern genauer studiert, denn sie hielten ihn für ein medizinisches Wunder. Zum Vergleich: Einer von Daniels Kollegen, der dieselben Verletzungen erlitten hatte, wurde nur mit den Methoden der Schulmedizin behandelt. Er verbrachte weitere zwei Wochen auf der Intensivstation und brauchte tatsächlich Hauttransplantationen.

Ich hielt im April 2008 einen Vortrag in Dallas und plagte mich gerade mit meinen PowerPoint-Präsentationen über das Intentionsexperiment herum, als Daniel die Hand hob, die immer noch in einer Art Gazehandschuh steckte, und mir seine Geschichte erzählte.

»Da mein Kollege und ich fast identische Verletzungen hatten, kann man meine Erfahrung ja als kontrolliertes Experiment werten«, meinte er lachend.

Nach seiner Wortmeldung wandte ich mich wieder meinen Samen und Blättern zu, aber ich war wie vom Blitz getroffen. Der rationale Teil meiner selbst wusste natürlich, dass diese Erfahrung nicht als »Kontrollgruppenexperiment« durchgehen würde, weil wir dafür ja eine ganze Reihe biologischer Daten beider Personen brauchten. Doch ich erlaubte mir, mir für einen Moment vorzustellen, was wäre, wenn er richtigliegen würde. Dann stellte sich die Frage: War es nur die Kraft von Daniels Glauben – seine

Heilungserwartung – oder konnte eine Gruppe tatsächlich mehr Kraft entfalten, selbst wenn die Mitglieder nicht am selben Ort versammelt waren, sondern sich nur gedanklich zusammenschlossen und ihre Intentionen sandten.

Fakt: Daniel und sein Kollege erlitten dieselben Verletzungen.

Fakt: Nur Daniel bekam die Intentionen der Gruppe.

Fakt: Nur Daniel strafte alle Prognosen Lügen und wurde, wie seine Ärzte dies konkret bezeichneten, zum »medizinischen Wunder«.

Will man ein Wunder begreifen, fängt man für gewöhnlich nicht am Anfang an, sondern am Ende. Da ist das Wunder, und es ist ein Fakt. Man könnte die Situation damit vergleichen, dass Sie einen Raum betreten und eine Leiche entdecken. Natürlich beginnen Sie mit ihren Untersuchungen dort in diesem Raum. Wie ein Detektiv, der mit der Pinzette Textilfasern von dem Sofa pflückt, auf dem die Leiche liegt. Sie suchen nach Hinweisen, die Sie zu einer glaubwürdigen Erklärung führen können, und seien sie noch so klein.

In Daniels Fall können Sie keine einzelne Ursache herausgreifen, welche für das Geschehen verantwortlich wäre. Sie können nur versuchen, eine Umgebung zu schaffen, in der sich das Wunder unter Umständen erneut ereignet. Ich jedenfalls flog nach Hause und machte mir den Sommer über Gedanken, wie man mit Gruppen arbeiten könnte. Die Erfahrungen von Daniel und die Wirbelsäulenveränderungen bei Don Berry hatten mich auf eine Idee gebracht. Vielleicht konnte man ja für Menschen wie Daniel und Don eine regelmäßige Gruppe einrichten – zum Beispiel unter dem Namen »Intention der Woche«. Wir könnten dies als informelles Experiment betrachten – eine breiter angelegte Version der Achtergruppen, die ich in meinen Seminaren vorstellte.

Ich lud meine E-Mail-Gemeinde ein, am Senden der »Intention der Woche« teilzunehmen. Gewöhnlich konzentrierten wir uns darauf, jemandem heilende Energie zu schicken. Nach der schwerwiegenden Finanzkrise vom Herbst 2008 jedoch ging es immer öfter auch darum, Menschen in finanziellen Schwierigkeiten zu helfen. Wir baten die Community, Vorschläge für die Intention der Woche einzureichen. Dann posteten wir den Namen des Betreffenden, seine speziellen Probleme und ein Foto von ihm auf unserer Webseite. Die heilenden Intentionen sollten dann am Sonntag um 13 Uhr östlicher Standardzeit (der Unterschied zur in Deutschland gültigen Mitteleuropäischen Zeit – MEZ – beträgt minus sechs Stunden) auf diese Person gerichtet werden.

Bald erhielt ich jede Woche mehrere Dutzend Anfragen: Menschen mit Krebs oder schlimmen Verletzungen, Kinder mit Gehirn- oder Geburtsschäden, Mitglieder, die vor dem Bankrott standen oder vielleicht ihren Job verlieren würden, Familien in Trennung und verletzte Haustiere. Bald wurde unsere Webseite sozusagen zur Cyberversion einer Gebetsgruppe.

Dabei zeigten unsere Intentionen keineswegs immer die gewünschte Wirkung. Wir erhielten viele Anfragen von Menschen, die bald darauf starben. Aber es klappte auch in den Achtergruppen während der Workshops nicht immer. In den meisten Fällen hatten wir außerdem keine Berichte von Ärzten oder Pflegepersonal, die die Effekte bestätigten, welche uns Familienmitglieder des »Zielobjekts« auf der Webseite rückmeldeten. Manchmal handelte es sich um außergewöhnliche Wirkungen – zwei der Mitglieder berichteten von spontanen Krebsrückbildungen. Dann wieder schienen die gemeldeten Effekte eher flüchtig. Trotzdem gab es genug Aussagen von konkreten und bemerkenswerten Verbesserungen, sodass ich zu der Ansicht gelangte, an der ganzen Sache müsse etwas dran sein.

Brian hatte einen schlimmen Unfall erlebt und war immer noch gelähmt. Auch das Erwachen aus dem Koma ging nur schleppend vor sich. Seine Familie bat uns, ihn zum Zielobjekt unserer Intentionen zu machen. Bald nach dem Intentionsexperiment fiel seiner Mutter auf, dass er sich offensichtlich immer stärker seiner Umgebung bewusst wurde. Sein Bewusstsein kämpfte sich durch, und er schien vermehrt darauf zu achten, was um ihn herum vorging. Bald reagierte er auf Fragen und beantwortete sie öfter als vorher. Schließlich begann er Gespräche von sich aus.

Zwei Tage nach der Intentionssitzung hatte Brian Physiotherapie. Dabei ging er zum ersten Mal fast 20 Meter mit Gehhilfe und Unterstützung des Therapeuten. Dann legte er noch mal 15 Meter ohne Schiene am rechten Bein zurück. Außerdem begann er, seinen rechten Arm öfter zu nutzen, und konnte bei der Physiotherapie im Liegerad fahren. Bald hatte er – Monate früher, als die Ärzte ihm vorhergesagt hatten – seinen Bewegungsradius enorm ausgedehnt. Margaret war eine Freundin der Familie und hatte Brian als Kandidaten für die Intention der Woche vorgeschlagen. Sie schrieb uns, Brians Familie sei »höchst überrascht über seine schnellen Fortschritte«. In ihren Augen hätte die Gruppenintention in ihm eine Art »göttlicher Intervention« bewirkt.

Wunder. Überraschung. Göttlich. Entgegen aller Erwartung.

. . . .

Je öfter ich solche Worte vernahm, je öfter ich Geschichten wie die von Brian hörte, umso unruhiger wurde ich. Gleichzeitig kontrollierte ich die globalen Experimente, die ich 2007 und 2008 zusammen mit Gary durchführte, immer eingehender. Gary und ich waren zu unseren Samen zurückgekehrt, diesmal aber mit konkretem Praxisbezug: Wir versuchten, ihr Wachstum und ihre Gesundheit zu beeinflussen. Wir hatten uns für Gerstenkörner entschieden, weil sie zum einen als Viehfutter Verwendung finden, aber auch beim Menschen zu einer gesunden Ernährung beitragen. Die Frage, die wir uns stellten, hatte eine enorme praktische Bedeutung: Kann pflanzliche Nahrung schneller wachsen und gesünder sein, wenn man positive Gedanken auf sie richtet?

Bei dieser Fragestellung gab es Vorläufer: In einigen vorhergehenden Studien hatten Wissenschaftler entdeckt, dass Samen, auf die ein Heiler seine positiven Gedanken richtete, gesünder waren, schneller keimten und heranwuchsen.[2] Das galt auch für Wasser, das ein Heiler gehalten hatte. Diese kleineren Studien waren zwar interessant, doch dabei hatte jeweils ein einzelnes Individuum die positiven Intentionen ausgesandt, und die Samen waren im selben Raum gewesen. Wir wollten mit unserem Experiment herausfinden, ob wir denselben – oder einen stärkeren – Effekt erzielen konnten, wenn eine ganze Gruppe ihre Intentionen auf die Samen ausrichtete, selbst wenn die einzelnen Gruppenmitglieder Tausende Meilen voneinander und vom Zielobjekt entfernt waren.

Zu diesem Zweck bereitete Gary mit seinem Laborteam vier Tabletts mit jeweils 30 Gerstenkörnern vor. Eines war das Zielobjekt, die drei anderen dienten als Kontrollgruppe. Wir wollten Zufallsbefunde weitestgehend ausschließen. Dieses Mal würden wir unseren Teilnehmern nur ein Foto des Tabletts zeigen, und wir waren keineswegs sicher, ob das funktionieren würde. Mark beschloss, dass er die vier Tabletts mit den Samen mit einer normalen Kamera fotografieren und mir die Fotos am Abend vor dem Experiment schicken würde.

Ich plante zu jener Zeit Vorträge in aller Welt, was eine ideale Gelegenheit war, um zu prüfen, ob das Experiment in allen Umgebungen funktionierte. Außerdem musste ich mir bei dieser Versuchsanordnung keine Sorgen machen, ob die Webseite zusammenbrechen würde. Meine erste Station war Australien: ein vierstündiger Vortrag vor gut 700 Menschen bei einer schicken

Konferenz. Ich bekam ein Businessclass-Ticket fürs Flugzeug, und man hatte mein Foto an den gesamten Veranstalterstab geschickt. Ich wurde also behandelt wie ein Star.

Am Abend vor dem ersten Experiment schickte Mark mir die Fotos von vier Tabletts mit je 30 Samen. Jeder lag in einer kleinen, halbmondförmigen Vertiefung und war mit A, B, C, D und so weiter gekennzeichnet. Jedes Foto bekam eine eigene Folie in meiner PowerPoint-Präsentation. Während des Vortrags am nächsten Tag bat ich einen der Zuhörer, unter den vier Tabletts eines für die Intentionsübung auszuwählen. Dann projizierte ich das ausgewählte Bild an die Wand und bat das Publikum, die Intention, dass diese Samen wachsen und gedeihen mögen, an die Gerstenkörner zu senden. Im Hintergrund lief wieder »Choku Rei«. Ich hatte das Musikstück bei jedem Experiment gespielt, um die gleichen Bedingungen herzustellen wie bei der Konferenz in London 2007.

Gleich nach der Übung rief ich Mark an, um ihm zu sagen, dass wir fertig waren. Für ihn war dies das Signal, die Gerstenkörner einzusetzen. Nach fünf Tagen wurden die Setzlinge geerntet, und ihr Längenwachstum wurde gemessen. Dann musste ich einige Wochen warten, während Gary seine Berechnungen anstellte. Schließlich hatte er auch noch ein paar andere Dinge zu erledigen, zum Beispiel seinen Lehrauftrag an der Uni zu erfüllen und an seinen eigenen Veröffentlichungen zu arbeiten.

Gary hatte diesen und alle folgenden Versuche »Intention Studies« genannt. Doch um auszuschließen, dass unsere Resultate vielleicht auf einen Zufall zurückzuführen waren oder auf andere Ursachen als die gerichtete Intention unserer Gruppe, führte er nach jedem Experiment eine Reihe von Kontrollexperimenten durch. Wissenschaftler machen häufig solche Kontrollversuche, bei denen der entscheidende Versuch bis ins kleinste Detail wiederholt wird – bis auf die Tatsache, dass keinerlei Einwirkung erfolgt. So soll ausgeschlossen werden, dass die messbaren Veränderungen im ersten Experiment von etwas anderem verursacht wurden als von dem, dessen Wirkung man zu messen versucht. Für unsere Kontrollexperimente baute Mark also den ursprünglichen Versuch exakt nach. Er wählte wieder 120 Gerstenkörner aus, die er auf vier Tabletts verteilte. Dann wurde ein Tablett als Zielobjekt ausgewählt, auch wenn diesmal keine Intentionsübung beabsichtigt war. Nach derselben Zeit wie beim ersten Mal pflanzte er die Körner in Erde und erntete sie nach fünf Tagen, um sie zu vermessen.

Würden diese Gerstensetzlinge, verglichen mit denen des Intentionsexperiments, keine oder nur geringe Unterschiede im Wachstum zeigen, wäre damit bewiesen, dass die deutlichen Unterschiede im ersten Fall auf die Einwirkung der Intention zurückgingen. Die Experimente waren als nachrangige Kontrollen angelegt. Außerdem würde sich so die Anzahl der zur Kontrolle zur Verfügung stehenden Samen auf 1440 erhöhen, was uns eine höhere statistische Signifikanz ermöglichen würde.

Im Sommer 2007 führten wir noch zwei weitere Experimente mit Gerstenkörnern durch – eines mit einer kleineren Gruppe online, ein anderes mit etwa 100 Seminarteilnehmern am Omega Institute, einem Retreatzentrum in Rhinebeck im Staat New York, das Kurse zur Erweckung des menschlichen Potenzials anbietet.

Nach dem Experiment in Rhinebeck analysierte Gary die drei Studien statistisch. Die Resultate waren faszinierend. Das erste und zweite Experiment brachten statistisch signifikante Resultate, beim dritten aber gingen die Ergebnisse durch die Decke. Gary schickte mir ein erstes Schaubild mit den Resultaten. Der Unterschied im Längenwachstum zwischen den Setzlingen aus Gerstenkörnern, die der gerichteten Intention ausgesetzt waren, und jenen aus den Kontrollgruppen lag bei 4 Millimetern. Das hört sich nach wenig an, ist aber bei den ohnehin kleinen Setzlingen doch so beeindruckend, dass es die Grenze der statistischen Signifikanz überschreitet. Am Ende schrieb er: »Aufregend, was?«

Der dritte Versuch mit der kleinsten Gruppe in Rhinebeck brachte die besten Resultate. Eigentlich schien es logisch, dass die Resultate umso besser ausfallen, je größer die Gruppe ist, die Intentionen sendet. Das Rhinebeck-Resultat aber zeigte, dass wir keine große Gruppe brauchten, um eine messbare Wirkung zu erzielen. Was war nun dafür verantwortlich? Die Tatsache, dass sich die Anweisung nur auf das Längenwachstum bezogen hatte? Oder lag es daran, dass die meisten Gruppenteilnehmer in Rhinebeck hoch motiviert gewesen waren und Meditationserfahrung besessen hatten? Möglicherweise war auch die spezielle Umgebung des Retreats förderlich, die ja gewöhnlich ein höheres Maß an Konzentration erlaubt als der Alltag?

Jeder Wissenschaftler wird Ihnen sagen, dass ein einzelnes Experiment nicht aussagekräftig ist. Trotz aller Vorsicht kann das Resultat reiner Zufall sein – ein Artefakt, wie der Wissenschaftler so etwas nennt. Erst wenn die Studie mehrmals repliziert wurde und dieselben Resultate ergab, kann man davon ausgehen, dass man eine echte Wirkung gefunden hat. Wir mussten das Experiment also nur noch einige Male wiederholen, um zu beweisen, dass wir hier einem realen Zusammenhang auf der Spur waren.

. . . .

Wir führten also drei weitere Keimexperimente durch: eines in Hilton Head in South Carolina, an dem 500 Menschen mitwirkten, die sich mit der Heiltechnik des Healing Touch beschäftigten; eines in Palm Springs in Kalifornien, bei dem 130 Teilnehmer einer

Konferenz über Global New Thought mitmachten; und bei einem Retreat mit 120 Teilnehmern in The Crossings, einem Wellnesszentrum in Austin, Texas. Nachdem wir insgesamt das sechste Experiment durchgeführt hatten, machte Gary seine Analysen. Er verglich das Wachstum der Zielobjekt-Körner mit denen der Nicht-Zielobjekt-Körner aus den Studien, dann das Wachstum der echten Zielobjekte mit den Zielobjekt-Körnern aus den Kontrollexperimenten und schließlich das Wachstum aller Körner aus den Studien mit dem Wachstum aller Körner aus den Kontrollexperimenten. Dabei setzte er zwei unterschiedliche statistische Berechnungsverfahren ein, um der Tatsache Rechnung zu tragen, dass einige Samen überhaupt nicht sprießen wollten und andere viel länger wurden als üblich.

»In einem Wort, die Ergebnisse sind ÜBERWÄLTIGEND!«, schrieb er mir am 16. März.

Im Durchschnitt legten die Pflänzchen, die aus den Intentionssamen sprossen, mehr zu als die Kontrollobjekte aus der Studie: 56 Millimeter versus 48 Millimeter. In den Kontrollexperimenten gab es keinen Unterschied zwischen den als Zielobjekte ausgesonderten Samen und den anderen Samen. Die als »Intention Seeds« bezeichneten Gerstenkörner aus den Kontrollstudien wuchsen 45 Millimeter und waren damit um 2 Millimeter kürzer als ihre »Kollegen« auf den drei Kontrolltabletts der Intentionsstudie. Andererseits wuchsen auch sie stärker als der Durchschnitt aller vier Tabletts in den Kontrollexperimenten. Der Effekt in den Intentionsstudien erwies sich als statistisch signifikant: Die Wahrscheinlichkeit, dass dieser Befund auf einen Zufall zurückging, lag bei nur 0,7 Prozent.

Um Ihnen ein Gefühl dafür zu geben, wie aussagekräftig dieses Ergebnis ist: Stellen Sie sich vor, Sie werfen eine Münze und versuchen, eine gewisse Anzahl gleicher Würfe zu erzielen. Um dieselbe Zufallschance zu erzielen wie unser Experiment, müssten Sie 143 Mal nacheinander Kopf werfen. Oder Zahl. Die Körner, die während einer realen Intentionsübung angesprochen worden waren, wurden deutlich größer als die, die man in den Kontroll-experimenten als »Intention Seeds« gewählt hatte. Und die Wahr-scheinlichkeit, dass dies Zufall war, lag bei 0,3 Prozent. Was heißt, dass Ihre Münze 333 Mal nacheinander auf dieselbe Seite fallen müsste.

Doch der beeindruckendste Effekt entstand, als man die Resul-tate des durchschnittlichen Pflanzenwachstums der Intentions-körner verglich mit dem durchschnittlichen Wachstum der Körner in den Kontrollexperimenten. An dem Tag, an dem wir die Inten-tion sandten, wuchsen alle Pflanzen im Rahmen des Intentions-experiments höher als die Pflanzen in den Kontrollexperimenten. Die Pflanzen, auf die die Intention sich richtete, erzielten dabei das höchste Längenwachstum. Doch es war, als bestünde eine ge-heime Kommunikation zwischen den Körnern aus der Intentions-studie. Dieser Effekt war kaum zu glauben – die Chance, dass so etwas zufällig passiert, liegt bei 1 zu 10 Millionen.

Was konnte das nun bedeuten? Hatten unsere Intentionen eine Streuwirkung? Nehmen etwa alle lebenden Organismen die Ener-gie menschlichen Denkens aus der Umgebung auf? Gibt es diese Einflüsse nicht nur zwischen zwei kommunizierenden Wesen? Ich musste unwillkürlich an ein Experiment denken, das der nieder-ländische Psychologe Eduard Van Wijk durchgeführt hatte. Er hat-te sich intensiv mit den seltsamen Lichtemissionen beschäftigt, die Popp entdeckt hatte. Van Wijk hatte eine Schale mit Algen auf einen Tisch gestellt, zwischen einen spirituellen Heiler und seinen Patienten, und dann die Photonenemission während der Heilbe-handlung bzw. während der Ruhephasen gemessen. Nachdem er die Daten analysiert hatte, stellte er fest, dass die Algen während des Heilvorgangs deutlich mehr Photonen ausgesandt hatten als üblich. Dabei wechselte sowohl die Stärke als auch der Rhythmus der Emission im Vergleich mit den Ruhephasen. Es sah so aus, als würden auch die Algen von der heilenden Intention beeinflusst.[3]

Gary nahm alle Resultate unserer Experimente mit Gerstenkörnern in einen Bericht auf und stellte diesen 2008 beim Jahrestreffen der Society for Scientific Exploration (Gesellschaft für wissenschaftliche Entdeckungen) vor. Eine Zusammenfassung des Berichts wurde in den Tagungsunterlagen veröffentlicht. Das war der erste Versuch, unsere Daten aus den Intentionsexperimenten der Wissenschaftlergemeinde zur Überprüfung vorzulegen. Unsere Schlussfolgerung war unmissverständlich: »Gruppenintentionen können bestimmte Auswirkungen haben, was das Wachstum der Samen betrifft.«[4]

Im Stillen aber kämpfte ich mit den logischen Schlussfolgerungen aus diesem recht kleinen Experiment. Die neutrale und gemäßigte Sprache unseres Berichts verbarg profunde Einsichten in die Natur des Bewusstseins. Wir hatten wiederholt bewiesen, dass der menschliche Geist die Grenzen von Raum und Zeit hinter sich lassen, sich mit dem Geist anderer Lebewesen verbinden und aus der Ferne auf Materie einwirken kann. Letztlich hatten wir damit eine tief gehende Erkenntnis belegt: dass der menschliche Geist die Fähigkeit hat, nichtlokal zu handeln.

Das Phänomen der Nichtlokalität, reichlich poetisch auch als »Verschränkung« bezeichnet, ist eine merkwürdige Eigenschaft der Quantenwelt. Sobald subatomare Teilchen wie Elektronen und Photonen miteinander in Kontakt kommen, beeinflussen sie sich aus unerfindlichen Gründen für immer gegenseitig, über Raum und Zeit hinweg, ohne jede Einwirkung von Druck, Stoß oder welche Kraft Physiker auch immer für erforderlich halten, um etwas in der materiellen Welt zu beeinflussen.

Wenn Teilchen miteinander verschränkt sind, beeinflusst jede Aktion des einen Teilchens automatisch das andere mit, ganz egal, wie weit sie voneinander entfernt sind. Sobald die Verbindung hergestellt ist, beeinflusst die Messung des einen Partikels automatisch die Position des anderen.[5] Die beiden subatomaren Teilchen kommunizieren also miteinander, und was dem einen passiert, geschieht gleich oder entgegengesetzt auch dem anderen.

Obwohl die moderne Physik akzeptiert, dass Nichtlokalität eine bekannte Eigenschaft der Quantenwelt ist, geht man dort davon aus, dass diese nur in der subatomaren Welt existiert und sich nicht auf Dinge bezieht, die größer sind als ein Elektron. Sobald wir auf der konkreten Ebene unserer materiellen Welt ankommen, heißt es, funktioniert das Universum verlässlich und messbar nach newtonschen Gesetzen. Einige Studien mit Kristallen und Algen geben erste Hinweise darauf, dass die Nichtlokalität durchaus auch in der großen, messbaren Welt eine Rolle spielt, ja sogar die treibende Kraft der Fotosynthese sein könnte, doch die Physik geht immer noch davon aus, dass sie auf die Welt des unendlich Kleinen beschränkt ist, auf die »spukhafte Fernwirkung« der Quantenwelt, wie Einstein dies bezeichnete.[6] Ganz sicher verortet man sie nicht im Reich des menschlichen Bewusstseins.

Doch unser kleines Experiment mit den Gerstenkörnern hatte gezeigt, dass wir nichtlokale Effekte in der Welt des großen Sichtbaren erzeugen konnten, und zwar nicht nur im Geist der beteiligten Menschen, sondern ganz konkret in der Einwirkung auf ein fernes materielles Zielobjekt. Eine Gruppe im australischen Sydney hatte Gerstenkörner in einem Labor in Tucson, Arizona, beeinflusst. Das war eine Entfernung von 13 000 Kilometer. Und das nur durch die Kraft einer gerichteten Intention. Dabei mussten die Gruppenmitglieder sich nicht mal im selben Raum befinden, denn die über die ganze Welt verteilte Gruppe hatte denselben

Einfluss entfaltet wie die Menschen, die in einem Raum versammelt waren. Irgendwie hatte unser individueller Geist, verschränkt wie die berühmten Photonen, eine unsichtbare Verbindung hergestellt, obwohl wir weit voneinander entfernt waren. Daraufhin konnten wir kollektiv auf Gerstenkörner einwirken, die ebenfalls weit von uns entfernt waren.

Ich begann über die Möglichkeit nachzudenken, dass das menschliche Bewusstsein die Fähigkeit besitzt, eine Art »mediales Internet« zu erzeugen, das uns erlaubt, jederzeit mit allem in Kontakt zu treten. Möglicherweise mussten wir uns nur richtig konzentrieren, um uns dort einzuloggen.

....

4. KAPITEL

MENTALE GRENZÜBERSCHREITUNG

Auch die Achtergruppen konnten ein mediales Internet bilden. Diese Feststellung jedenfalls machte ich, als wir John unsere Intentionen sandten. John hatte einen schweren Motorradunfall erlitten. Seine Mutter nahm kurz nach dem Unfall an einem unserer Seminare teil und berichtete, dass Johns Halswirbelsäule und einige weitere Wirbel schwer verletzt waren. Die Ärzte hatten ihr gesagt, dass das Rückenmark so stark in Mitleidenschaft gezogen war, dass John möglicherweise querschnittsgelähmt bleiben würde.

An jenem Wochenende bat Johns Mutter ihre »Kraft-der-Acht«-Gruppe, ihrem Sohn eine besondere Intention zu senden. Zwei Monate später schrieb sie mir: Nach unserer Intentionsübung und weiteren solchen Übungen seitens der Familie habe ihr Sohn begonnen, seinen Oberkörper zu bewegen, ja selbst seine Zehen.

»Er erholt sich unglaublich gut, denn er ist schon zu fast 85 Prozent wiederhergestellt. Die Ärzte meinen, gewöhnlich dauere dies sechs bis zwölf Monate. Bei ihm sind es sechs Wochen!«

Wenn Johns bemerkenswerte Fortschritte etwas mit der Kraft der Acht zu tun hatten, dann hatte seine Gruppe dies erreicht, ohne je Kontakt zu ihm zu haben: Es gab kein Foto von ihm, keine reale oder virtuelle Begegnung, keinerlei persönliche Informationen über ihn oder seinen Aufenthaltsort, keine wie auch immer geartete Verbindung, die nicht über seine Mutter und deren Gedanken für ihren Sohn lief.

Allmählich zog ich in Betracht, dass ein Gruppen-»Gebetskreis« möglicherweise eine für Heilzwecke förderliche Umgebung schuf. Die Gruppe war offensichtlich in der Lage, eine unsichtbare Verbindung herzustellen, dasselbe erstaunliche Band, das wir schon bei den globalen Intentionsexperimenten bemerkt hatten.

Ich beschloss, diesem Band nachzuforschen, doch diesmal nicht mithilfe von Pflanzen und Samen. Und ich wollte mit einem anderen Wissenschaftler zusammenarbeiten, um zu belegen, dass die Resultate, die wir mit den Blättern erzielt hatten, kein Artefakt eines einzelnen Labors waren. Also nahm ich Kontakt zu Konstantin Korotkov auf, Professor an der heute ITMO (Russische Staatliche Universität für Informationstechnologie, Mechanik und Optik) genannten Universität, früher einfach Staatliche Universität St. Petersburg. Korotkov hatte Popps Ideen und Geräte weiterentwickelt und herausgefunden, dass man das von Popp entdeckte schwache Licht bei Lebewesen besser messen kann, wenn man es in ein elektromagnetisches Feld versetzt. Dies verstärkt das Licht um das gut Hunderttausendfache, sodass es leichter zu untersuchen ist.

Im Alter von 24 Jahren hatte Korotkov sich bereits einen Namen als Quantenphysiker gemacht. Er interessierte sich für das Werk von Semyon Davidowitsch Kirlian, einem russischen Ingenieur. Kirlian hatte entdeckt, dass – legt man an leitendes Material wie zum Beispiel menschliches Gewebe kurzzeitig Hochspannung an – rund um das Objekt eine farbige Korona erscheint, die sich auf Film bannen lässt. Kirlian schrieb diesem Licht eine enorme Bedeutung zu.[7] Er ging davon aus, dass die Korona das Energiefeld jedes lebenden Wesens sei und dass dessen Zustand verrate, ob das Geschöpf gesund sei oder nicht.

Korotkov nun hatte eine Möglichkeit gefunden, diese recht primitiven Systeme zu verbessern. Er fing dieses geheimnisvolle Licht in Echtzeit ein, indem er die Photonen eines lebenden Systems anregte, sodass es ein intensiveres Licht abgab als üblich. Das dazu erforderliche Verfahren nannte er Gas Discharge Visualization (Gasentladungs-Visualisierung) oder GDV. Das auf diese Weise verstärkte Licht wird mit hochempfindlichen Videokameras aufgenommen und digital per Computer verarbeitet. Es handelt sich also um eine Mischung aus Fotografie, Lichtintensitätsmessung und Mustererkennung mittels Software. Diese Software schafft nun ein Echtzeitbild des »Biofeldes«, das den Organismus umgibt, und schließt daraus auf dessen Gesundheitszustand.

Als wir uns kennenlernten, war Korotkov 55 Jahre alt und ein wohlbekannter Physiker, der die Kirlianfotografie aus ihrer esoterischen Ecke herausgeholt und das Konzept des »Bioenergiefeldes« entwickelt hatte. Er hat dazu fünf Bücher veröffentlicht[8] und die Aufmerksamkeit des russischen Gesundheitsministeriums erregt, welches die Bedeutung seiner Entdeckung für die Diagnose von Krankheiten erkannte. Seit 2007 wird die GDV-Technik als Diagnoseinstrument in der ärztlichen Praxis eingesetzt.[9] Man überprüft damit beispielsweise die Fortschritte von Patienten nach einem chirurgischen Eingriff. Auch das russische Ministerium für Sport war auf das GDV-Verfahren aufmerksam geworden und nutzte es, um den Gesundheitszustand russischer Sportler einzuschätzen, die für die Olympischen Spiele trainierten. Auch außerhalb Russlands wird das Verfahren von medizinischem Personal eingesetzt.[10] Und offensichtlich war selbst die amerikanische Gesundheitsbehörde darauf aufmerksam geworden, denn die Fördergelder für Gary Schwartz waren u.a. an die Auflage gekoppelt, mit Korotkovs Ausrüstung das »Biofeld« zu untersuchen.

Korotkov ist im Grunde ein wandelnder Widerspruch: eine geschmeidige, kompakte Gestalt mit rasiertem Schädel, in seiner Arbeit schweigsam und methodisch, privat jedoch ausgesprochen überschwänglich. So bescheiden er ist, was seine gefeierten Entdeckungen angeht, neigt er gleichzeitig doch zur großen Geste. Als er einmal in Japan an einem Bankett teilnahm, erschien er in traditioneller japanischer Kleidung mit einem Samuraischwert. Natürlich genießt Korotkov die Berühmtheit, die ihm die praktische Anwendung seiner Entdeckungen eingetragen hat, seine private Leidenschaft jedoch gilt der Untersuchung der direkten Einwirkung des menschlichen Bewusstseins auf die materielle Welt.[11] Er ist erfüllt von einer starken Spiritualität, die sich aus einigen herausragenden Entdeckungen bei seiner Arbeit entwickelte. Obwohl in den 1950er- und 1960er-Jahren in der atheistischen Sowjetunion erzogen, fühlte er sich stets zu den großen Fragen des Bewusstseins hingezogen. Vor allem interessierte ihn, wie lange das »Biofeld«, das schwache Licht um jedes Lebewesen, nach dem Tod erhalten bleibt.

In einer Reihe von Experimenten machten Korotkov und sein Team in den späten 1990ern Aufnahmen von frisch Verstorbenen. Sie entdeckten, dass noch lange Stunden nach dem Tod kein Unterschied zwischen dem Energiefeld der Lebenden und der Toten besteht. Außerdem schien das Licht auf eine Weise zu vergehen, die mit der Todesart des Betreffenden zusammenhing. Starb er ruhig, verabschiedete sich auch das Licht allmählich. Wurde er hingegen gewaltsam aus dem Leben gerissen, spiegelte das Licht diesen abrupten Übergang wider. Menschen, die eines natürlichen Todes starben, zeigten noch in den ersten 55 Stunden nach dem

Tod deutlich erkennbare Ausschläge im Energiefeld, die sich danach allmählich legten.

An diesem Punkt kommen Materialisten für gewöhnlich mit folgender Erklärung: Das Licht der Toten gehe auf die restlichen physiologischen Aktivitäten des Muskelgewebes zurück, das sich in Auflösung befindet. Doch die Fachliteratur zur forensischen Medizin zeigt, dass die elektrophysiologischen Entladungen eines frisch Verstorbenen sich bereits in den ersten Stunden nach seinem Tod verändern: Danach bleiben sie entweder konstant oder verursachen nur noch vergleichsweise flache Wellen. Mit den Daten, die Korotkov aufgezeichnet hatte, ist dies nicht zu vergleichen. Die einzig sinnvolle Schlussfolgerung aus seinen Aufnahmen ist, dass das Licht weiterbesteht, auch nachdem das Leben medizinisch gesehen an sein Ende gelangt ist. Möglicherweise weist dies auf eine Art Übergang hin. Korotkov schrieb ein Buch über diese Entdeckungen und wurde danach sehr spirituell.[12] Er sieht die von ihm aufgenommene »Energie-Informations-Struktur« analog zum alten Konzept der Seele, die mit dem Körper zwar verbunden ist, aber doch ein Eigenleben besitzt. Während Korotkov weiter für die russischen Ministerien arbeitet, interessiert er sich privat immer stärker für die Natur des Bewusstseins, vor allem für die Auswirkungen unserer Gedanken auf andere.

Als ich Korotkov zum ersten Mal fragte, ob er mit mir zusammenarbeiten würde, vereinbarten wir, unser erstes Experiment so einfach wie möglich zu halten: Wir würden versuchen, mit unseren Gedanken Wasser auf subtile Weise zu beeinflussen. Eine der subtilsten messbaren Veränderungen, so Korotkov, sei, auf die Konfiguration der Wassermoleküle einzuwirken. Wie wir wissen, haben diese die Eigenart, sozusagen als Team aufzutreten. Zwei italienische Physiker am Mailänder Institut für Kernphysik, der verstorbene Giuliano Preparata und sein Kollege, der ebenfalls verstorbene Emilio Del Giudice, hatten gezeigt, dass Wasser eine ganz erstaunliche Eigenschaft besitzt:[13] Wenn Wassermoleküle dicht aufeinandersitzen, dann zeigen sie ein kollektives Verhalten, das die beiden Physiker als »kohärent« bezeichneten. Sie reagieren wie ein sehr starker Laser. Dieser Cluster von Wassermolekülen nimmt in Anwesenheit anderer Moleküle deren »Information« auf. Sie polarisieren sich in der Nähe von Molekülen, die eine Ladung tragen, und speichern deren Frequenz, sodass man diese selbst aus der Ferne abrufen kann.

In gewisser Weise ist Wasser wie ein Tonband, das die Information aufnimmt und weiterträgt, ob nun das ursprünglich informationstragende Molekül noch anwesend ist oder nicht. Russische Wissenschaftler fanden heraus, dass Wasser die Fähigkeit hat, Informationen aus einem elektromagnetischen Feld, das man an es anlegt, stunden-, ja tagelang zu »speichern«.[14] Andere italienische Forscher der Universität La Sapienza in Rom und der Zweiten Universität von Neapel (heute: Università degli Studi della Campagnia Luigi Vanvitelli) konnten die Resultate von Preparata und Del Giudice bestätigen. Das gilt auch für den Nobelpreisträger Luc Montagnier, Mitentdecker des Aidsvirus.[15] Bestimmte elektronische Resonanzsignale verändern bestimmte Eigenschaften von Wasser ein für alle Mal. Die Wissenschaftlerteams aus Rom und Neapel bestätigten des Weiteren, dass Wassermoleküle sich auf eine Weise organisieren, die ihnen erlaubt, Welleninformationen aufzunehmen. Das Wasser scheint die Signale sowohl auszusenden als auch zu verstärken.

Wie Pflanzen, Tiere und Menschen, so »leuchten« auch Flüssigkeiten. Das GDV-Verfahren ist so hochempfindlich, dass es die Energiedynamik des Wassers sichtbar machen kann. Es zeichnet jede Veränderung der Lichtemission auf der Oberfläche des Wassers nach. Diese wiederum hängt davon ab, wie die Wassermoleküle sich zusammenschließen. Eine ganze Reihe von Experimenten, die Korotkovs Team mit einer Vielzahl biologischer Flüssigkeiten durchführte, zeigt, dass das GDV-Verfahren sich für Veränderungen in der chemischen und physikalischen Struktur des Wassers sensibel zeigt, die mit gewöhnlichen chemischen Analysen nicht nachvollzogen werden können. Sein Verfahren konnte beispielsweise die winzigen Unterschiede zeigen, die zwischen dem Blut eines gesunden und eines kranken Menschen bestehen sowie zwischen natürlichen und synthetischen essenziellen Ölen, die ansonsten genau die gleiche chemische Zusammensetzung aufweisen.[16] Darüber hinaus zeigte es auch den Unterschied zwischen gewöhnlichem Wasser und Wasser mit homöopathischen Medikamenten in Hochpotenz.

....

Für unser erstes Experiment würde Konstantin ein Reagenzglas bis zum Rand mit destilliertem Wasser füllen und eine Elektrode einführen, die mit seinem GDV-Gerät verbunden war. Auf diese Weise würden wir die Signale des Wassers vor, während und nach dem Experiment messen können. Dann sollten meine Community von der Intentionsexperimente-Website, die Abonnenten des elektronischen Newsletters und unsere Follower in den sozialen Medien einem Foto von diesem Wasser ihre Liebe senden. Unser Ziel war, die Behauptung des 2014 verstorbenen japanischen Naturforschers Dr. Masaru Emoto zu belegen, dass Emotionen die Struktur von Wasser verändern können.

Dr. Emoto war mit einigen informellen Experimenten bekannt geworden, die er in *The Hidden Messages in Water* (dt. *Die Botschaft des Wassers*) und anderen Büchern veröffentlichte.[17] Seiner Ansicht nach nahm Wasser unsere Gedanken auf. Er bat Freiwillige,

Wasser positive oder negative Gedanken zu senden. Dann fror er es ein und fotografierte die Eiskristalle. Die Kristalle von Wassereinheiten, die positive Gedanken erhalten hatten, wiesen Emoto zufolge stets eine höhere Symmetrie auf. Wasser hingegen, das mit negativen Gedanken »geimpft« worden war, bildete asymmetrische Kristalle oder wurde gar nicht erst fest. So ungewöhnlich seine Arbeit schien, so konnte sie doch zweimal repliziert werden: von dem bekannten Parapsychologen Dr. Dean Radin, dem wissenschaftlichen Leiter des Instituts für Noetische Wissenschaften im kalifornischen Petaluma.[18]

Durch unsere technischen Schwierigkeiten beim Blattexperiment gewarnt, machte ich diesmal die Experimente nur im Rahmen unserer virtuellen Community bekannt, um das Ning-System nicht zu überlasten. Doch selbst so meldeten sich für das bevorstehende Experiment noch mehrere Tausend Menschen aus 80 Ländern an. Sie kamen von allen Kontinenten, die Antarktis mal ausgenommen, und von so weit entfernten Orten wie Indonesien, Sambia, Costa Rica und China. Und auch die Buschtrommeln funktionierten und erreichten gar am Ende Dr. Emoto selbst, der mir in einer E-Mail viel Glück wünschte.

Am Abend des verabredeten Tages schickte Konstantin uns ein Foto von dem fraglichen Reagenzglas. Wir posteten es auf unserer Webseite, allerdings nur für jene sichtbar, die sich für das Experiment angemeldet hatten. Dann schaltete er seine GDV-Instrumente ein und legte Rachmaninow auf, um ein wenig Gesellschaft zu haben, während er wartete.

Stunden später, nachdem das Experiment abgeschlossen war, überprüfte Konstantin die Messungen seiner Instrumente und entdeckte einen wichtigen Unterschied. Die Lichtemissionen des Wassers hatten an Intensität zugenommen. Gleichzeitig waren jedoch Veränderungen im gesamten Bereich der Photonenemission eingetreten. Das Interessante daran war, dass diese sich zeigten, noch *bevor* das eigentliche Experiment begonnen hatte. Sechs Minuten bevor es anfangen sollte, hörten sie auf und setzten erst wieder ein, als wir die Intentionsübung beendet hatten. Wenn wir den Zustand des Wassers während des Experiments verglichen mit dem Zustand 20 Minuten vor dem Experiment, dann rutschten die Messdaten unter die Signifikanzschwelle.

Vielleicht war unsere Intention zu passiv oder zu diffus gewesen und würde bessere Ergebnisse zeigen, wenn wir uns auf etwas Spezifischeres konzentrieren würden wie zum Beispiel beim Keimen der Gerstenkörner. Schließlich fällt die Vorstellung von Liebe bei jedem Menschen anders aus, vor allem wenn es dabei um die Liebe für ein Glas Wasser geht. Eine ganze Reihe von Teilnehmern hatte sich im Übrigen schon relativ früh eingeloggt, was die Resultate möglicherweise beeinflusst hatte.

Wir beschlossen, das Experiment am 22. Januar 2008 zu wiederholen, doch mit drei entscheidenden Veränderungen: Wir würden auf unsere Wasserprobe eine bestimmte Intention richten und die Teilnehmer bitten, das Wasser »leuchten und leuchten« zu lassen; wir würden außerdem eine Kontrollprobe anbringen, ein identisches Reagenzglas mit destilliertem Wasser aus derselben Quelle, das ebenfalls mit den GDV-Instrumenten verbunden würde; und wir würden die Gesamtzeit der Messungen verlängern.

Diesmal erzielten wir einen Effekt, der statistisch hoch signifikant war, und zwar sowohl in der Verteilung des Lichts als auch in der Intensität. Diese Veränderung trat während der Intentionsübung ein und hielt sich auch nachher, jedenfalls im Vergleich mit der Kontrollprobe. Am interessantesten aber war, dass die massivste Veränderung – im Vergleich mit der Zeit davor und danach – sich während des zehnminütigen Intentionsintervalls ergab. Obwohl wir weniger Teilnehmer hatten als bei der ersten

Übung, war der Effekt stärker. Ein weiterer Beleg dafür, dass die Größe der Gruppe für das Ergebnis nicht entscheidend war.

Man beginnt mit gewissen Grundannahmen und baut auf diesen sorgsam seine These auf. Dann überlegt man sich eine Möglichkeit, um diese zu testen, und lehnt sich zurück, um zu sehen, was dabei herauskommt. Und stellt am Ende fest, dass einige der Grundannahmen über das Universum einem elegant um die Ohren geflogen sind.

Von den elf Experimenten, die wir erfolgreich durchführen konnten, hatten zehn ein positives Ergebnis. Bis auf eines waren alle Resultate statistisch signifikant. Gleichzeitig waren damit einige unserer Grundannahmen über Gruppenintentionen schlicht widerlegt.

Schließlich versuchte ich, mir darüber klar zu werden, was wir über diese Vorgänge in Erfahrung gebracht hatten. Wir waren in der Lage gewesen, mit unseren Gedanken Wasser und Pflanzenwachstum zu beeinflussen, ganz egal, ob sich die Teilnehmer zusammen in einem Raum oder an ganz verschiedenen Orten aufgehalten hatten oder gar Tausende von Kilometern von ihrem Zielobjekt entfernt gewesen waren. Unsere Gedanken beeinflussten ein Objekt, obwohl wir unsere Intentionen nicht einmal auf das Ding selbst richteten, das in einem weit entfernten Labor untergebracht war. Wir aber hatten nur eine symbolische Darstellung zur Verfügung: ein Foto.

Obwohl der Kontakt nur über ein Foto oder eine Darstellung auf einer Webseite hergestellt worden war, hatten meine Teilnehmer schnell eine tiefe Verbindung zueinander und zum Zielobjekt gefunden. In der Gruppe zu denken schien ein nichtlokales, mediales Internet zu schaffen, in dem es zu einer Vernetzung ohne Zeitverzögerung kam und die Distanz zwischen den Teilnehmern ihre Bedeutung verlor, selbst dann, wenn wir nicht mit realen Objekten arbeiteten – sondern nur mit ihrer fotografischen Repräsentation, die in gewisser Weise einer Voodoopuppe gleichkam.

Als wir die globalen Intentionsexperimente initiiert hatten, waren Gary und ich von der Annahme ausgegangen, es sei wichtig, eine Live-Verbindung zum Zielobjekt herzustellen. Aus diesem Grund hatten wir ja in den frühen Studien darauf bestanden, dass eine Webcam das Zielobjekt aufnahm und live auf den Bildschirm vor den Teilnehmern übertrug. Während der Keimexperimente und der Wasserexperimente aber hatten wir herausgefunden, dass das menschliche Bewusstsein ein *virtuelles Zielobjekt* ansprechen und beeinflussen kann und dass diese Verbindung ebenso wirkmächtig ist. Wie Hellseher und Geistheiler seit Jahren behaupten, genügt eine symbolische Repräsentation eines Zielobjekts – zum Beispiel auf einer Landkarte –, damit das Bewusstsein sich darauf einstimmen konnte.

Auch die Größe der Gruppe war nicht von Belang gewesen. Die Intentionen einer kleinen Gruppe von gut hundert Leuten in einem Meditationsraum in Rhinebeck einige Tausend Kilometer vom Zielobjekt entfernt hatten sich als genauso wirksam erwiesen wie die einer fünfmal so großen Gruppe. Beim zweiten Wasserexperiment mit Prof. Korotkov hatten wir weniger Teilnehmer verzeichnet als beim ersten, und doch waren die Effekte stärker gewesen. Ebenso bedeutungslos schien die Distanz zwischen Teilnehmern und Zielobjekt zu sein. Meine australische Gruppe, die Tausende von Kilometern von den Gerstenkörnern in Tucson, Arizona, entfernt war, erzielte dasselbe Längenwachstum wie eine Gruppe im benachbarten Bundesstaat Kalifornien. Wenn es um das Aussenden von Gedanken ging, schienen größere Nähe und größere Gruppen keine besseren Ergebnisse zu erzielen.

Ein anderer völlig unerwarteter Effekt war, dass die Intention alles zu beeinflussen schien, was sich ihr in den Weg stellte. Die

Getreidekörner, die bei einer der Intentionsstudien Verwendung fanden, befanden sich mit im Einflussbereich, ob sie nun gezielt angesprochen wurden oder nicht. Auch daraus ergab sich eine unvorhergesehene Konsequenz, denn diese Erkenntnis legte den Schluss nahe, dass lebende Wesen Informationen aus der gesamten Umgebung aufnahmen. Der Informationsfluss bestand also nicht nur zwischen Sender und Empfänger.

Was sich jedoch als bedeutungsvoll erwies, war Erfahrung. Unsere beeindruckendsten Resultate erzielten Menschen, die darin geschult waren, fokussierte Gedanken auszusenden, zum Beispiel geübte Meditierende und Heiler. Unser erfolgreichstes Keimexperiment, bei dem die von der Intention angeregten Setzlinge doppelt so hoch wurden wie die der Kontrollgruppe, hatten wir mit der Gruppe in Hilton Head in South Carolina durchgeführt. Es handelte sich dabei um rund 500 Langzeit-Praktizierende der Healing-Touch-Methode. Die Keimexperimente wie die Wasserexperimente hatten darüber hinaus gezeigt, dass wir umso erfolgreicher waren, je spezifischer wir unsere Intention formulierten.

Diese ersten Experimente waren noch recht einfach aufgebaut, ja fast ein bisschen primitiv. Doch die Konsequenzen, die sich aus ihnen ergaben, waren alles andere als trivial. Sie stellten sogar einige newtonsche Gesetzmäßigkeiten infrage, die das Rückgrat der klassischen Physik bilden.[19] Newton hat uns das Bild eines wohlgeordneten Universums geschenkt, in dem die Dinge ordentlich voneinander getrennt sind und in Raum und Zeit nach bestimmten Gesetzen agieren. Eines seiner grundlegendsten Prinzipien ist das Trägheitsgesetz, das besagt: Ein Körper verharrt in Ruhe oder in gleichförmig geradliniger Bewegung, sofern er nicht durch einwirkende Kräfte zur Änderung seines Zustands gezwungen wird. Dieses Gesetz bildet den Grundstein vieler lieb gewonnener Ideen über das Funktionieren der Welt. Die Vorstellung zum Beispiel, dass Dinge statisch sind, voneinander getrennt und unberührt, solange keine äußere Kraft – mit einem Stoß, einem Schlag, einem Tritt – auf sie einwirkt. Tatsächlich beschreiben Newtons Gesetze durchweg Dinge, die unabhängig voneinander existieren. Jede Veränderung, selbst eine noch so einfache Bewegung, erfordert daher eine konkrete, messbare Energie.

Unsere Experimente aber ergaben nichts, was sich in dieses newtonsche Weltbild gefügt hätte. Wir *taten* ja nichts, um eine *Kraft* auf ein Objekt auszuüben. Wir sandten ihm *Gedanken*. Die Effekte, die wir entdeckt hatten, passten eher zum erratischen Verhalten der Quantenwelt, die physikalisch zum ersten Mal von Niels Bohr beschrieben wurde und von seinem Schützling, dem deutschen Physiker Werner Heisenberg. Beide erkannten einige grundlegende Aspekte der Quantenwelt. In der Welt des verschwindend Kleinen sind Dinge keine Dinge mehr, sondern nur Wolken von Wahrscheinlichkeiten, das Potenzial unzähliger künftiger Selbste – oder das, was die Physiker als »Superposition« bezeichnen, die Überlagerung aller Wahrscheinlichkeiten.

Mittlerweile hat selbst das Physiker-Establishment akzeptiert, dass in der hermetischen Welt der Quanten Materie nicht mehr fest und stabil ist – eigentlich ist sie am ehesten *noch nichts*. Was diese kleine Wolke von Wahrscheinlichkeiten auflöst und sie zu etwas Konkretem, Messbarem macht, ist das Eingreifen eines Beobachters. Sobald die Wissenschaftler ein subatomares Teilchen beobachten oder vermessen, kollabiert die Wolke in einen klar definierten Zustand.

Die Konsequenzen aus diesen Experimenten der frühen Quantenphysik und aus dem, was man später den »Beobachter-Effekt« taufte, waren immer schon inhaltsschwer: Das lebendige Bewusstsein ist irgendwie der Einfluss, der das Potenzial eines Objekts in etwas Reales, Greifbares verwandelt. In dem Augenblick, in dem wir unseren Blick auf ein Elektron richten oder eine Messung vornehmen, tragen wir dazu bei, *seinen endgültigen Zustand zu bestimmen*. Diese Tatsache zieht ein paar unbequeme Folgerungen nach sich. Die sicher bedeutsamste ist die Feststellung, dass das entscheidende Ingrediens bei der Erschaffung unseres Universums das Bewusstsein ist, das dieses Universum beobachtet. Tatsächlich existiert nichts in unserem Universum als »Ding« unabhängig von unserer Wahrnehmung.

Wissenschaftler schrecken vor dieser unbequemen Feststellung seit jeher zurück und haben sich auf eine leichter verdauliche, wenn auch unwahrscheinlichere Weltsicht zurückgezogen: dass es nämlich eine Art der Naturgesetze für die Welt des Großen, Sichtbaren gibt und eine andere für die Welt des mikroskopisch Kleinen. Und dass diese anarchischen subatomaren Teilchen, sobald sie merken, dass sie Teil der großen, sichtbaren Welt sind, sich plötzlich wieder so verhalten, wie es der verlässlichen Folgerichtigkeit der newtonschen Gesetze gemäß gehört.

Einige der Grundannahmen dieses recht selbstbewussten Weltbildes – zum Beispiel die unveränderliche Natur von Raum und Zeit, das Trägheitsgesetz, ja sogar die Vorstellung, dass für die Welt des Großen und Sichtbaren andere Gesetze gelten als für die Geisterwelt der subatomaren Teilchen – hatten durch unsere frühen Experimente schon einen leichten Schlag erhalten.

Sowohl die Achtergruppen als auch die globalen Experimente hatten mehr enthüllt – und dieses Mehr hatte mit dem menschlichen Bewusstsein zu tun und seiner Fähigkeit, nicht nur die Grenzen der Objekte, sondern auch die anderer Menschen, ja selbst die Grenzen von Raum und Zeit zu überschreiten. Wir hatten mehrfach nachgewiesen, dass der menschliche Geist nichtlokal operieren kann. Dass er Wände durchdringen, Meere und Kontinente überschreiten und Tausende Kilometer entfernt andere Objekte beeinflussen konnte. Wissenschaftler haben mit der Idee Schwierigkeiten, die zuerst vom deutschen Philosophen Immanuel Kant formuliert wurde: dass die Welt nämlich ohne uns nicht möglich ist. Vielleicht bedeutet der Beobachter-Effekt ja auch, dass wir ein bestimmtes Objekt erschaffen, indem wir uns darauf konzentrieren, indem wir gemeinsam den Fokus darauf richten und gemeinsam einen bestimmten Wunsch formulieren.

Unsere Erfahrungen bestätigten die Grundannahme der Transzendentalen Meditation (TM) nicht, dass man für ein bestimmtes Resultat, das mithilfe gedanklicher Kraft erzielt werden soll, eine Masse von Menschen braucht. Bei uns hatte die fokussierte und kohärente Aufmerksamkeit von hundert Menschen in einem Raum dieselben Auswirkungen wie die Aufmerksamkeit Tausender Menschen, die über den ganzen Globus verstreut waren und sich über das Internet zusammengefunden hatten. Und wir hatten die gleichen Resultate zu verzeichnen, ob die Teilnehmer des Experiments nun in einem Raum versammelt oder eben in aller Welt verstreut waren. Sie einte einfach derselbe Gedanke bzw. dieselbe Webseite.

Allmählich wurde mir klar, dass das Experiment auch mit Gruppen funktionierte, in denen sich acht Menschen zusammenfanden. Die Intentionen erzielten Ergebnisse, so meine Annahme, weil wir im Augenblick der Übung alle denselben medialen Raum einnahmen.

Was hingegen wirklich nötig und wichtig war, war die Tatsache, dass eine Gruppe zusammenarbeitete.

5. KAPITEL

....

DIE KRAFT DER ZWÖLF

Die Resultate, die unsere »Intention der Woche« jeweils bewirkte, konnten nicht allein auf den Placeboeffekt zurückgehen. Da fanden Babys und ungeborene Kinder Heilung. Unter den Genesenen waren Menschen, die im Koma lagen oder nicht wussten, dass sie Zielobjekt gerichteter Intentionen waren. Baby Isabella zum Beispiel kam in Spokane im Bundesstaat Washington zur Welt. Sie war ein Frühchen, das schon nach 24 Wochen den Mutterleib verließ, und wog nur circa 650 Gramm. Ihr Darm war noch nicht vollständig ausgebildet, der Magen war mit Streptokokken infiziert und ihre Lungen waren schwach. Zwei Tage nachdem die Ärzte sie operiert hatten, um die Darmteile zu verbinden, bekam sie eine Infektion, und die Lunge musste ein zweites Mal operiert werden. Isabella erhielt verschiedene Antibiotika, die aber nicht wirkten. Eine extra eingeflogene Spezialistin stellte fest, dass die Erreger resistent waren. Die Ärzte legten Isabella einen künstlichen Darmausgang und machten den Eltern wenig Hoffnung.

Ihre Mutter wandte sich an uns mit der Bitte, ihr Baby für die »Intention der Woche« auszuwählen. Sieben Tage nachdem wir Isabella unsere Intentionen gesandt hatten, hatte sie eine weitere Operation, die diesmal aber überraschend gut verlief. Obwohl die

Ärzte befürchteten, dass die Streptokokkeninfektion wiederkehren könnte und sie dann noch einmal operieren müssten, pendelten sich ihre Blutwerte zu aller Erstaunen recht schnell ein. Sie begann, sich ganz normal zu entwickeln, und wurde nach acht Monaten als gesundes Kind entlassen. Ihre Mutter sprach von einem »Wunder«.

Jeuline aus Göteborg in Schweden sollte ihr Kind im Mai 2009 zur Welt bringen. Doch ihr kleiner Junge hatte einen seltenen, schweren Herzfehler, der ganz sicher die Funktion von Herz und Lungen beeinträchtigen würde. Die Ärzte fürchteten, das Kind könne vielleicht nicht aus eigener Kraft atmen, da sie einen möglichen Lungenschaden vermuteten. Und selbst wenn der Junge selbstständig atmen konnte, musste sein Herz stark genug sein, um mindestens drei verschiedene Operationen an den Kranzgefäßen zu überstehen.

Und so bat Jeuline, unmittelbar vor ihrer Entbindung als Zielobjekt der »Intentionen der Woche« ausgewählt zu werden. Nachdem die Gruppe ihr die Intention schickte, kam ihr Sohn in weit besserer Verfassung zur Welt, als die Ärzte ihr prophezeit hatten. Diese zeigten sich erstaunt, dass der Junge ohne Hilfe atmen konnte und dass nach dem Stillen der Sauerstoffgehalt des Blutes stieg, denn bei Kindern mit Herzproblemen ist gewöhnlich das Gegenteil der Fall. Der Junge nahm ganz normal zu und blieb gesund. Nach zweieinhalb Monaten wurde die große Operation vorgenommen, von der er sich schnell erholte und zu einem gesunden Kind heranwuchs.

»Die Ärzte sind immer wieder überrascht, wie gesund er ist und aussieht«, schrieb uns seine Mutter zu jener Zeit. »Er ist jedenfalls viel gesünder als andere Kinder mit vergleichbaren Herzproblemen, und ein sehr ruhiger, zufriedener und glücklicher kleiner Junge.«

Im Falle eines ausgebüxten Teenagers gab es eine glückliche Wiedervereinigung mit den Eltern. Juracy aus Mexiko schrieb uns, dass ihre sechzehnjährige Tochter von zu Hause ausgerissen war. Sie hatte ihre Matheklausur verbockt, weil sie ständig Party machte und grundsätzlich erst in den frühen Morgenstunden nach Hause kam. Außerdem hing sie mit Leuten herum, die ihre Mutter nicht guthieß. Unsere Gemeinschaft sandte Mutter und Tochter die Intention, liebevoller zu sein, offener zu kommunizieren und die Eigenart des jeweils anderen zu akzeptieren. Nach einigen Wochen erhielt ich von Juracy einen überschwänglichen Brief, in dem sie schrieb, dass ihre Tochter drei Wochen nach Beginn der Intention wieder nach Hause gekommen sei und dass sie nun ehrlich und aufrichtig miteinander reden könnten. Die Tochter hatte auch ihre Auftritte in den sozialen Medien geändert, die vorher immer düster und aufsässig gewesen waren. Nun strahlte alles in leuchtendem Pink.

Ich weiß nicht, was hier genau vorlag – ob es sich um Heilerfolge handelte oder einfach nur um Zufall. Die Tatsache aber, dass der Intentionsprozess auf ein Baby, ja sogar auf ein Ungeborenes wirkte, dass Menschen im Koma genauso darauf reagierten wie Menschen, die von unseren Intentionen gar nichts wussten, sprach jedenfalls dagegen, dass der positive Effekt etwas mit den Erwartungen des Betroffenen zu tun hatte. War aber nun tatsächlich die Tatsache dafür verantwortlich, dass eine Gruppe konzentriert mehr Einfluss ausübte als eine Einzelperson?

....

Ich nehme hier nur die Funktion der Berichterstatterin ein.
Ich tue nicht so, als würde ich verstehen, was »das« ist.
Ich lerne zusammen mit Ihnen.

Jahrelang war dies mein Standardsatz bei den Seminaren zur Kraft der Acht, meine salvatorische Klausel, die mich aus der Verantwortung entlassen sollte. Ich bin keine Heilerin. Ich bin nur Journalistin. Nachdem ich Zeugin so vieler wunderbarer Veränderungen im Leben einzelner Menschen geworden war, entwickelte ich eine gewisse Dickfelligkeit. *Wieder eine Wunderheilung. Seufz. Echt toll.*

Gleichzeitig trieb mich der Wunsch um, für diese kollektiven Heileffekte historische Beispiele zu finden. *Irgendjemand muss doch darüber schon mal nachgedacht haben.* Sicher, es gab mittlerweile in den meisten modernen christlichen Kirchen Gebetskreise. Doch meine Gruppen zur Kraft der Acht und zur Intention der Woche bewirkten in manchen Fällen ja Sofortheilungen. Woran mochte es nur liegen, dass eine Gruppe von Menschen, die zur selben Zeit denselben Gedanken kultiviert, so dramatische Effekte hervorbringen konnte? Irgendwo musste dieses Ritual doch schon mal angewandt worden sein? In irgendeiner alten Kultur?

Ich begann, mich mit Heilkreisen zu beschäftigen, und fing mit dem bekanntesten überhaupt an: mit Stonehenge, dem riesigen Ring von Menhiren nördlich von Salisbury in England.

Noch heute streiten sich die Archäologen über den tatsächlichen Zweck der großen Anlage. Was konnte eine Zivilisation in der Jungsteinzeit dazu bewogen haben, 82 riesige Blausteine (Dolerit) aus den 250 Kilometer entfernten Bergen im südwestlichen Wales auf die Hochebene von Salisbury zu schleppen? Für jeden dieser Steine, die bis zu drei Tonnen wiegen, waren 30 Männer zum Transport erforderlich. Sie zogen sie mit Lederriemen und Rundhölzern bis zum Avon, von wo aus sie auf Booten bis nach Salisbury verschifft wurden. Viele Forscher greifen zur Erklärung auf die Thesen des ersten Stonehenge-Archäologen William Stukeley zurück, der meinte, das steinzeitliche Bauwerk sei ein Tempel gewesen.[20] 1720 schrieb Stukeley: »Wenn man dieses Bauwerk betritt und sich darin umsieht, die gewaltigen Ruinen betrachtet, so ergreift eine ekstatisch-träumerische (sic!) Stimmung von einem Besitz, für die es keine Worte gibt.« Andere Forscher sind überzeugt, dass der Steinkreis ein riesiger Kalender ist, da die Steine den exakten Punkt der Sommer- und Wintersonnenwende zu bestimmen erlauben. Das war natürlich wichtig für eine Kultur, die hauptsächlich von der Landwirtschaft lebte und keine anderen Mittel zur exakten Einteilung der Jahreszeiten kannte.

Im Monat vor unserem ersten Seminar aber stieß ich auf die Arbeiten von Professor Timothy Darvill und Professor Geoff Wainwright, zwei angesehene britische Archäologen. Nachdem sie drei Jahre vor Ort gegraben hatten, scherten sie aus dem Chor der herrschenden Meinung aus, als sie ihre Resultate in Beziehung setzten zu der ungewöhnlich hohen Anzahl an Knochen, die dort bei früheren Ausgrabungen gefunden worden waren. Diese Knochen wiesen vielfach Verletzungstraumata auf.

»Stonehenge hatte nur einen Zweck«, meinte Wainwright. »Es war eine Art prähistorisches Lourdes. Die Menschen kamen dorthin, weil sie Heilung suchten.«[21]

»Anfangs scheint es ein Ort für die Toten gewesen zu sein, die dort verbrannt und bestattet wurden«, fügte Darvill hinzu. »Aber nach 2300 v. Chr. ändert sich die Art der Nutzung. Nun dient das Monument den Lebenden. Vermutlich versorgten spezielle Heiler und Pfleger die Körper und Seelen der Kranken und Behinderten.«

Darvill und Wainwright untersuchten die Steine und die damit verbundene uralte Vorstellung, dass sie durch die Berührung mit den walisischen Brunnen und Quellen mit Heilkräften imprägniert worden seien. Ich hingegen fragte mich, ob die Steine nicht so angeordnet worden waren, um spezielle Heilkräfte zu aktivieren. Schließlich hatte man die Menhire nicht einfach zufällig in die Landschaft gestellt. Vom Avon führt eine Schmelzwasserrinne direkt zum Steinkreis und zeigt exakt in Richtung der Wintersonnenwende. Die Blausteine bilden einen Kreis innerhalb von zwei hufeisenförmigen Steinringen.

Archäologen haben Strukturen im Boden entdeckt, die annehmen lassen, dass hier früher noch mehr Steine standen. Vielleicht hingen die Heilungsprozeduren ja nicht nur mit den Steinen zusammen, vielleicht bildeten auch die Heiler selbst einen Kreis. Möglicherweise galt der Kreis ja an sich als heilkräftig. Da es in Großbritannien viele solcher Steinkreise gibt, geht Darvill davon aus, dass Kreise beim Heilen eine wichtige Rolle spielten. Allerdings sieht er keinen Beleg dafür, dass der Kreis, den die Menschen bildeten, für den Heilprozess dieselbe Wichtigkeit besaß wie der Steinkreis selbst.

Über die Jahrhunderte hinweg spielten kleine Gruppen von Menschen in vielen Kulturen und Religionen eine besondere Rolle, ob sie nun den heidnischen Wicca-Kulten angehörten oder den christlichen Mystikern. Die Ritter der Tafelrunde aus der Artuslegende ebenso wie die mittelalterliche Bruderschaft der Rosenkreuzer sollen sowohl die Traditionen der Artuszeit als auch die der Essener übernommen haben, jener ersten Mystiker und Asketen, die angeblich Jesus unterrichtet haben.[22]

Ich kontaktierte Klaas-Jan Bakker, den Großmeister im Ruhestand des Alten mystischen Ordens vom Rosenkreuz (AMORC). Er erklärte mir, die Rosenkreuzer glaubten, dass ihre Heilmethoden auf die Essener zurückgehen und an Jesus weitergegeben worden waren. Das, was meinen Kraft-der-Acht-Gruppen am nächsten komme, sei das »Konzil der geistigen Hilfe«, Kleingruppen, deren Mitglieder bewusst ausgewählt wurden, um anderen Menschen Heilung zu bringen. Die Mitglieder des Konzils setzten sich mit einem Kranken in Verbindung, um herauszufinden, ob er oder sie empfangsbereit war. Dann schickten sie ihm zu bestimmten Tageszeiten heilende Gedanken. Zu diesem Zweck versetzten sie sich in einen konzentrierten Zustand und stellten sich vor, wie der oder die Kranke wieder gesund wurde. Darüber hinaus findet in allen Rosenkreuzer-Tempeln jeden Tag mittags eine Zeremonie zum Konzil der geistigen Hilfe statt. Dabei senden die Rosenkreuzer positive Gedanken an all jene, die ihrer bedürfen, und an den Planeten als Ganzes. Und es gab noch eine ganze Reihe bestimmter Techniken, die Parallelen aufwiesen zu dem medialen Internet, das ich in unseren Achtergruppen und Experimenten entdeckt hatte.[23]

Da die Rosenkreuzer angeben, ihre Methodik vom mystischen Zweig des frühen Christentums ererbt zu haben, begann ich, mich mit den traditionellen Kreis-Ritualen in der Religion zu beschäftigen.

Viele Bücher der Bibel wie zum Beispiel die Apostelgeschichte oder die Bücher Esra und Jona erzählen von der Macht des gemeinsamen Gebets um göttliche Führung und Schutz.[24] Die heilige Teresa von Avila setzte sich für kleine Gebetsgruppen innerhalb der katholischen Kirche ein. Muslime machen die Hadsch, die Pilgerfahrt nach Mekka, um sich dort in Kreisen um die Kaaba zu versammeln, die das heilige Zentrum des Islam bildet. Auch im Judentum gibt es die Vorstellung des Minjan, einer Gruppe von mindestens zehn Gläubigen, die nötig ist, um einen Gottesdienst zu veranstalten. (Im orthodoxen Judentum müssen die zehn Beter männlich sein.) Eine der Funktionen dieser Gruppe ist es, für die Heilung von Gemeindemitgliedern zu beten. Wenn die Gemeinde das jüdische Dankgebet Birkat Hagomel rezitiert, in dem man Gott dankt, weil man eine traumatische Erfahrung oder lebensbedrohliche Krankheit überlebt hat, muss ebenfalls ein Minjan anwesend sein. Der Begriff *minjan* kommt vom hebräischen Stamm *moneh*, das auf das aramäische *mene* zurückgeht, was »zählen« bedeutet. Auch hier geht es um die erforderliche Anzahl von Menschen fürs Gebet. Offensichtlich waren Gebetsgruppen in den unterschiedlichsten Religionen von Bedeutung.

Als ich Gebetsgruppen im Christentum erforschte, stolperte ich über einen alten Text des britischen Baptistenpredigers Charles Spurgeon aus dem 19. Jahrhundert.[25] Er setzt sich darin mit einigen Abschnitten aus der Apostelgeschichte auseinander, die zeigen, wie die Apostel die frühe Kirche organisiert hatten. Spurgeon konzentrierte sich dabei auf die Verse aus Apg 1, 12 bis 14, die beschreiben, wie die zwölf Apostel ihre erste Gebetsgruppe abhielten.[26] Sie kamen von einem Ausflug zum Ölberg zurück, der nahe der Altstadt von Jerusalem liegt. Dann begaben sie sich in einen Raum und beteten gemeinsam.

Das Neue Testament soll, den meisten Bibelgelehrten zufolge, ja zunächst in hellenischem Griechisch verfasst worden sein. Spurgeon zufolge wählte Lukas, der Evangelist, ein hellenischer Arzt und Autor der Apostelgeschichte, der diese Ereignisse vermutlich noch selbst miterlebt hatte, den griechischen Begriff *homothumadon* für das Gruppengebet.

Homothumadon wird in der Bibel zwölfmal erwähnt, am häufigsten in der Apostelgeschichte. Die Einheitsübersetzung spricht hier recht blutleer von »einmütig im Gebet«. Spurgeon aber meint, *homothumadon* sei ein Adverb und als solches dem Vokabular der Musik entliehen. Ursprünglich bedeutete es »gemeinsam dieselben Noten anstimmen«. Andernorts wurde der Begriff übersetzt mit »eines Geistes und eines Herzens«.[27] Spurgeon meint, es bedeute, dass die Apostel »einhellig, harmonisch und ständig« beteten.

Doch als ich weiter nachhakte, stellte ich bald fest, dass selbst diese Erklärung dem Begriff *homothumadon* nicht gerecht wird.

Der griechische Begriff ist aus zwei Wörtern zusammengesetzt: *homou* bedeutet wörtlich »zugleich« oder »am selben Ort und zur selben Zeit zusammen«, *thumous* hingegen bedeutet »leidenschaftlicher Ausbruch« oder auch »losstürzen«. Man geht davon aus, dass der letzte Begriff Intensität vermitteln soll: »heftig atmen, erhitzt werden«, aber auch schlicht »Zorn«. Zusammen erinnern die beiden an eine Beethoven-Symphonie, bei der die Noten leidenschaftlich auf unterschiedlichen Bahnen dahinstürmen, um sich letztlich doch in vollkommenem Zusammenklang zu verbinden und einem Höhepunkt zuzustreben. Das Wort unterstreicht, dass die Apostel zusammenkamen, um leidenschaftlich zu beten wie mit einer Stimme. »Hier tritt ein häufig übersehenes Geheimnis der frühen Kirche zutage«, schreibt Spurgeon. »Immer und immer wieder weist Lukas darauf hin, dass sie das, was sie taten, gemeinsam taten. Alle miteinander. Geeint und eines Mutes.«

Spurgeon zufolge war das Gebet in Jesu Augen ein Akt der Gemeinsamkeit. Er wollte, dass seine Apostel zusammen beteten, eines Gedankens und eines Wortes wurden – als würden sie einhellig eine Intention ausdrücken. Viele Bibelgelehrte stimmen Spurgeon in dieser Hinsicht zu. Der amerikanische Presbyterianerpastor und Bibelgelehrte Albert Barnes meint,[28] der Begriff *homothumadon* unterstreiche, dass die Apostel »eines Geistes« waren. »Der Begriff weist auf die durchgehende Harmonie ihrer Ansichten und Gefühle hin. Da gab es keine Splittergruppen, keine unterschiedlichen Interessen, keine im Widerstreit liegenden Vorhaben.«

Auf diese Art zu beten brachte die Apostel einander vermutlich näher und verlieh ihnen ein Gefühl der untrennbaren Verbundenheit.[29] Sowohl im Leben als auch im Gebet waren die Apostel »durch ein Band verbunden, das stärker war als der Tod«. So schreiben zumindest drei Bibelkommentatoren aus dem

19. Jahrhundert: Robert Jamieson, A. R. Fausset und David Brown. Vielleicht hat Jesus sie dies ja selbst gelehrt. Sicher wusste er, welche Kämpfe sie erwarteten, schließlich zettelten sie eine religiöse Revolution an. Matthew Poole, Nonkonformisten-Theologe im England des 17. Jahrhunderts, schrieb, seiner Ansicht nach signalisiere schon die Verwendung des Begriffes *homothumadon* ihr Gefühl, in allen Schwierigkeiten eins zu sein. Dies habe zu einer »großen Entschlossenheit geführt, die allen Widersprüchen und aller Gegnerschaft standhielt«.[30] Und damit waren sie ganz sicher konfrontiert, als sie die frühe Kirche gründeten.

Nicht wenige Kirchengeschichtler sind davon überzeugt, dass Jesus das Kleingruppengebet sozusagen als Blaupause vorgab, um den Aposteln zu helfen, die frühe Kirche in der neuen Form des Betens zu unterrichten und das Gefühl christlicher Gemeinschaft zu stärken. Frederic William Farrar, britischer Geistlicher, Dekan von Canterbury und Erzdekan von Westminster, meint, Jesus habe die Apostel bewusst gelehrt, auf diese Weise zu beten, um sie von »dem einfachen Bittgebet« wegzubringen:

»Die Jünger hatten ihn ja schon gebeten: ›Herr, lehre uns beten‹ (Lukas 11, 1). Vermutlich war die Form, die Jesus sie damals lehrte, in den drei Jahren ihres Zusammenseins mit ihm so herangereift, dass man sie nun auch als Gebetsform für alle nutzen konnte.«[31]

Das würde bedeuten: Für die Mitglieder der gerade entstehenden Kirche war geplant, dass sie als Gruppe beteten und dabei eines Geistes und eines Herzens waren. In jüngerer Zeit war es Peter Pett, Baptistengeistlicher im Ruhestand und Universitätsdozent, der meinte, die Technik des Betens als leidenschaftliche Einheit sei ganz sicher für die ganze Kirche gedacht gewesen:

»Die vollkommene Einheit dieser frühen Kirche wurde betont. Männer und Frauen waren gleich, was außerhalb christlicher

Zirkel eher unüblich war. Sie beten zusammen wie ein Mensch. Ohnehin fanden die meisten Gebete im Tempel statt, wo sie sich täglich mit den anderen Jüngern Jesu trafen (siehe Lukas 24, 53).«[32] Lloyd John Ogilvie, presbyterianischer Geistlicher und ehemaliger Kaplan des US-Senats, glaubt, dass die neue christliche »Bewegung« bewusst auf das gemeinsame Gebet setzte: »In ihrer frühen Zielsetzung, eine Kirche aufzubauen, widmeten sie sich vor allem dem gemeinsamen Gebet. Und damit war nicht die körperliche Nähe, sondern die geistige Einheit gemeint.«[33]

Das Gebet, schreibt Ogilvie, soll in Beziehung zu anderen ausgeführt werden:

Wenn wir als Individuen die Kraft des Heiligen Geistes erbitten, müssen wir zunächst einmal unsere Beziehungen Revue passieren lassen: Allen vergeben? Alles zurückgeben, was zurückgegeben werden muss? Ist irgendwo heilendes Eingreifen vonnöten? Als Gemeinde können wir keine Kraft schöpfen, wenn wir nicht eines Geistes und eines Herzens sind, wenn wir einander nicht lieben, wie Christus uns geliebt hat, und wenn wir kaputte Beziehungen nicht heilen können.[34]

Manche Gelehrte gehen davon aus, dass die Evangelien und die Apostelgeschichte ursprünglich in Aramäisch verfasst worden sind, der Muttersprache Jesu. Wenn dies der Fall ist, dann taucht darin sicher der Begriff *kahda* auf.[35] Das Adverb heißt entweder »zusammen« oder »zur selben Zeit«.

Kleine Gebetskreise waren ein wichtiger Teil der frühchristlichen Kirche. Vielleicht könnte man die kleinen Intentionsgruppen ja auch als Erfindung Jesu bezeichnen.

Nicht wenige der Bibelstellen, in denen es heißt, die Apostel seien »einmütig im Gebet« gewesen, haben nämlich mit Heilung zu tun. So heißt es in Lukas (9, 11): »Dann rief er [Jesus] die Zwölf zu sich und gab ihnen die Kraft und die Vollmacht, alle Dämonen auszutreiben und die Kranken gesund zu machen.« Und Jesus schickte sie auf ihre erste Missionsreise von Dorf zu Dorf durch Galiläa, »mit dem Auftrag das Reich Gottes zu verkünden und zu heilen«. In der Apostelgeschichte heißt es: »Auch aus den Nachbarstädten Jerusalems strömten die Leute zusammen und brachten Kranke und von unreinen Geistern Geplagte mit. Und alle wurden geheilt.« (Apg 5, 16). Der britische Methodistengelehrte Adam Clarke meinte zu dem Begriff *homothumadon:* »Wenn sich Gottes Kinder im selben Geist versammeln, können sie jeden Segen erwarten, den sie nötig haben.«[36]

Clarke schrieb auch:

Dieses Wort ist hochgradig ausdrucksstark: Es bedeutet, dass alles in ihrem Geist, alle Gefühle, Wünsche und Begehrlichkeiten auf ein einziges Objekt gerichtet wurden, wobei jeder dasselbe Ziel hatte. Und da sie alle nur einen Wunsch hatten, hatten sie nur ein Gebet zu Gott, und jedes Herz sprach dasselbe. Da war niemand dabei, den das etwa nichts anginge, den es nicht beträfe, keiner von ihnen war lau. Alle waren tiefernst. Und der Geist Gottes kam auf sie herab, um ihrem vereinten Glauben, ihrem vereinten Gebet zu begegnen.[37]

Darauf kam es also an: Ihre Gedanken waren konzentriert und fokussiert und auf die Gemeinschaft gerichtet.

Möglicherweise ist *homothumadon* ebenjener Geisteszustand, der für einen heilenden Intentionszirkel nötig ist, wie man ihn in der frühchristlichen Kirche gepflegt hat, ohne sich über seine speziellen Kräfte klar zu sein. All diese Belege zeigen klar, dass Jesus die Kraft der gemeinsamen Gebete kannte und diese Idee daher an seine Jünger weitergab. Vielleicht wollte er aber auch nur sagen, dass Gott mit jedem von uns ist, dass diese Kraft sich in der Gruppe allerdings noch steigern lässt.

Ich schlug auch den griechischen Begriff *ekklésia* nach, der in der Bibel 115 Mal vorkommt und der in der Einheitsübersetzung meist mit »Kirche« übersetzt wird.[38] Richtiger wäre: »einberufene Versammlung von Menschen, die sich zu einem bestimmten Zweck treffen – eine Gruppe mit einem Ziel, die zu einer Einheit verschmilzt«. Kirche zu jener Zeit war nicht gleichzusetzen mit einem Gebäude oder einer großen Organisation. Es handelte sich nur um kleine Gruppen wie die der Apostel, die »einberufen« wurden, um sich zu treffen und als emotionale Einheit zu beten.

Jesu ursprüngliche Vorstellung von einer »Kirche« war vielleicht eine Art »Kraft der Zwölf«-Gruppen. Trefft euch zu zwölft, lernt, miteinander zu beten, und verkündet das Wort Gottes. In einem der frühen Abschnitte der Apostelgeschichte heißt es, die zwölf Apostel hätten zuerst gemeinsam gebetet, dann mit einer Gruppe von 120 Leuten, zu denen auch die Mutter Jesu gehört habe, seine Brüder und immer mehr Menschen, die sie lehrten, ebenso zu beten.

Im selben Abschnitt der Apostelgeschichte (1, 15–26) wird berichtet, dass die erste Aktivität der Apostel nach der Auferstehung Jesu war, einen Ersatz für Judas zu suchen. Man nimmt an, dass Jesus zwölf Apostel gewählt hat, um die zwölf Stämme Israels zu repräsentieren. Möglicherweise gab es aber noch einen anderen Grund für diese Zahl, selbst wenn das neu gewählte Mitglied Jesu Lehren nicht mehr selbst gehört hatte.

Vermutlich war die Zahl Zwölf für die Apostel genauso wichtig wie das Gebet selbst.

Diese »einberufene Versammlung« nämlich erfüllt hundertprozentig alle Kriterien meiner Definition eines Heilkreises.

Tatsächlich sind *homothumadon* und *ekklésia* dafür wunderbare Bilder, denn genau das macht letztlich die Gruppen aus, die die Kraft der Acht nutzen: Menschen, die leidenschaftlich zusammen beten, bis sie eins werden, die denselben heilenden Gedanken zur selben Zeit in ihrem Geist halten. Wenn Menschen zu einer innigen Aktivität wie einem Heilkreis zusammenkommen, verwandeln sie sich, und ihre Stimme, mit der sie wie aus einem Mund sprechen, wirkt wie Donnerhall.

....

6. KAPITEL

DAS FRIEDENS-
INTENTIONSEXPERIMENT

Als der Sommer 2008 sich seinem Ende zuneigte, hatte ich definitiv genug von Samen, Blättern und Babyschritten in Sachen globale Experimente. Ich war bereit für den großen Sprung. Wenn eine kleine Gruppe durch das gemeinsame Gebet zu einer von Leidenschaft erfüllten Stimme werden, sich in eine tugendhafte Einheit verwandeln konnte, wie weit ließen sich deren Heilkräfte dann in größerem Maßstab weiterentwickeln? Bei diesem Unterfangen war es vor allem meine Freundin Barbara Fields, die mich inspirierte. Barbara war Direktorin der Association for Global New Thought (Vereinigung für neues Denken auf globaler Ebene). Diese Vereinigung hatte das Peace Project ins Leben gerufen. Man unterstützte Friedensgruppen in allen möglichen Städten und plante zum Weltfriedenstag im September 2008 verschiedene Aktionen. Ich rief Gary Schwartz an und meinte, es sei allmählich an der Zeit zu testen, ob der Gruppengeist, der in den globalen Experimenten feststellbar war, die Kraft hatte, auch in der realen Welt maßgeblichen Einfluss zu entfalten. »Lass uns doch was wirklich Großes anpacken«, sagte ich zu ihm. »Zum Beispiel die Verringerung von Gewalt in der Welt oder die Rückkehr zum Frieden in einem Kriegsgebiet.« Die TM-Organisation (Transzendentale Meditation) hatte schließlich mehr als 500 Studien durchgeführt, die

die Frage untersuchten, ob Meditationsgruppen Konflikte reduzieren können. Und einige dieser Studien hatten höchst spannende Resultate geliefert.

»Wenn du ein so breit angelegtes Projekt untersuchen möchtest, kannst du höchstens einmal eine zehnminütige Intention aussenden und musst dann hoffen, dass sie in irgendeiner Form wirkt«, meinte Gary. Wie also sollten wir am besten vorgehen? Wie jeder gute Wissenschaftler es getan hätte, schlug auch Gary vor, wir sollten zuerst versuchen, eine Studie zu replizieren, die schon einmal positive Ergebnisse gebracht hatte. »Schließ doch an die Arbeit der TM-Leute an«, meinte er. Eine Studie, die in 24 Städten durchgeführt wurde, hatte folgendes Ergebnis erbracht: Wenn 1 Prozent der Bevölkerung regelmäßig meditiert, fällt die Kriminalitätsrate am betreffenden Ort um fast ein Viertel. Als die TM-Organisation die Studie für weitere 48 Städte durchführte, erzielte man ein ähnliches Ergebnis.[39] Bei einer anderen Studie hatte eine bestimmte Anzahl erfahrener TM-Praktizierender sich in ihrer Meditation auf die US-Hauptstadt Washington konzentriert, wo es 1993 zu gewaltsamen Unruhen gekommen war.[40] Nach der Intervention war die Kriminalitätsrate stark zurückgegangen.

Die Organisation hatte auch ein Experiment zum Nahen Osten gemacht, wo man 1983 die Gewalt eindämmen wollte. Dabei hatte man Folgendes festgestellt: Je höher die Anzahl der Menschen war, die sich in der Meditation positiv auf den Konflikt zwischen Arabern und Israelis konzentrierten, desto niedriger die Zahl der Todesopfer, desto weniger Gewalt in Israel und im Libanon.[41]

Man hatte immer mal wieder Gerüchte gehört, dass die TM-Organisation die Daten möglicherweise frisiert hätte, doch soweit wir sehen konnten, schienen uns die Arbeiten absolut seriös zu sein. Immerhin bezogen sie in ihre Überlegungen zahlreiche andere Faktoren mit ein, zum Beispiel das Wetter, die Jahreszeit oder die Bemühungen der Ordnungskräfte. Für uns gab es daraus einiges zu lernen. Die Studien waren durchweg in Zeitschriften mit anerkannter Peer Review (Begutachtung durch unabhängige Wissenschaftler) veröffentlicht worden. Aber natürlich ging es bei diesen Arbeiten um ein in erster Linie passives Tun wie Meditation, das von einer großen Menschenmenge ausgeübt wurde. Das Meditationsobjekt selbst war der eigene innere Frieden. Ich wollte einen Schritt weitergehen und herausfinden, was passieren könnte, wenn eine große Gruppe von Individuen sich bewusst darauf konzentrieren würde, die Todes- und Verletzungsraten zu senken.

Es stellte sich heraus, dass Gary den Versuchsaufbau, den die TM-Organisatoren verwendet hatten, gut kannte. So bekam unser Friedens-Intentionsexperiment zumindest eine grobe Vorlage. Einige Studien hatten mit einer Teilnehmerzahl gearbeitet, die der Quadratwurzel aus 1 Prozent der ortsansässigen Bevölkerung entsprach. Die TM-Organisatoren hielten dies offensichtlich für die Mindestzahl der Teilnehmer, die noch eine messbare Veränderung bewirken konnte. Im vorliegenden Fall waren dies 7000 Meditierende, die am selben Ort lebten und eine gewisse Zeit lang täglich eine bestimmte Meditation durchführten. In etwa so, wie unsere früheren Experimente angelegt waren. Es war auch sinnvoll, den zehnminütigen Rahmen beizubehalten, den wir für die ersten Intentionsexperimente festgelegt hatten. »Die TM-Studien dauerten mindestens acht Tage«, meinte Gary. »Das solltest du genauso halten.«

Bevor ich mit Gary über das Vorhaben sprach, hatte ich schon bei den TM-Leuten eine Person kontaktiert, die bei den meisten Studien dabei gewesen war, und hatte freundlich um Beratung gebeten. »Die erste große Herausforderung bei dieser Art von Studien ist es, die richtigen Datenquellen zu finden«, stand in der

Antwort-Mail von Anfang Juli. »Belastbare tägliche Daten über interpretierbare Ereignisse sind schwer zu bekommen. Die meisten offiziellen Statistiken beschränken sich auf den ganzen Monat und sind damit für solche Zwecke veraltet«, schrieb der Mann. »Aber es gibt Leute, die Konflikte inhaltlich analysieren. Vielleicht können Sie ja dort entsprechende Daten anfordern.« Er gab mir die Namen einiger Kontaktpersonen.

Zu jener Zeit hatte ich meinen »Ältestenrat«, wie ich ihn nannte, schon beisammen: Gary Schwartz; Jessica Utts, Professorin für Statistik an der University of California in Irvine; Dr. Roger Nelson, früher an der Universität Princeton, heute Direktor des Global Consciousness Project; Robert Jahn und Brenda Dunn vom PEAR-Projekt (Princeton Engineering Anomalies Research), ebenfalls von der Universität Princeton.

Um herauszufinden, ob ein Effekt höher oder niedriger ausfällt als vorhergesagt, verwenden Statistiker die Trendanalyse. Dabei werden Trend und tatsächliche Daten über einen bestimmten Zeitraum in Beziehung gesetzt. Jessica Utts, ihres Zeichens Spezialistin für statistische Analysen in der Bewusstseinsforschung, entwarf ein Modell, das aufzeigte, wie sich die Gewalttaten an jenem Ort entwickeln würden, wenn unsere Intervention keine Wirkung zeigte. Dazu verarbeitete sie die Daten der registrierten Gewalttaten aus den letzten beiden Jahren vor der Intervention. Würden die tatsächlich registrierten Gewalttaten für den Zeitraum nach unserer Intervention abnehmen, wäre dies als Hinweis zu werten, dass unsere Intentionen Wirkung gezeigt hatten.

Wir beschlossen, die Studie von Sonntag bis Sonntag durchzuführen, vom 14. September 2008 bis zum 21. September 2008 – dem Weltfriedenstag der UNO. Da dies ein Pilotprojekt war, wollten wir die Anzahl der Teilnehmer niedrig halten, auch um zu verhindern, dass unsere Webseite zusammenbrach. Doch dann ging alles relativ schnell, sodass ich das Schicksal herausforderte und meine Intentions-Community schon im Juli über das geplante Experiment informierte. Ich war mir sicher, dass ich bald ein Zielobjekt finden würde.

Um das Ganze als wissenschaftlichen Regeln gehorchendes Experiment durchzuführen und nicht nur als Beweis guten Willens, brauchten wir etwas, das für Kriegsgebiete kaum je zu haben ist: exakte Aufzeichnungen über Verletzte und Tote. Damit schieden Afrika und der Nahe Osten schon mal aus, aber auch viele andere Konfliktregionen der Erde. Außerdem durfte das Zielobjekt keinen hohen Bekanntheitsgrad haben, damit es keine Leute gab, die im Westen dafür beteten. Auf diese Weise würden wir sicherstellen, dass eventuelle Verbesserungen der Situation tatsächlich auf unser Eingreifen zurückgingen und nicht auf irgendwelche anderen möglichen Ursachen. Was wir hier untersuchten, war eine so subtile Kraft, dass wir Fremdeinflüsse ausschließen mussten. Dazu gehörten zum Beispiel Menschen, die für unser Zielobjekt schon Gebete sprachen, bevor wir überhaupt mit unserem Experiment angefangen hatten. In diesem Fall würden sich positive Effekte nämlich nicht unbedingt auf den geistigen Einfluss unserer Teilnehmer zurückführen lassen. Professor Korotkovs erstes Experiment hatte ein wenig unter dieser gedanklichen »Kontamination« zu leiden, weil die Teilnehmer sich viel zu früh auf der Webseite eingeloggt hatten.

Jessica Utts wiederum brauchte Daten von Gewalttaten, die mehr als ein Jahr umfassten und wöchentlich registriert worden waren. Außerdem sollten wir ihr Daten aus zwei Jahren vor unserem Intentionsexperiment sowie für einige Monate danach liefern. So hätte sie auch noch für die Zeit nach dem Experiment statistische Vergleichsdaten. Für uns hieß das, wir suchten nach einem Krieg, in dem die Leichen sorgsam gezählt worden waren, und zwar über einige Jahre hinweg. Und wir brauchten natürlich jemanden, der uns diese Daten freiwillig überließ.

Den Sommer über schrieb ich an jede Friedensorganisation der Welt entsprechende E-Mails. Ich schrieb an die Fakultät für Friedens- und Konfliktforschung an der schwedischen Universität Uppsala und an das US-Institut für Friedensforschung in Washington. Ich richtete meine Bitte an drei weitere Universitätsinstitute für Friedensforschung. Alle hatten sie gute Ideen, aber leider kaum Daten zu bieten. Jemand verwies mich an Joshua Goldstein, der einen Monat lang Kriegsopfer in Israel gezählt hatte, und dann weiter an einen Harvard-Professor namens Doug Bond, der offensichtlich Statistiken führte über die Todesfälle der beiden amerikanischen Nahost-Kriege. Leider erhielt ich von keinem der beiden eine Rückmeldung. Jason Campbell am Brookings Institute, einem unabhängigen Thinktank in Washington, lieferte mir gute, bereits veröffentlichte Daten über die Todesfälle im Irak, doch auch seine Daten umfassten nur monatliche Statistiken. Ich aber brauchte tägliche oder wöchentliche Zählungen.

Das Worldwide Incidents Tracking System der Vereinigten Staaten (http://wits.nctc.gov) registrierte zwar jeden terroristisch bedingten Todesfall auf der ganzen Welt, doch würden wir von dort nur Daten bis zum März 2008 bekommen. Wir würden also ganze acht Monate warten müssen, bis wir an aktuelle Daten kämen. Früher ließe sich dann auch nicht feststellen, ob unsere Intervention Erfolg gehabt hatte. Also beschloss ich, dort anzurufen. Leider waren weder die Telefonnummer der Organisation noch deren sonstige Kontaktdaten im Internet zu finden. Auch das Telefonbuch brachte mich nicht weiter. Ich probierte es über das Außenministerium in Washington, aber dort schien man von dem Projekt noch nie gehört zu haben. Man verband mich von Abteilung zu Abteilung, und schließlich landete ich beim National

Counterterrorism Center der Regierung, einer Abteilung des Außenministeriums, die viel gemein hat mit der Antiterroreinheit in der Fernsehserie *24*. Die Person, die ich dann ans Telefon bekam, weigerte sich, mir ihren Namen zu sagen, und war ganz offensichtlich entsetzt, dass ich es telefonisch bis an ihren Schreibtisch geschafft hatte. Sie schien außerdem extrem interessiert daran, wozu ich die Daten zu den Todesfällen aus zwei Jahren Krieg in Irak und Afghanistan brauchte. Und warum ich mich überhaupt so sehr für terroristische Aktivitäten interessierte. Nach nur wenigen Minuten war sie nicht mehr bereit, über etwas anderes zu reden als über mich und meine Sozialversicherungsnummer. Wir beließen es dann dabei.

Langsam begann ich nervös zu werden. Wir schrieben Ende August, unser Experiment sollte in 19 Tagen beginnen, und ich hatte immer noch kein vernünftiges Zielobjekt gefunden. Das war schon deshalb nervenaufreibend, weil sich bislang gut 6000 Menschen für das Experiment angemeldet hatten. Ich hatte bis dato keine Werbung für das Ereignis gemacht, weil ich immer noch fürchtete, die Webseite würde dem Ansturm nicht gewachsen sein. Daher wollte ich nicht mehr als 20 000 Teilnehmer, doch die Neuigkeit verbreitete sich in Windeseile im Netz. Eine ganze Reihe großer Organisationen – Gaiam, H2O, die Association for Global New Thought, die Macher von *What the Bleep Do We Know?*, die Oneness-Organisation, die Brahma-Kumari-Leute und Intent. com – hatte ihre Mitglieder über das Experiment informiert. Täglich meldeten sich Hunderte von Menschen an. Wie konnte ich nur glauben, dass ich irgendwo die nötige exakte Konfliktbuchhaltung finden würde?

Einer meiner Korrespondenten schlug vor, wir sollten es doch in Sri Lanka versuchen, wo seit 25 Jahren ein blutiger Bürgerkrieg herrschte. Da man sich im Westen, vor allem in den USA, eher auf den Nahen Osten und den islamischen Terrorismus konzentrierte, wurde dieser Konflikt meist übersehen. Das wäre vielleicht das vollkommene, da von geistigen Einflüssen unberührte Zielobjekt. Ich konnte mich vermutlich darauf verlassen, dass nur wenige Menschen im Westen für die Toten in Sri Lanka beten würden.

Nachdem ich von vier weiteren Organisationen, die bekanntermaßen Buch führten über Kriegs- und Terroropfer, keine Antwort erhalten hatte, war ich schon drauf und dran, das Experiment abzusagen. Da schlug mir meine Kontaktperson beim Uppsala Conflict Data Program vor, ich solle mich doch an die Foundation for Coexistence (FCE) in Colombo in Sri Lanka wenden. Dort habe man eine Datenbank als Frühwarnsystem eingerichtet, in der die Toten des Bürgerkriegs jahrelang registriert worden waren. Da man dort beide verfeindeten Gebiete überwachte und Tag für Tag die Gewalttaten und ihre Opfer zählte, würden wir leicht Daten für die zwei Jahre vor Beginn unseres Experiments bekommen. Und auch nach der Woche gerichteter Intention würde die Datenbank weiterhin upgedatet werden. Der Tippgeber verwies mich an die Brandeis University in Boston, wo man mich weiterleitete an die Universität Manchester in Großbritannien. Dort verwies man mich an Madhawa »Mads« Paliphaitaya, den geschäftsführenden Direktor des Massachusetts Office für Dispute Resolution in Boston. Dieses wiederum war Repräsentant der FCE in den Vereinigten Staaten. Dort gab man mir die Kontaktdaten des Kämpfers für den Frieden Dr. Kumar Rupesinghe.

Rupesinghe ist der Gandhi Sri Lankas. Der ehemalige Verleger hat geholfen, die FCE zu gründen, und war lange Zeit ihr Vorsitzender. Die Organisation bemüht sich um Frieden, Sicherheit und Konfliktlösung. Unter Rupesinghes Leitung hat die FCE ein Modell für die Konfliktlösung und Koexistenz zwischen den Liberation Tigers of Tamil Eelam (besser bekannt als Tamil Tigers oder

LTTE), der stark bewaffneten Rebellenarmee, und den Singhalesen bzw. den muslimischen Moors ausgearbeitet, den beiden größten ethnischen Gruppen Sri Lankas. Die FCE bemühte sich um die Aufarbeitung der Verluste auf allen Seiten und konnte so die Gewalt in der Ostprovinz Sri Lankas merklich senken. Daher versucht Rupesinghe nun, Organisationen und Regierungen weltweit davon zu überzeugen, ein ähnliches Programm mit Frühwarnsystem, Koalitionsbildung und Aufarbeitung der Verluste bei Bürgerkriegskonflikten einzuführen.

Trotz dieser ersten Erfolge war im Jahr 2008 noch kein Ende des Bürgerkriegs abzusehen.[42] Die Tamil Tigers kämpften gegen die Diskriminierung der Tamilen in Sri Lanka durch die beiden größeren ethnischen Gruppen und bemühten sich seit 25 Jahren um einen unabhängigen Staat für die Tamilen im Norden und Osten des Landes. Fast ein Vierteljahrhundert des bewaffneten Kampfes hatte die Tigers zu einer gut geölten Militärmaschinerie werden lassen. Was ihre terroristischen Aktivitäten angeht, erfreuen sie sich des zweifelhaften Rufes, in mancherlei Hinsicht »Pionierarbeit« geleistet zu haben: Sie waren die Ersten, die Bombengürtel für Selbstmordattentate verwendeten. Sie waren die Ersten, die Kinder zu terroristischen Aktivitäten zwangen. Und sie waren die Ersten, die Frauen als Selbstmordattentäter einsetzten. Als wir unser Friedens-Intentionsexperiment durchführten, hatten sie mehr als 300 Selbstmordattentate auf ihrem Konto, bis dato mehr als jede andere Terrororganisation. Auch für zwei der schlimmsten Attentate mit terroristischem Hintergrund sind sie verantwortlich: die Ermordung des indischen Premierministers Rajiv Gandhi und des Präsidenten von Sri Lanka, Ranasinghe Premadasa. Dazu kommt ein missglückter Anschlag auf Chandrika Kumaratunga, die damalige Präsidentin von Sri Lanka, die bei dem Attentat ihr rechtes Auge verlor. Zehn Monate vor unserem

Experiment hatte eine Frau namens Sujatha Vagawanam versucht, Minister Douglas Devananda mit einer Bombe in ihrem BH in die Luft zu sprengen. Der Versuch blieb erfolglos, wurde aber von einem Augenzeugen gefilmt und ist heute noch auf YouTube zu sehen.

Gespräche über einen Waffenstillstand waren mehrmals gescheitert, die letzten im Januar 2008. Im Mai hatte die Regierung Sri Lankas beschlossen, die Versuche aufzugeben und die Tamil Tigers mit allen nötigen Mitteln zu bekämpfen. Auf dem Höhepunkt ihrer Macht hatten die Tigers drei Viertel von Sri Lanka kontrolliert. Als wir unser Experiment durchführten, hatten die Regierungskräfte den Osten zurückerobert, aber auch hier kam es weiterhin zu Anschlägen. Die Tigers beherrschten immer noch den gesamten Norden, in den sie sich zurückgezogen hatten. Dabei hatten sie mehr als 200 000 Menschen vertrieben. Im Laufe des langen Bürgerkriegs waren mehr als 340 000 Menschen gestorben. Eine halbe Million Menschen lebte zu diesem Zeitpunkt in Flüchtlingslagern. Im Dezember 2007 hatten Human Rights Watch und Amnesty International sich gemeinsam an die UN-Menschenrechtskommission gewandt und gebeten, man möge doch die Menschenrechtsverstöße von beiden Seiten endlich beenden.

Als ich Kumar Rupesinghe unser Projekt vorstellte, gab er uns bedingungslosen Zugang zu all seinen Daten. Tatsächlich hatte die FCE im selben Monat begonnen, alle Haushalte direkt anzusprechen und ihre Kampagne für ein Ende der Gewalt vorzustellen. Als feierlicher Abschluss war ein Lichterfest am Weltfriedenstag, dem 21. September, geplant. »Wir werden das ganze Land aufrufen, in jedem Haushalt unsere Fahne zu hissen, die das Symbol unserer Kampagne trägt. Dann werden wir alle gemeinsam ein Licht anzünden und fünf Minuten beten oder meditieren«, schrieb er mir. »Abends werden wir Mahnwachen mit Kerzen und

Butterlampen im ganzen Land abhalten.« Rupesinghe sprach katholische Bischöfe an, christliche Prediger, buddhistische Mönche, hinduistische Swamis und muslimische Imame und bat sie, bei der Aktion mitzumachen und ihre Gläubigen zum Gebet zu rufen. »Da der Weltfriedenstag diesmal auf einen Sonntag fällt, werden die Christen in der Kirche sein. Wir haben darum gebeten, dass an diesem Tag zu jener Stunde die Glocken geläutet werden«, berichtete er weiter. »Alle Religionen werden gebeten, ihre spezifischen Klänge ertönen zu lassen.« Mich fragte er, ob ich nicht unser Netzwerk bitten könnte, es seiner Initiative gleichzutun und am Sonntagabend für den Frieden in Sri Lanka eine Kerze anzuzünden.

Ich konnte es nicht fassen: zwei Kampagnen, die am selben Tag enden würden. »Ich habe das Gefühl, hier ist die göttliche Inspiration am Werk«, schrieb ich zurück.

7. KAPITEL

FRIEDEN DENKEN

Nun brauchte ich nur noch ein wenig göttlichen Beistand für unsere Webseite. Die größte Herausforderung war nach wie vor, einen geeigneten Modus zu finden, wie wir dieses Experiment übers Internet durchführen konnten. Ning hatte sich als großartige Plattform für unsere kleineren Experimente erwiesen, doch unsere aktuelle technische Ausstattung würde einem Ansturm dieser Größenordnung wohl kaum standhalten. Also würden wir das Experiment nicht auf derselben Plattform durchführen wie unsere Intentionsexperimente. Wir brauchten mehr Serverkapazität für unser Netzwerk. Vor einigen Monaten hatten wir Jim Walsh kennengelernt, dessen Unternehmen Intentional Chocolate uns großzügig sponserte, sodass wir mehr Serverpower mieten konnten.

Jim hatte uns auch einen Webmaster empfohlen, der den Internetauftritt für dieses Experiment einrichten und die Durchführung überwachen sollte. Wir schickten ihm sämtliche Daten, mussten aber dann erfahren, dass zwar der Server bereitstehe, der Webmaster jedoch leider keine Zeit habe. Wir hatten also weder eine Webseite noch einen Webmaster. Und wir konnten uns nicht leisten, unser früheres Team von den Blatt- und Gerstenkornexperimenten anzuheuern, denn das hätte mehrere Tausend Dollar gekostet, die wir nicht besaßen.

Wir schrieben den 4. September und hatten somit nur noch zehn Tage, bis das Experiment beginnen sollte. Wieder stand ich kurz davor, alles abzusagen, als mir plötzlich einfiel, dass ich ja vor einigen Wochen Sameer Mehta und seine Kollegen kennengelernt hatte, ein Team erfahrener Webmaster, die Copperstrings managten, ein Netzwerk von Medienschaffenden, das von Indien aus arbeitete. Aufgebaut hatte dieses Tani Dhamija, eine Bekannte aus Großbritannien. Ich suchte die Visitenkarte und rief an. Glücklicherweise bekam ich Sameer und Joy Banerjee sofort an den Apparat. Als ich den beiden meine Lage erklärte, boten sie mir großzügig an, die Arbeitskraft ihres Unternehmens für unser Experiment zur Verfügung zu stellen. Sie würden es auf der Copperstrings-Plattform durchführen, die genug Rechenleistung hatte, um den Input Tausender Teilnehmer zu verarbeiten. Ich konnte mein Glück nicht fassen. Diesmal würde uns das Experiment nicht einen Cent kosten.

Sameer und sein Team richteten für uns eine eigene Webseite ein, über die die Teilnehmer sich anmelden konnten: Der Unterschied zu vorher war, dass die Teilnehmer nun automatisch zu den richtigen Seiten für jede Phase des Experiments weitergeleitet werden sollten. So konnten wir Probleme im Umgang mit dem Computer auf Anwenderseite weitgehend ausschließen und die Zahl der korrekten Meldungen noch erhöhen. Und niemand würde sich zu früh anmelden können, wie dies beim ersten Wasserexperiment mit Professor Korotkov der Fall gewesen war.

Als der 14. September dann endlich anbrach, hatten wir außerdem noch Support durch einen Copperstrings-Techniker, der allen Teilnehmern half, die es nicht über die erste Seite hinaus schafften. Während der zehn Minuten des Experiments lief erneut »Choko Rei«, unsere musikalische Untermalung aus den *Reiki Chants*. Der Großteil der Interessenten – darunter auch ich –

hatte keine Probleme mit dem Einloggen. Ich war hocherfreut, als ich sah, wie die Seiten schnell und ganz von selbst geladen wurden: Als Erstes wurde das Zielobjekt genannt, und auf dem Bildschirm erschien eine Karte von Sri Lanka, einem Land, so hieß es weiter, in dem »einer der schlimmsten Konflikte weltweit« ablief.

Fünf Minuten später wurde ein Bild gezeigt: drei kleine Jungen von etwa zehn Jahren, einer Tamile, einer Muslim, einer Singhalese. Die Jungs hatten sich untergehakt und standen neben einem wunderschönen Wasserfall – ein wunderbares Bild des Friedens zwischen diesen drei Völkern.

Wir baten unsere Teilnehmer nun darum, sich auf folgende Intention zu konzentrieren: »Zur Wiederherstellung von Frieden und Zusammenarbeit in der Vanni-Region Sri Lankas und zur Verringerung aller kriegerischer Gewalt um mindestens 10 Prozent«. Ich hatte diesen Zahlenwert in die Intention aufgenommen, weil unser Experiment mit den Gerstenkörnern ergeben hatte, dass wir umso erfolgreicher waren, je genauer die Vorgabe war.

Alles schien wunderbar zu klappen. Nach dem ersten Tag aber stellte ich fest, dass mehrere Tausend Menschen sich nicht hatten einloggen können. Unsere Community war mittlerweile einfach sehr groß. Mehr als 15 000 Leute hatten sich angemeldet, teilnehmen konnten dann letztlich 11 468. Einige Tausend, die sich zwar angemeldet hatten, aber nicht durchkamen, loggten sich noch ein, nachdem sie vom Copperstrings-Techniker die URL (die genaue Webadresse) des Experiments erhalten hatten. Auf unserer Anmeldeliste standen Teilnehmer aus mehr als 65 Ländern und allen Kontinenten, die Antarktis ausgenommen. Der Großteil kam aus den Vereinigten Staaten, Kanada, Großbritannien, den Niederlanden, Südafrika, Deutschland, Australien, Belgien, Spanien und Mexiko. Doch es gab auch Teilnehmer aus weit entfernten Ländern wie Trinidad, der Mongolei, Nepal, Guadeloupe, Indonesien,

Mali, der Dominikanischen Republik und Ecuador. Wir hatten mehr als die doppelte Teilnehmerzahl, wenn man das TM-Maß zugrunde legt, also die Quadratwurzel aus 1 Prozent der Weltbevölkerung. Da der Server wieder mehr Anfragen bekam, als Kapazitäten vorhanden waren, wurden uns für die folgenden Sitzungen noch mehr Serverkapazität zugeschaltet, vor allem für den Endspurt am Wochenende.

....

Das erste Feedback über die Auswirkungen unserer Bemühungen war beängstigend. In der Woche, die dem Start unseres Experiments folgte, las ich einige Pressemeldungen sowie die ersten Zahlen von FCE-Mitarbeiter Hemantha Bandara, und es sah so aus, als wäre die Gewalt während unseres achttägigen Intentionsexperiments massiv *angestiegen* – tatsächlich war dies der höchste Stand in den zwei Jahren, die wir als Rahmen gewählt hatten. Die Gewalt im Norden Sri Lankas hatte sich gleich zu Beginn des Experiments dramatisch verschlimmert. Im Norden kam es zu zahlreichen Angriffen und Toten, da die Regierung Sri Lankas einen Generalangriff zu Wasser, zu Land und in der Luft gestartet hatte, der die Tamil Tigers aus ihren letzten Verstecken vertreiben sollte. Die Marine Sri Lankas versenkte zwei Schiffe der Tamil Tigers vor der Nordwestküste der Insel und tötete dabei 25 Mitglieder der Marinestreitkräfte der Tigers. In einem Radius von 15 Kilometern um die letzten Bastionen der Tigers an Land entbrannte ein heftiger Kampf, bei dem 48 Rebellen getötet wurden. Die Luftwaffe Sri Lankas griff die Verstecke der höchsten Führungspersönlichkeiten der Tigers an. Auch die Festung der Tigers im Bezirk Kilinochchi wurde angegriffen. Dabei kamen 19 Rebellen und drei Soldaten ums Leben. Die Tigers ihrerseits schlugen mit einem Angriff auf Stellungen in der nördlichen Vanni-Region zurück.[43] Die Schlacht dauerte vier Stunden und kostete 25 Soldaten das Leben.

Die konzertierte Aktion der Regierung forderte 461 Tote und 312 Verletzte während der acht Tage, in denen wir das Intentionsexperiment durchführten. In der Woche davor hatte es »nur« 142 Tote und 38 Verletzte gegeben.

Die Regierung verkündete, man würde nicht verhandeln oder auf einen Waffenstillstand eingehen, wenn die Tamil Tigers nicht die Waffen niederlegten. Man sei fest entschlossen, auch noch das letzte Versteck der Tigers auszuräuchern. Die Mitglieder der Hilfsorganisationen verließen die Vanni-Region, weil ihre Sicherheit nicht mehr gewährleistet war. Die Bombenangriffe vertrieben weitere 113 000 Menschen aus ihrer Heimat. Die UN ermahnte beide Seiten, das Töten von Zivilpersonen einzustellen. Das schien doch mehr als bloßer Zufall zu sein.

Oh, mein Gott, dachte ich, *hatten wir das etwa verursacht?*

Unmittelbar nach dem Experiment aber fiel sowohl die Zahl der Todesfälle als auch die der Verletzten massiv. Wir bezogen die Daten dazu von der FCE. Die Zahl der Todesfälle ging um 74 Prozent zurück, die der Verletzten um 48 Prozent. Verglichen mit den 13 Tagen vor dem Intentionsexperiment war die Todesrate nach dem Experiment nicht stark gesunken. Die durchschnittliche Anzahl der Toten fiel letztlich auf den Stand von zwei Wochen vor dem Experiment. Die Zahl der Verletzten allerdings blieb um 43 Prozent niedriger als in den Monaten vor Beginn des Experiments.

Das war das Bild, das sich unmittelbar vor und nach dem Experiment ergab. Doch um festzustellen, ob unsere Daten aussagekräftig waren, brauchten wir einen Langzeitvergleich. Ein Abgleich unserer Daten mit den Daten aus den vorangehenden beiden Jahren bzw. mit den beiden Monaten nach dem Experiment würde uns zeigen, ob es langfristig Verbesserungen gegeben hatte, ob der Abwärtstrend sich fortsetzte oder ob das erzielte Ergebnis das maximal Machbare darstellte. Wir wollten auch untersuchen, ob die Intention einen dauerhaften Effekt erzielte oder ob sie nur unmittelbar nach Aussenden wirksam war. Würde sie beispielsweise den Ausgang des Konflikts in der Vanni-Region beeinflussen? Das ließ sich nur herausfinden, wenn man einige Wochen abwartete. Wir leiteten nur Hemanthas Statistiken an Jessica Utts weiter, dazu noch die wöchentlichen Statistiken zu den Todesfällen in den Ost- und Nordprovinzen von August 2006 bis 2008.

Aus den Statistiken von August 2006 bis zum Beginn unseres Experiments konnte Jessica einen Trend ableiten, der die wahrscheinliche Todesfallrate für die Monate nach der Intention vorhersagte für den Fall, dass die Kämpfe unvermindert weitergegangen wären wie in den letzten beiden Jahren. Dann verglichen wir die Daten von den Wochen nach dem Experiment. Wir setzten das, was hätte passieren *sollen,* in Beziehung zu dem, was tatsächlich in dem Monat nach dem Experiment geschehen *war.* Sie führte eine Zeitreihen-ökonometrische Analyse durch, die bis zu der Woche reichte, die mit dem 14. September endete. Das tat sie mithilfe des autoregressiven, integrierten gleitenden Mittelwertes (ARIMA), mit dem sich die Daten gezielt auswerten lassen, um Vorhersagen für die Zukunft zu treffen. Dies ist vor allem bei Datenmengen sinnvoll, die nicht statisch sind, sondern fluktuieren, d.h. bei denen es eine größere Menge Ausreißer nach oben bzw. unten gibt.

Ende November hatte Jessica eine quadratische Trendanalyse durchgeführt, eine komplexere Analyse, die uns eine gute statistische Erfassung der allgemeinen Datenmuster bis zum Beginn des

Experiments ermöglichte. Nun hatten wir also eine recht plausible Vorhersage für das, was man unter normalen Umständen während der Zeit des Experiments und in den beiden Monaten danach hätte erwarten können. Schon dadurch wurde klar, dass die Gewalt während des Experiments tatsächlich massiv angestiegen war, in den Wochen danach jedoch weit stärker abgenommen hatte, als unser Modell es vorhersagte. Die Todesfälle waren von der 70. Woche des Zweijahreszeitraums an Woche für Woche kontinuierlich angestiegen, bis sie während der acht Tage unseres Experiments einen Höhepunkt erreichten. Eine Woche später sanken sie auf ein Niveau, das in etwa dem gleichkam, was vor der Ausweitung der Kampfhandlungen die Norm gewesen war.

Natürlich konnte all das Zufall sein. Wir mussten ja berücksichtigen, dass die Gewalt vielleicht rein zufällig während unseres Intentionsexperiments eskaliert war. Dementsprechend mussten wir auch mit einbeziehen, dass der Rückgang der Todesfälle danach vielleicht die sprichwörtliche Ruhe nach dem Sturm darstellte. Schließlich hatten die Streitkräfte Sri Lankas sich in jenem Jahr um 70 Prozent verstärkt, was auch für die Marine galt.[44]

Doch in den Monaten danach zeigten sich auch einige unerwartete Resultate. Die Ereignisse während der fraglichen Septemberwoche erwiesen sich nämlich als Wendepunkt in dem 25-jährigen Konflikt. In jener Woche hatten die Streitkräfte Sri Lankas einige strategisch wichtige Kämpfe für sich entscheiden können. Dies wendete ihr Geschick in diesem langen Krieg. Nach der Woche unseres Intentionsexperiments konnte die Armee die Tigers auf ihrem ureigensten Gebiet angreifen. Die Schlacht wurde zum Nahkampf, und die Armee weitete ihre Offensive bis in die Gebiete im Norden aus.

Am 2. Januar 2009 wurden die Separatisten aus ihrer Hauptstadt Kilinochchi vertrieben. Eine Woche später eroberte die

Armee den strategisch wichtigen Elefantenpass und die Stadt Mullaitivu. Damit war der Weg frei zur Halbinsel Jaffna – zum ersten Mal seit neun Jahren. Damit aber war auch die Vanni-Region frei, die das Zielobjekt unserer Intention gewesen war. Die Tamil Tigers wurden in eine kleine Ecke im nordöstlichen Dschungel Sri Lankas zurückgedrängt, die nicht mehr als 300 Quadratkilometer umfasste. Nach den entscheidenden Gebietsgewinnen im September 2008 und im Januar 2009 endete der heikle Bürgerkrieg am 16. Mai 2009, neun Monate nach unserem Experiment, in einem blutigen Finale.

Erneut stellte sich mir die Frage: *Hatten wir das etwa verursacht?*

Als wir im September unser Experiment durchführten, hatten die Rebellen den Norden noch fest in ihrer Hand. Ein Ende des Krieges war nicht in Sicht. Obwohl die Armee im August bereits einige Erfolge erzielt hatte, glaubte niemand, dass eine Aussicht auf baldige Friedensgespräche bestehen würde. Als Jessica feststellte, dass die höchste wöchentliche Todesrate und die entscheidenden Kämpfe während der gesamten von uns betrachteten 26 Monate ausgerechnet in die Woche fielen, in der unser Experiment stattfand, sagte sie nur: »Unheimlich, nicht wahr?«

Ich wollte jedoch noch eine Zweitmeinung einholen, ob das Ganze mehr als nur Zufall war. Daher rief ich Roger Nelson an, den Direktor des Global Consciousness Project und Mitglied unseres Wissenschaftlerteams. Dr. Nelson war früher als Psychologe an der Universität Princeton tätig und seit jeher fasziniert von der Idee, dass es ein kollektives Bewusstsein geben könnte. Er versuchte, ihm mithilfe von REG-Geräten (Random Event Generator) auf die Schliche zu kommen, das moderne elektronische Gegenstück zum Zufallsgenerator, den das PEAR-Team (ebenfalls aus Princeton) benutzt hatte.

Über die Jahrzehnte hat Roger die Aktivitäten seiner Zufalls-generatoren bei Hunderten von Ereignissen überprüft, die die Welt bewegten, u.a. dem Tod von Prinzessin Diana, den Feiern zum neuen Jahrtausend, dem Tod von John F. Kennedy jr. und seiner Frau Carolyn, der Tragödie vom 11. September, der Invasion im Irak, der Absetzung von Saddam Hussein. Starke Emotionen, ob nun positiv oder negativ, scheinen nämlich bei diesen Generatoren eine Bewegung von der Zufälligkeit hin zu einer gewissen Ordnung auszulösen.

Also bat ich Roger um eine Auswertung der Daten der REG-Geräte zur Zeit unseres Experiments. Mehrere Analysen belegten, dass die Geräte tatsächlich innerhalb des 20-minütigen Zeitfensters unserer Meditation an den acht Tagen des Experiments Veränderungen zeigten. Diese glichen jenen, die sich ergaben, wenn die TM-Organisation durch Massenmeditation versuchte, die Gewalt in einem bestimmten Landstrich zu reduzieren. Am auffälligsten aber waren die Veränderungen während der zehn Minuten, in denen wir tatsächlich unsere Intentionen aussandten.

Das Resultat des Friedens-Intentionsexperiments war beeindruckend, konnte jedoch nicht als signifikativ betrachtet werden. Wie jeder Wissenschaftler Ihnen bestätigen wird, sagt so ein Experiment nicht viel aus. Es gab einfach viel zu viele Variablen, d. h. Einflussgrößen: die Offensive der Regierung von Sri Lanka, der natürliche Verlauf solcher Konflikte, also der Anstieg und in der Folge die Abnahme der Gewalt. Unzweifelhaft aber ist, dass diese eine Woche im September für den 25-jährigen Bürgerkrieg in Sri Lanka vermutlich entscheidend war. Die Regierung hatte in dieser einen Woche enorme Fortschritte erzielt, wodurch es ihr gelungen war, das Geschick zu ihren Gunsten zu wenden.

Waren wir das?
Kurz und bündig: Wer weiß das schon?

Wir müssten das Experiment mehr als einmal wiederholen, um wissenschaftlich abgesichert zu zeigen, dass unsere Intentionen den Krieg tatsächlich beeinflusst haben.

Dennoch sollte ich eine für mich wichtige Erkenntnis aus diesem Intentionsexperiment gewinnen. Zum ersten Mal baten wir nämlich alle Teilnehmer im folgenden Oktober um Rückmeldung, wie sie das Experiment empfunden hatten,. In erster Linie, weil wir herausfinden wollten, ob die Copperstrings-Webseite funktioniert hatte und ob die Teilnehmer alle Seiten hatten aufrufen können. Aber es gab noch einen weiteren Grund. Tom, ein Chiropraktiker, der am Intentionsexperiment mit den Geranienblättern auf der Konferenz in Los Angeles teilgenommen hatte, hatte sich am 10. August 2007 bei Gary Schwartz gemeldet und berichtet, er habe die Aura des Blattes sehen können und festgestellt, dass sie sich an den Einstichstellen verändert hatte. Er schrieb: »Ich machte auch die Erfahrung eines zutiefst veränderten Bewusstseinszustands. Der ganze Raum wurde dunkel, ich konnte nur noch die Auren anderer Teilnehmer sehen. Ich kann häufig die Aura eines Menschen sehen. Nur dass die Intensität hier wesentlich stärker war.«

Damals hatte ich das ehrlich gesagt als Wunschdenken abgetan. (Schließlich behauptete der Typ ja, er sehe dauernd Auren.) Dennoch hatte sein Brief eine Frage aufgeworfen, die mir seitdem im Kopf herumspukte: War es möglich, dass sich durch die Intention nicht nur eine eindeutige Wirkung auf das Zielobjekt zeigte, sondern sich das Ganze auch auf die Teilnehmer auswirkte?

Als die Antworten unserer Teilnehmer auf unsere Umfrage eintrafen, wurde schnell deutlich, dass auch sie einen Effekt verspürt hatten.

....

8. KAPITEL

DER HEILIGE AUGENBLICK

Es ist, als wäre mein Gehirn an ein großes Netzwerk angeschlossen.
Das hatte einer der Teilnehmer in der Umfrage geschrieben. Und Tausende hatten von einer ähnlichen Erfahrung berichtet. Dabei handelte es sich keineswegs um die euphorischen Rückmeldungen zufriedener Teilnehmer. Die Beschreibungen klangen vielmehr nach einer tiefen mystischen Erfahrung. Als wären meine Teilnehmer in die *unio mystica* eingetaucht, die eine Station auf dem spirituellen Pfad beschreibt, in dem das Selbst vollkommen mit dem Absoluten verschmilzt. Die heilige Teresa von Ávila schreibt, dass wir dabei »in göttliche Liebe gehüllt« seien, ein Schamane meinte, dass »die Dinge in Flammen aufzugehen scheinen«.[45] Der kabbalistische Mystiker Isaac ben Samuel von Akko aus dem 14. Jahrhundert schreibt, dies sei der Moment, in dem das Wasser »meines Wasserkrugs« ununterscheidbar werde von der »sprudelnden Quelle«. Weise wie G. I. Gurdjieff, die Sufis und andere islamische Mystiker, die Kahuna aus Hawaii, die Maori, die Q'ero aus den Anden, die Indianer Nordamerikas und zahllose weitere Kulturen streben nach dieser Erfahrung, diesem Augenblick, in dem man Raum und Zeit überschreitet, in dem alle Individualität erlischt und man in einen Zustand ekstatischer Einheit fällt. Der *Kurs in Wundern* nennt dies »der heilige Augenblick«.[46]

Letztlich könnte man diese Erfahrung als »spirituellen Orgasmus« bezeichnen. Und eine ganze Reihe meiner Teilnehmer hatte dieses Gefühl vor ihrem Computer sitzend erfahren.

»Ich fühlte mich, als träte ich in einen Strom greifbarer Energie ein, der meine Arme und Hände erfüllte. Es fühlte sich an, als habe dieser Strom eine bestimmte Richtung, Kraft und Masse.«

»Mein ganzer Körper prickelte, ich bekam eine Gänsehaut.«

»Ich fühlte einen starken Strom im ganzen Körper.«

»Es fühlte sich an, als wäre alles mit meiner Haut verbunden.«

»Es war wie ein starkes, fühlbares Magnetfeld um mich herum.«

»Ich wollte gar nicht mehr aufhören mit dem Experiment. Es ging wirklich tief.«

»Nach dem Experiment hörte es sofort auf.«

Was ging hier bloß vor? Entweder hatte ich fast 12 000 Leute kurzfristig hypnotisiert, oder die Gruppenintention hatte diese Menschen tatsächlich in einen höheren Bewusstseinszustand versetzt. Das Eigenartigste aber war gewiss, dass meine Teilnehmer diesen Zustand mühelos erlangt hatten, einfach, indem sie sich in die Kraft eines kollektiven Gedankens eingeklinkt hatten.

Wenn es Berichte über die *unio mystica* gibt, dann beschreiben diese meist eine individuelle Erfahrung, zumindest wenn man von den Erlebnissen bei Stammesfeiern oder bei den Versammlungen charismatischer Kirchen absieht. Trotzdem sind solche Berichte gar nicht mal so selten. Auch der Psychologe Abraham Maslow befasste sich am Ende seines Lebens mit den *peak experiences* (Gipfelerlebnissen), wie er das nannte. Seiner Ansicht nach waren diese ein ganz normales Element menschlicher Erfahrung und nicht allein Mystikern vorbehalten. Er widersprach Berichten lebhaft, wonach diese Erlebnisse auf etwas »Übersinnliches« zurückgehen.«[47]

Der Parapsychologe Charles Tart bezeichnete diesen Zustand als »kosmisches Bewusstsein«. Damit nahm er einen Begriff auf, der von Richard Maurice Bucke geprägt wurde, einem Psychiater. Tart studierte diesen Zustand in vielen verschiedenen Kulturen und entdeckte dabei, ähnlich wie Maslow, einige Gemeinsamkeiten. Heilige, Propheten, Mystiker, Medien und Schamanen haben diesen Zustand alle sehr ähnlich beschrieben. Ihm sind ganz bestimmte Merkmale eigen.

Der Großteil der mystischen Erfahrungen hat eine stark körperliche Komponente oder, wie Bucke schreibt, »ein Gefühl des inneren Lichts«. Bei den Teilnehmern des Friedensexperiments war dies der fühlbare Eindruck einer starken Energie. Auch ich hatte vor Beginn des Experiments eine extrem starke Energie verspürt, die von meinem Computer auszugehen schien, eine Art starkes Kraftfeld, doch ich hatte dies als »Projektion« betrachtet, bis ich die Ergebnisse der Umfrage las. Viele Teilnehmer berichteten von starken körperlichen Empfindungen: kribbelnden Händen, Kopfschmerzen, einer Schwere oder einem Schmerz in den Gliedmaßen. Dazu kamen heftige Emotionen und eine starke, ansteckende Energie. All dies schien vom Computer auszugehen. Lori aus Washougal im Staat Washington spürte etwas in ihrer Brust: »ein Sich-Öffnen«. Teresa aus Albuquerque beschrieb das Gefühl wie einen Stromstoß: »So ähnlich, als würde mich der Traktorstrahl von *Star Trek* erfassen. Es war, als würde ich von dieser gewaltigen Energiewelle mitgerissen, deren Ursache ich gleichzeitig war.«

Die Teilnehmer berichteten außerdem von merkwürdigen, sehr detailreichen Visionen, die fast den Charakter von Halluzinationen annahmen. Dazu kamen noch andere Sinneseindrücke, zum Beispiel von Gerüchen:

»Eine Vision des ›Netzes von Indira‹, eine Art Lichtnetz, das den gesamten Globus umgab und einen Lichtstrahl direkt nach

Sri Lanka lenkte.« (Elizabeth aus Port Townsend im US-Bundes-staat Washington)

»Soldaten von beiden Seiten, die ihre Waffen auf einen Haufen warfen. Dann ein Bild, auf dem sie friedlich ihre Felder bestellen.« (Marianne aus Bournemouth in Großbritannien)

»Eine große Gruppe von Flüchtlingen, die meditierte oder mit den Soldaten redete.« (Coril aus Pomona in Kalifornien)

»Ein klares Bild von Pfeilen, die in der Nacht hin und her flo-gen, dann ergoss sich ein Sturzbach der Liebe über Sri Lanka.« (Kathleen aus Sonoita in Arizona)

»Ein zarter Duft nach Acai, Geißblatt oder Vanille. Wir haben aber keine Duftpflanzen im Haus oder im Hof.« (Lisa aus Las Vegas)

Der Großteil der Teilnehmer weinte während des gesamten Experiments, und zwar nicht, wie ich ursprünglich angenommen hatte, vor Mitgefühl mit den Menschen in Sri Lanka, sondern ein-fach, weil die Energie der Verbindung so stark war. »Ich fing schon am ersten Tag zu schluchzen an«, schrieb Diana aus New Orleans. »Nicht, weil ich traurig war, sondern weil es ein überwältigendes Gefühl war, mit so vielen Menschen verbunden zu sein. Es war ungeheuer KRAFTVOLL.«

Diese intensiven Empfindungen, meinte Verna aus Llanon in Wales, kamen von »der Power des Experiments, schon während wir in unsere Kraft gingen. Ich habe so etwas vorher noch nie erlebt.«

Die meisten Teilnehmer hatten das Gefühl, weder das Experi-ment noch den eigenen Körper unter Kontrolle zu haben. Die Energie, die Intention selbst, die Gruppensituation war in sie ein-gedrungen und hatte sie sozusagen übernommen. Sie atmeten nicht länger selbst. Bilder erschienen vor ihrem geistigen Auge, schrieben sie, die sie nicht hätten selbst erfinden können. Sie tra-ten in einen »intensiven, anderen Zustand« ein, der »schon da war, bereit, abgerufen zu werden«, einen »Kanal für eine höhere, spirituelle Kraft«. So beschrieb es Shyama aus New York. Viele berichteten, sie hätten gar nicht aus der Energie ausscheren können, selbst wenn sie es gewollt hätten. »Du musstest dich dem einfach überlassen«, schrieb Lisa aus Frisco in Texas.

»Es kam irgendwie über mich. Es füllte mich auf und suchte sich dann einen Weg nach draußen«, schrieb Geertje aus Lierop in den Niederlanden.

»Es war, als sei ich auf Autopilot«, schrieb Lars aus Braedstrup in Dänemark. »Ich führte das Experiment durch, und das Experiment führte mich durch.«

....

Der Astronaut Edgar Mitchell, der sechste Mensch, der je auf dem Mond gelandet war, hatte ein Unio-mystica-Erlebnis, als er auf dem Rückflug zur Erde aus dem Fenster von Apollo 14 sah.[48] Es hatte angefangen mit dem überwältigenden Gefühl, dass alles eins war, als wären alle Planeten und die Menschen aller Zeiten durch ein unsichtbares Netz verbunden. Er hatte den Eindruck, Teil eines gewaltigen Kraftfelds zu sein, das alle Menschen mit all ihren Intentionen und Gedanken und alle Materie, belebt oder unbelebt, miteinander verband.

Alles, was er tat oder dachte, würde also den gesamten Kosmos beeinflussen. Und alles, was im Kosmos geschah, hatte Einfluss auf ihn. Dieses Gefühl war tief in seinem Körper verankert. Ihm kam es so vor, als würde er sich bis in die tiefsten Tiefen des Universums erstrecken.

Maslow meint ja, wenn man in der Gipfelerfahrung mit jeder einzelnen Zelle aufgeht, dann lässt man die körperliche Essenz seiner selbst zurück. Edgar Mitchell hatte das Hier und Jetzt hinter sich gelassen. Das galt auch für die Teilnehmer des Friedensexperiments: »Wie immer«, schrieb ein regelmäßiger Teilnehmer meiner Experimente, »schien die Zeit stehen zu bleiben.«

Tausende von Teilnehmern beschrieben dieses greifbare Gefühl des Einsseins mit allen Dingen. Sie verspürten ein überwältigendes Gefühl der Verbundenheit miteinander und mit den Menschen in Sri Lanka – »so stark, dass ich fast meinte, sie vor mir ›sehen‹ zu können. Gespürt habe ich sie ganz sicher«, schrieb Marianne aus Bournemouth in Großbritannien. Dazu kam ein Aufwallen barmherziger Liebe, »ein Energiestrom von der Erde und von ganz weit weg – einfach universell«, schrieb Gerada aus Antwerpen in Belgien. Oder das Gefühl »in eine Lichtwelle« hineingezogen zu werden, wie Ramiro aus Texas es beschreibt. Filippa aus Mariedfred in Schweden berichtete, es sei ein Gefühl, ein »Licht zu sein, das mit Tausenden Lichtstrahlen verschmilzt zu einer großen, leuchtenden Einheit«. Eoin aus Dublin empfand sich als »Teil eines Gruppengeistes«. Die meisten berichteten, sie hätten sich von einem Aufwallen barmherziger Liebe berührt gefühlt, einem überwältigenden Gefühl von Verbundenheit mit den anderen Teilnehmern und mit den Menschen in Sri Lanka.

Maslow beschreibt noch ein anderes Phänomen, das zu dieser Art der Erfahrung gehört: das Gefühl des inneren Wissens. Die direkte Einsicht in die Natur der Realität, wie William James dies nennt.[49] Als hätte man den geheimen Schlüssel des Universums entdeckt, einen kurzen Einblick erhalten in seine absolute Vollkommenheit, der uns Gewissheit über die Zukunft verschafft. Bucke beschrieb seine eigene mystische Erfahrung als das Gefühl, »dass ohne jeden Zweifel alle Dinge zum Guten jedes Einzelnen und des Ganzen zusammenwirken, dass das Grundprinzip der Welt, aller Welten, das ist, was wir Liebe nennen, und dass die Glückseligkeit jedes Einzelnen und des Ganzen auf lange Sicht

gesehen absolut sicher ist«.[50] Oft haben die Menschen eine Gottes-
erfahrung, die jedoch mehr auf das »Absolute« abzielt als auf den
menschenähnlichen Gott der organisierten Religionen, und das
subjektive Gefühl der Unsterblichkeit oder Ewigkeit.

In *Die Vielfalt religiöser Erfahrung* berichtet William James über
die Erfahrung eines Geistlichen, dessen mystisches Erlebnis sich
anfühlte, als stünde er Gott von Angesicht zu Angesicht gegenüber:

*Ich erinnere mich an die Nacht [...], wo meine Seele sich sozusagen
nach außen zum Universum hin öffnete, und dort stürzten die beiden Welten ineinander, die innere und die äußere [...] Die gewöhnliche Empfindung für die Dinge um mich herum verblasste. Für den
Augenblick blieb nichts als unaussprechliche Freude und Jubel. Es ist
unmöglich, die Erfahrung voll zu beschreiben. Es war wie die Wirkung eines großen Orchesters, wenn alle einzelnen Stimmen sich zu
einer schwellenden Harmonie verschmolzen haben, die dem Zuhörer nur noch das Bewusstsein lässt, dass seine Seele emporgetragen
wird und fast birst vor eigener Bewegung.[51]*

Edgar Mitchell erlebte diesen Augenblick als blendendes Sichtbar-
werden von Bedeutung, das Gefühl, dass es keine Zufälle gibt und
keine Möglichkeit, die Vollkommenheit des Universums aus dem
Takt zu bringen. Dass die natürliche Intelligenz des Kosmos, die
seit Milliarden Jahren am Werk ist und jedes einzelne Molekül seines Körpers geschaffen hatte, auch für seine aktuelle Reise verantwortlich war. Alles war vollkommen, und er hatte seinen Platz in
dieser Vollkommenheit. Viele Teilnehmer des Friedensexperiments empfanden eine ähnliche Vollkommenheit, ein Band, das
alles, was ist, miteinander verknüpft. Clare aus Salt Point im Staat
New York schrieb: »Verbundenheit!!!! Mit dem Universum. Kein
Kampf. Kein Zweifel. Vollkommen in der Stille.« Und Geertje aus

Lierop in den Niederlanden drückte es so aus: Es fühlte sich an, als sei ich »verbunden und zu Hause«.

Letztlich aber entzog sich die Erfahrung jeder Beschreibung durch Worte, als hätte der oder die Betreffende eine andere Dimension im Universum erreicht, die mit nichts auf der Erde verglichen werden kann. Dieser Bewusstseinszustand unterschied sich so sehr von allem, was sie bislang erlebt hatten, dass sie keine Worte fanden, um es zu beschreiben, nicht einmal bildlich. Ana aus Cheriton in Virginia spürte ein starkes Ansteigen der Energie, das sich plötzlich abends, ganz ohne ihr Zutun, einstellte. Der Raum fühlte sich »geladen« an mit dieser erhebenden Energie. Später fragte sie sich, ob sie diese Erfahrung gemacht hatte, weil sie sich für die Teilnahme entschieden hatte, und die »Energie« da ihren Ursprung hatte. »Man kann es einfach nicht analysieren.« Helmie aus Lierop in den Niederlanden meinte, sie würde »wachsen und wachsen, so groß werden, wie ich es nicht beschreiben kann«.

Stephen aus Northampton in Großbritannien verspürte nicht nur ein überwältigendes Gefühl der Einheit mit den anderen Teilnehmern, sondern auch ein starkes Gefühl der Verbundenheit mit dem Ziel des Experiments. »Das war weit mehr als nur ›Es ist gut, wenn ich das mache‹. Eher so, als würde ich mich nicht nur physisch auf den Prozess einlassen, sondern als wäre er ganz mein Eigen. Ich war Teil davon, und gleichzeitig war er Teil meiner selbst. Ein wirklich tiefes Gefühl und kaum zu beschreiben. Jedenfalls weit mehr als nur ein bloßes ›Mitmachen‹.«

········

In *Ecstasy: A Way of Knowing* zitiert der katholische Pfarrer und Soziologe Andrew Greeley den Psychologen Arnold Ludwig, der die Charakteristika höherer Bewusstseinszustände untersucht hat.[52] Nach Greeleys Ansicht ließen sich diese auch bei der mystischen Ekstase finden. Dazu gehören: ein verändertes Denken; ein gestörtes Gefühl für die Zeit; Kontrollverlust; Veränderungen im emotionalen Ausdruck; ein anderes Körperbild; Verzerrungen der Wahrnehmung, also auch Halluzinationen und Visionen; das Gefühl eines veränderten Lebenssinns, vor allem, was den mystischen Zustand selbst angeht, so als wäre er ein Moment tiefer Erkenntnis; das Gefühl, etwas Unsagbares erlebt zu haben, und der Eindruck vollkommener Verjüngung. Die meisten der Teilnehmer am Friedensexperiment hatten solche Zustände erlebt, wenn auch nicht durchweg alle. Greeley war der Ansicht, dass jeder Mensch, der in solch einen Zustand eintaucht, Einblick in eine größere Wirklichkeit erhält.

Die Auswirkungen des Friedensexperiments auf die Teilnehmer waren jedenfalls mehr als bloße Suggestion. Es schien vielmehr so, als seien sie in eine andere Dimension des Universums eingetaucht.

9. KAPITEL

MYSTISCHE GEHIRNE

Während der Seminare, die ich nun immer öfter abhielt, erfuhren die Teilnehmer der Kraft-der-Acht-Gruppen einen transzendenten Zustand, der dem aus dem Friedensexperiment glich. Dieser stellte sich ein, sobald sie ihre Intention aussandten: dieselbe außergewöhnliche körperliche Verbindung, in der sie förmlich die Essenz der Person spürten, der wir heilende Energie schickten, und dieselben körperlichen Wirkungen bei den Empfangenden. (»Ich fühlte ein Kribbeln in den Händen und Füßen, dann Wärme, die den ganzen Körper durchströmte.«) Dieselben starken Emotionen bei den Sendern, die eine »beinahe mit Händen zu greifende, starke Empfindung schöner, reiner Energie des Gebens, die aus der gesamten Gruppe kam«, spürten. Dasselbe Gefühl, »größer als mein Körper« zu sein. Dieselben langfristigen Effekte: »körperliche und emotionale Empfindungen, die ich noch Stunden danach verspürte«. Dasselbe starke Gefühl des »Nach-Hause-Kommens«.

Die Teilnehmer erzählten von starker Hitze, von Energie, von einem tieferen meditativen Zustand, als sie ihn je gekannt hatten, von einem Gefühl der Verbundenheit mit den anderen Mitgliedern der Gruppe, das stärker war als je zuvor.

Und sie fingen an, »eines Geistes« zu handeln. Während der Heilsitzungen stellten sie sich den Empfänger der Intentionen

129

gesund und in jeder Hinsicht zufrieden vor. Dabei fiel vielen Teilnehmern auf, dass sie dieselben Visionen hatten wie andere Gruppenmitglieder oder zumindest verblüffend ähnliche. Bei einem Seminar in den Niederlanden sandte die Gruppe einer Frau namens Jan die Intention, ihr Rücken möge heilen. Die meisten Gruppenmitglieder hatten das gleiche, sehr genaue Bild von der Wirbelsäule der Betroffenen, die aus ihrem Körper gehoben und in Licht gehüllt wurde.

Bei einem Seminar, das ich kürzlich in Kuwait gehalten habe, sandte die Gruppe ihre Intentionen an ein anderes Gruppenmitglied. Auch hier hatten drei Gruppenmitglieder dieselbe Vision: Der Betroffene ging in einem Park spazieren, ohne Ärger mit Pollen zu haben. Fernanda aus Brasilien hatte ein besonders einprägsames Erlebnis. Sie schickte mit ihrer Gruppe positive Intentionen an ein Gruppenmitglied, das starke Schmerzen in der linken Hüfte hatte. Schon während der Intention hatte Fernanda in ihrer linken Hüfte ein heftiges Jucken verspürt. Wieder zu Hause, wachte sie mitten in der Nacht auf, weil ihre linke Hüfte an ebenjener Stelle schmerzte, die der Betroffenen Probleme bereitete. Am nächsten Morgen war der Schmerz weg, aber Fernanda fand heraus, dass diese Frau ebenfalls um dieselbe Uhrzeit wegen Schmerzen in der Hüfte erwacht war. Und dass auch sie am nächsten Morgen keine Schmerzen mehr gehabt hatte.

Vielleicht waren die eigenartigen mentalen und körperlichen Auswirkungen, die die Teilnehmer des globalen Friedensexperiments und die der Achtergruppen verspürten, ja tatsächlich auf einen mystischen Zustand zurückzuführen. Anfangs glaubte ich noch, dass es sich dabei einfach um einen kohärenten Zustand im Gehirn handelte, der durch eine besonders tiefe Meditation entstanden war. Doch diese Idee gab ich bald darauf auf, die Teilnehmer am Friedensexperiment standen ja nicht in direkter Verbindung zueinander. Jeder saß für sich vor seinem Computerbildschirm, die meisten allein. Ihre Verbindung kam nur über eine Webseite zustande.

Ich hatte bereits das Wer, Was, Wann und Wo – die grundlegenden Daten, die jeder gute Journalist braucht. Über das Warum oder Wie war ich mir in Bezug auf diesen Bewusstseinszustand aber noch nicht im Klaren. Ich brauchte also eine wissenschaftliche Erklärung. Studien zeigen, dass das Gehirn während solch eines mystischen Erlebens tatsächlich eine tief gehende Transformation erfährt. Der mittlerweile verstorbene Eugene d'Aquili von der Universität von Pennsylvania und sein Kollege, der Hirnforscher Andrew Newberg, haben ihr Leben der Erforschung der neurobiologischen Aspekte des heiligen Augenblicks gewidmet. Newberg schreibt: »Wir wissen, dass sanfte kontemplative Techniken wie die Achtsamkeitsmeditation zu einer Verbesserung der Stimmung, zu mehr Mitgefühl und Selbstgewahrsein führen. Doch die Erleuchtung ist etwas anderes. Dabei kommt es zu einem plötzlichen und intensiven Wandel im Bewusstsein.«[53] D'Aquili und Newberg führten eine zweijährige Studie an tibetischen Mönchen und Franziskanernonnen durch. Man überprüfte mittels Einzelphotonen-Emissions-Computer-Tomografie (SPECT) das Gehirn der Betroffenen beim Meditieren bzw. Beten. Das SPECT ist in der Lage, den Blutfluss im Gehirn nachzuzeichnen. Dabei entdeckte Newberg, dass die Empfindungen von Ruhe, Einheit und Transzendenz während solcher Gipfelerfahrungen mit einem plötzlichen und starken Abfall der Aktivität im vorderen Frontallappen des Kortex (unmittelbar hinter der Stirn) und in den Scheitellappen (zwischen Kopfmitte und Hinterkopf) einhergehen.[54]

Der Scheitellappen des Kortex ist für die Orientierung im Raum zuständig. Durch ihn können wir zum Beispiel einschätzen, ob unsere Position stimmt oder wie breit bzw. schmal eine Tür ist, damit wir hindurchgehen können, ohne uns zu stoßen. Dieser Teil des Gehirns übt eine besonders wichtige Funktion aus, die vielleicht wichtigste von allen: Er sagt uns, wo wir aufhören und der Rest des Universums beginnt. Dies bewerkstelligt er, indem er ständig Sinnesempfindungen aus dem Körper empfängt und verarbeitet. So unterscheidet er das »Selbst« vom »Nicht-Selbst«. Bei jeder Studie von Gipfelerlebnissen fanden Newberg und D'Aquili, dass das Gefühl für »Ich« und »Nicht-Ich« stark abnahm. »Sobald die Probanden das Gefühl des Einsseins erfuhren, das Gefühl, dass ihr Selbst verloren ging«, schreibt Newberg, »beobachteten wir, dass die Aktivität im Scheitellappen abnahm.«[55] Legt man ihre Gehirnzustände zugrunde, hatten die buddhistischen Mönche und die Franziskanerinnen Schwierigkeiten, die Grenze zwischen sich selbst und dem Rest der Welt richtig zu orten. »Die Person«, schrieb Newberg weiter, »fühlt sich buchstäblich, als würde sich ihr Selbst auflösen.«[56]

Letztendlich erfuhren die Meditierenden bzw. Betenden ein »totales Abschalten« neuronaler Impulse zum rechten bzw. linken Scheitellappen.[57] Das führte zum subjektiven Erleben absoluter Grenzenlosigkeit, ein »Gefühl von entgrenztem Raum und Ewigkeit«. Auch das Selbst schien keine Grenzen mehr zu kennen. »Tatsächlich gibt es überhaupt kein Selbstgefühl mehr«, zieht Newberg sein Fazit.

Da gleichzeitig die Aktivität im Frontallappen abnimmt, in dem Logik und Vernunft beheimatet sind, meint Newberg: »Normalerweise stehen Frontal- und Scheitellappen im ständigen Dialog, doch wenn die Aktivität sich in einem der Areale radikal verändert, dann verändert sich damit auch das Bewusstsein auf radikale Weise.«[58]

In der aktiven Meditation, bei der man sich intensiv auf einen Gedanken oder ein bestimmtes Thema der Intention konzentriert, fängt, so stellte Newberg fest, die Grenze zwischen Ich und Nicht-Ich an zu verschwimmen. Gleichzeitig wird die Aufmerksamkeit intensiver. Auch die Teilnehmer des Friedensexperiments und der Kraft-der-Acht-Gruppen konzentrieren sich ja stark auf ein bestimmtes Thema. In gewisser Weise übernimmt dieses dann ihren Geist.

Der linke Scheitellappen bekommt dann weniger Input. Dies führt zum Verschwimmen des Selbstgefühls. Der rechte Scheitellappen hingegen, der sich auf das Zielobjekt konzentrieren soll, hat keinen anderen neuronalen Input als den, den das Zielobjekt ihm bietet.

Damit, so Newberg, bleibt ihm keine Wahl. Er kann nicht anders, als seine räumliche Wirklichkeit aus dem Kontemplationsobjekt zu ziehen – das in unserem Fall die Intention »Frieden« war – und dieses so weit zu vergrößern, »bis es in der Wahrnehmung des Geistes die gesamte Tiefe und Breite der Realität ausfüllt«.[59] Dann fühlt sich die Person zur Gänze mit dem Intentionsobjekt mystisch verbunden. Viele unserer Teilnehmer hatten tatsächlich von einer mystischen Verschmelzung mit den Menschen in Sri Lanka berichtet.

Newberg beeilt sich jedoch, darauf hinzuweisen, dass diese Gehirnaktivität bestimmendes Merkmal eines bestimmten Bewusstseinszustands ist – sozusagen seine Signatur –, nicht seine Ursache. Er grenzt sich ab von den strikten Materialisten, die davon ausgehen, dass solche Bewusstseinszustände ihre Wurzeln einzig in den physikalischen Vorgängen im Gehirn haben. Vielmehr weist er darauf hin: »Wissenschaftliche Untersuchungen bestätigen die Möglichkeit, dass ein Geist ohne Ego, dass ein Bewusstsein ohne ein Selbst existieren kann.«[60] Seine Arbeit liefere nur die »rationale Bestätigung« dieser spirituellen Konzepte und der Formen der mystischen Spiritualität.[61]

Newbergs Arbeitsbereich wurde ausgeweitet von Mario Beauregard, einem Neurowissenschaftler an der Fakultät für Psychologie der Universität Arizona. Beauregard zeichnete mittels funktioneller Magnetresonanztomografie die Gehirnaktivität von Karmeliterinnen während inniger spiritueller Erfahrungen in Echtzeit auf. Die Resultate dieser Experimente zeigten deutlich, dass dabei Gehirnregionen aktiviert wurden, die mit Emotionen, der Lokalisierung des Körpers im Raum, Selbstwahrnehmung, visueller und motorischer Wahrnehmung sowie spiritueller Erfahrung zu tun haben. Auf diese Weise entstehen Bewusstseinszustände, die sich massiv vom Wachbewusstsein im Alltag unterscheiden. Mario erzählte mir, es gebe klare Belege dafür, dass die Menschen tatsächlich »außer sich« seien, dass sie während einer mystischen Erfahrung in einen veränderten Bewusstseinszustand einträten.

Könnte dieser Bewusstseinszustand etwas mit der Musik zu tun haben, die ich bei allen Experimenten laufen ließ?[62] Einige wissenschaftliche Studien zeigen, dass bestimmte Musikstücke wie die *Reiki Chants,* die wir abspielten, durchaus eine mystische Erfahrung auslösen können, weil sie die normalen Aktivitäten im Schläfenlappen des Kortex beeinflussen. In meinen Experimenten aber hatten nicht alle Teilnehmer die Musik hören können. Andere wiederum hatten das »In-die-Kraft-Gehen« verpasst. Und beim Friedensexperiment hatten nicht alle Teilnehmer permanent Zugang zu den Webseiten erhalten. An der Erfahrung selbst schien dies jedoch nichts zu ändern. Das bedeutete, dass das grundlegende Element, das zum Abheben führte, tatsächlich die Teilnahme an der Gruppenerfahrung war, das auf ein bestimmtes Ziel gerichtete gemeinsame Beten bzw. Aussenden der Intention.

Wie aber konnte das Gruppendenken so eine starke Transformation bewirken?

Das Meditieren bzw. Beten in der Gruppe stellt sicher unter den Beteiligten ein Gefühl der Verbundenheit her, doch nicht auf diese umfassende, intensive Weise, wie es beim Friedensexperiment geschehen war. Daher suchte ich nach anderen Auslösern, die einen so stark veränderten Bewusstseinszustand herbeiführen konnten. Dabei konzentrierte ich mich auf Studien, bei denen die Gehirnwellen der Betroffenen aufgezeichnet worden waren.

Eine ähnliche Situation könnte man bei den Pfingstkirchen vermuten. Auch dort geraten die Teilnehmer der kirchlichen Versammlungen in einen Zustand, in dem sie sozusagen »in Zungen reden«. Die Pfingstbewegung nahm ihren Anfang um 1900 und entwickelte sich dann weiter zu den charismatischen Kirchen, die mittlerweile ein Viertel der christlichen Welt ausmachen. Die Mitglieder der Pfingstkirche glauben, dass sie die Gabe erhalten, »in Zungen zu reden«, weil sie vom Heiligen Geist erfüllt sind. In diesem Zustand sind sie fähig, andere zu heilen, die Zukunft vorherzusagen und sie reden unverständlich. Dieses Phänomen bezeichnet man als »Zungenrede«, wie sie den Aposteln Jesu zu Pfingsten geschah. Die Gläubigen beschreiben diese Erfahrung so, als würden die Worte *durch sie hindurch* entstehen.[63] Sie werden also nicht so erlebt, als kämen sie von ihnen selbst. Der Zustand, in dem dies geschieht, wird gewöhnlich durch Musik und gemeinsames Singen der Gemeindemitglieder erzeugt. Andrew Newberg hat diesen Zustand bei einer kleinen Gruppe Pfingstkirchler untersucht und die Gehirnwellen vor, während und nach der Erfahrung aufgezeichnet. Er wollte wissen, ob diese Erfahrung den Erlebnissen der Mönche und Nonnen entsprach, die er untersucht hatte, während sie in einen transzendenten Zustand versanken.

Wie bei den früheren Studien entdeckte Newberg, dass die Aktivität im Frontallappen des Kortex plötzlich nachließ. Im

Gegensatz zu den Mönchen und Nonnen aber erlebten die Pfingst-kirchler keine verringerte Aktivität im Scheitellappen. Die Ge-meindemitglieder beschrieben ihre Erfahrung vielmehr als inni-ges Gespräch mit Gott. Sie verloren das Gefühl für ihr Selbst nicht, sondern erleben Gott grundsätzlich als den »Anderen«.

Newberg studierte auch die Gehirnwellen von Medien und Su-fimeistern, die eine Rezitation namens Dhikr durchführten. Dabei nun stellte er dieselben Gehirnaktivitäten fest wie bei den Mön-chen und Nonnen: Die Aktivität in Frontal- und im Scheitellap-pen wurde reduziert, vor allem in der rechten Gehirnhälfte. Das mache den Weg frei zu kreativer Imagination, meint Newberg. Gleichzeitig fördere es das Gefühl des Einsseins mit allem. Je stär-ker die Abnahme der Aktivität in diesen Gehirnregionen, desto wahrscheinlicher war es, dass die Betroffenen alle Stufen der Er-leuchtungserfahrung erlebten. Die stärksten Veränderungen wur-den im rechten Frontallappen gemessen, jener Region des Ge-hirns, die mit negativem Denken und Sorgen assoziiert ist. Das würde erklären, weshalb Menschen die Erleuchtungserfahrung als reine Glückseligkeit beschreiben.

Neben diesen Empfindungen des Einsseins hatten meine Teil-nehmer auch das starke Gefühl, Teil eines profunden und bedeut-samen Geschehens zu sein. »Ich spürte, dass es wichtig war, so etwas zu tun«, schrieb Mónica aus Mexico City. Die Teilnehmer verspürten Hoffnung, ein Gefühl »menschlicher Solidarität«, das sie aus ihrer Isolation herausholte und ihnen zu einem »tiefen Ge-fühl der Verbundenheit« verhalf. Ein Platz im Weltgeschehen. Ein Ziel. Ein »wichtiges globales Projekt«, eine »Verpflichtung, die man sehr ernst nehmen sollte«, zusammen mit einem Gefühl von »Heimweh«, als das Experiment vorüber war. »Ich hatte das Ge-fühl, dass diese Aufgabe mein kleines Leben bei Weitem über-stieg«, berichtete Barbu aus Greenwich im US-Bundesstaat Connecticut. »Ich fühlte mich förmlich verpflichtet, das zu tun«, meldete sich Lynne, die in Seattle als Ärztin tätig ist.

In ihrem Klassiker *Mystik* schreibt die amerikanische Theologin Evelyn Underhill, dass Mystik ...

... nicht individualistisch ist. Denn tatsächlich wird dabei die Individualität aufgegeben, die harte Trennung von »ich, mein, mir«, die den Menschen isoliert. Im Wesentlichen handelt es sich dabei um eine Bewegung des Herzens, das versucht, die Begrenzungen des individuellen Standpunkts zu transzendieren und sich der letztendlichen Wirklichkeit zu überlassen: nicht für persönlichen Gewinn oder um die transzendentale Neugier zu befriedigen, nicht um überweltliche Freuden zu erlangen, sondern nur aus dem Instinkt der Liebe heraus.[64]

Vielleicht ist die Möglichkeit, sich mit Fremden zusammenzutun zu etwas, was man letztlich als modernes Gebet bezeichnen könnte, der Grund für diesen kraftvollen Eindruck von Ganzwerdung, den das Individuum empfindet. Vielleicht ist es das, was Jesus mit dem *homothumadon* meinte, dem Gebet »wie mit einer Stimme«. Wir überwinden unsere Isolation als Individuum und treten ein in ein reines Verbundensein mit dem Rest der Menschheit – ein Zustand, der uns zwar vertraut ist, aber in heutiger Zeit kaum noch erfahren wird. Andrew Newberg beschreibt dies aus neurowissenschaftlicher Sicht so: »Wenn die Aktivität in Ihrem Frontallappen unvermittelt und deutlich abfällt, dann ist Schluss mit Logik und Vernunft. Dann ist das Alltagsbewusstsein aufgehoben, und andere Gehirnregionen ermöglichen uns, die Welt auf intuitive und kreative Weise zu erfahren [...] Die Abnahme der Aktivität im Scheitellappen aber kann das intensive Gefühl des Einsseins mit allem entstehen lassen.«[65]

Die Ergebnisse des Friedensexperiments waren zwar spannend, doch letztlich bedeutungslos, wenn ich nicht weitere Experimente vorweisen konnte. Genau das hatte ich vor, sobald der Staub sich gelegt hatte, den dieses Experiment aufwirbelte. Ich brauchte auf jeden Fall mehr Daten. Bald aber wurde mir klar, dass die Frage, ob das Experiment Auswirkungen auf Sri Lanka gezeitigt hatte, letztlich am Kern vorbeiging. Vielleicht hatte das Ergebnis ja mit Sri Lanka gar nichts zu tun.

Die Intention in der Gruppe brachte etwas hervor, was man nur als Ekstase des Einsseins bezeichnen konnte – ein greifbares Gefühl der Verbundenheit. Eine kosmische Kraft schien durch uns zu wirken und gab uns ein Gefühl, das wiederholt beschrieben wurde mit »Nachhausekommen«. Die Ergebnisse der Umfrage ließen vermuten, dass das Intentionsexperiment in der Gruppe die Grenzen zwischen den Individuen verschwimmen ließ und den Teilnehmern die Erfahrung des »Gottesbewusstseins« reiner Verbundenheit ermöglichte. Viele der Teilnehmer empfanden es als tiefe Wandlung, als Öffnung auf eine Wirklichkeit hin, von der sie buchstäblich nichts gewusst hatten.

Dass die Menschen von dem Experiment tief bewegt waren, dass die Erfahrung sie veränderte, dass sie sich mit anderen Menschen und dem Zielobjekt verbunden fühlten, war letztlich einleuchtend. Doch fanden sich in der Umfrage auch Aussagen wie diese:

»Ich hatte an allen Tagen das intensive Gefühl der Heilung.«

»Ich fühle mich seitdem geerdet, irgendwie gelassen. Viel produktiver und entschlossener.«

Ich hätte nie gedacht, dass das Experiment Nachwirkungen zeitigen könnte. Was die Teilnehmer in der Umfrage berichteten, schien mehr und mehr in den Fokus zu rücken. Und es stellte viele esoterische Grundannahmen über die Kraft der

Intention, die sich ja stets auf das Zielobjekt konzentrieren, auf den Kopf.

Das Entscheidende an diesem Experiment schien gerade nicht seine Auswirkung auf das Zielobjekt zu sein, sondern die Erfahrung der Teilhabe. Vielleicht erhaschen wir durch das gemeinsame Gebet einen flüchtigen Blick auf den Kosmos als Ganzes, erfahren das, was einem Wunder wohl am nächsten kommt. Und es könnte gut sein, dass dieser Zustand uns verändert, wie eine Nahtoderfahrung das tut.

10. KAPITEL

FREMDE UMARMEN

Sylvie Frasca, eine italienischstämmige Übersetzerin, die im französischen Roanne lebte, hatte immer viel zu tun, doch in der Woche bevor das Friedensexperiment begann, arbeitete sie buchstäblich Tag und Nacht. Am Montag, am zweiten Tag des Friedensexperiments, war sie immer noch erschöpft von den Anstrengungen der Vorwoche, aber nachdem sie an der Intentionsübung teilgenommen hatte, fühlte sie sich körperlich sehr viel besser und irgendwie leichter. Im Verlauf der Woche verstärkte sich dieser Eindruck sogar noch. Sie hatte das Gefühl, dass zwischen den Teilnehmern des Experiments und den Menschen in Sri Lanka eine besondere Bindung entstand. Am Dienstag überkam sie plötzlich eine nahezu ausgelassene Stimmung, und die ständigen Sorgen um die Arbeit schienen plötzlich vergessen. Am Mittwoch merkte sie, dass ihre Prioritäten sich grundlegend verschoben hatten. An jenem Abend schloss sie einen Pakt mit sich selbst: Sie würde nie mehr Tag und Nacht arbeiten, wie sie es in der Woche davor getan hatte.

Auch die Beziehung zu ihrem Partner veränderte sich. Sie selbst praktizierte schon längere Zeit Reiki. Ihr Partner aber war Atheist und sehr stolz auf seinen logischen Verstand. Er hatte ihr nie erlaubt, ihm länger als ein paar Minuten Reiki zu geben. Am

Donnerstag aber ließ er sich zum ersten Mal eine ganze Stunde lang behandeln, und das Band zwischen den beiden schien tiefer zu gehen als je zuvor. Am nächsten Tag sprachen sie über Reiki, Spiritualität und die Spontanheilung von Sylvies Vater, der vorher an einer chronischen Nebenhöhlenentzündung gelitten hatte. Zum ersten Mal ergab sich das Gespräch quasi von selbst, und Sylvies Partner versuchte nicht, das Thema zu wechseln, sondern brachte sich tatsächlich ein.

Am letzten Tag des Experiments wusste Sylvie, dass sie während der Intentionsübung im Auto unterwegs sein würde, da sie nach Italien musste. Sie bat ihren Partner, doch an ihrer Stelle eine Kerze anzuzünden und sich der Friedenszeremonie anzuschließen. Gleich nach der zehnminütigen Übung bekam Sylvie einen Anruf von ihrem Freund, der ihr erzählte, es sei etwas wirklich Ungewöhnliches passiert. Er hatte die Webseite aufgerufen, auf der das Wasserfallbild zu sehen war, das wir für das Experiment online gestellt hatten. Er berichtete, er habe sich intensiv zu dem Bild hingezogen gefühlt und auch nach der Übung eine Welle positiver Gefühle erfahren. Seitdem fragt er Sylvie ständig über die Experimente aus, weil er selbst herausfinden möchte, was ihm da eigentlich widerfahren war.

An diesem Punkt war mir bereits klar, dass die Gruppenintentionen im individuellen Bewusstsein tiefe Veränderungen auslösten. Doch offensichtlich war da noch ein weiterer alchemistischer Prozess im Gange. Die Erfahrung des Betens in der Gruppe schien bei vielen Teilnehmern dauerhafte psychische Veränderungen zu bewirken und ihr Leben zu verbessern. Bei einem Großteil der Teilnehmer wirkte die Erfahrung nach, obwohl das Experiment schon lange vorüber war – als wären sie von einer starken Kraft tief innerlich berührt worden. Einige der Teilnehmer zeigten sich von diesem »geborgten Nutzen«, wie einer von ihnen es ausdrückte, regelrecht überwältigt. »Ich hatte persönlich nichts erwartet und war höchst angenehm überrascht«, schrieb Joey aus Yachats in Oregon über seine nun glücklichere Beziehung. Die Ekstase schien so tief, dass sie ganz persönliche Wunder wirkte: Beziehungen funktionierten plötzlich, das Leben wandelte sich, wurde heil und ganz.

Intentionen für den Frieden auszusenden schien außerdem eine Art Rückkopplungseffekt zu haben, sodass auch die Teilnehmer in ihrem Alltagsleben stärker von Frieden erfüllt waren. Fast die Hälfte der Teilnehmer, die den Fragebogen ausfüllten, berichteten, dass sie sich friedvoller fühlten als gewöhnlich und dieses Gefühl auch ihre Beziehungen zu anderen beeinflusst hätte.

Über zwei Drittel stellten Veränderungen in ihren Beziehungen fest: Mehr als ein Viertel empfand mehr Liebe für die ihnen nahestehenden Menschen, ein weiteres Viertel der Teilnehmer gab an, nun besser mit jenen zurechtzukommen, die sie normalerweise nicht besonders mochten oder mit denen sie gar in Streit lagen. Sie knüpften »sehr viel tiefere Beziehungen zu anderen«, »arbeiteten stärker daran, Differenzen zu überwinden«, und fühlten sich »offener für andere«, eher bereit, neue Freundschaften einzugehen und die Liebe anderer anzunehmen. Ihnen sei außerdem klarer, welche Beziehungen es zu erhalten gelte und welche man besser loslassen sollte. Menschen, die ihnen vor dem Experiment auf die Nerven gegangen waren, »scheinen weniger oft aufzutauchen«.

Eine der Teilnehmerinnen meinte, sie wünsche den Menschen öfter »Tashi Deleg«, was tibetisch ist und so viel heißt wie: »Möge es dir wohlergehen«. Diese friedlichen Veränderungen stellten sich darüber hinaus als ansteckend heraus, denn sie erfassten auch andere Mitglieder der Familie, selbst wenn diese nicht am Experiment teilgenommen hatten.

Doch bei den meisten Teilnehmern hatte sich grundlegend etwas geändert an ihrer Fähigkeit, mit anderen Menschen umzugehen. Es schien, als habe sich ihr Herz geöffnet, und diese Öffnung schien unterschiedslos und universell zu sein. Fast die Hälfte der Teilnehmer berichtete, sie würden nun allen Menschen auf ihrem Weg mit mehr Liebe begegnen. Ein Fünftel meinte gar, auch mit Fremden jetzt besser zurechtzukommen. Die Erfahrung, mit Tausenden anderer Menschen zu einem gemeinsamen Zweck zusammenzukommen, ermöglichte es ihnen, sich auch für diejenigen zu öffnen, die sie nicht kannten – und diese Bereitschaft, in Kontakt zu treten, blieb noch lange nach dem Experiment bestehen.

»Seit Kurzem spreche ich für jeden Menschen, mit dem ich rede, ein kurzes Gebet. Ich bete: ›Möge Gott dich segnen, segnen, segnen und dir ein langes, gesundes, glückliches Leben schenken‹«, schrieb Frances aus Bay Ridge im Staat New York. »Ich erfahre mehr Frieden und Liebe bei allen Menschen, mit denen ich spreche. Ich merke erst jetzt, dass ich damit nach unserem Intentionsexperiment begonnen habe.«

Das Friedens-Intentionsexperiment hatte offensichtlich etwas in ihnen entfacht, das sie mehr Liebe der ganzen Welt gegenüber empfinden ließ.

»Meine Liebe zu allen ist tiefer geworden.«

»Ich interessiere mich mehr für Fremde und rede öfter mit ihnen. Und es gehen auch mehr Leute auf mich zu, um mit mir ins Gespräch zu kommen.«

»Ich erkenne, dass mein friedvolles Herz auch andere berührt, wenn wir in Kontakt kommen.«

»Eine tiefere Verbindung zu meinen Mitmenschen allüberall. Und akzeptieren statt verurteilen.«

»Ich bin mutiger und zeige Fremden eher die Liebe, die ich empfinde, indem ich sie nett angucke.«

Einigen Teilnehmern fiel auf, dass sie der Welt friedlicher gegenübertraten und sich mehr um das große Ganze kümmerten – »aus meinen kleingeistigen Gedanken herauskatapultiert« fühlte sich Sallie Lee. Ein Teilnehmer aus den USA verbrachte die Wahltage 2008 im Gebet: »Wir als Nation sind tief gespalten. Bitte stärkt nicht Bushs Hass.« Ein anderer kam besser zurecht mit dem Ergebnis des erfolgreichen Volksbegehrens gegen die staatliche Anerkennung gleichgeschlechtlicher Ehen in Kalifornien: »Ich spüre eher Energie, weniger Wut.«

Die Mehrheit jedenfalls stellte außergewöhnliche Veränderungen an sich selbst fest. Viele konnten danach abweichende Meinungen besser zulassen und regten sich weit weniger auf, wenn sie damit konfrontiert wurden.

»Ich höre mehr zu.«

»Ich akzeptiere, was ist.«

»Ich bitte irgendetwas Unnennbares um Hilfe, um die Umstände zu verbessern.«

»Ich bin eher bereit zu vergeben. Ich empfinde Mitgefühl für andere.«

»Ich kann einige Situationen in meinem Leben nun objektiver betrachten.«

»Mehr Aufrichtigkeit und Ehrlichkeit.«

»Eher fähig, mich friedlich auszudrücken.«

»Mehr Selbstvertrauen und Gelassenheit, weniger Probleme durch den wirtschaftlichen Druck von außen.«

»Weniger anfällig für Dinge, die man sagt oder tut, um mich aufzustacheln.«

»Ich versuche nun stärker, auch mir persönlich unverständliche Meinungen zuzulassen.«

»Mehr Bewusstheit für die Unterströmungen im Büro und dafür, wie kindisch und unnötig sie sind.«

»Ich bin weniger verurteilend, gehe auf Leute mit offenem Geist zu.«

»Werde mir schnell bewusst, wenn ein Konflikt unnötig ist, und höre auf, ständig mit anderen zu kämpfen. Ich ehre sie vielmehr.«

Eine ganze Reihe von Teilnehmern berichtet von positiven Resultaten, nachdem sie versuchten, diese Haltung auch in ihren Alltag zu bringen. »Letzte Woche ging ich mit dieser Haltung in ein Gespräch, das sich um ein Problem am Arbeitsplatz drehte, das uns in eine Sackgasse geführt hatte. Danach war alles geklärt, ohne dass einer von uns etwas hätte opfern müssen«, schrieb Tony aus Dallas. »Es war wie ein Wunder.«

Viele meinten, seit der Teilnahme am Experiment schafften sie es, sich selbst mit mehr Großzügigkeit zu begegnen: »liebevoller«, »weniger kritisch«, »zufriedener mit dem Leben«, »ruhiger und geerdeter und nicht so schnell aus dem Häuschen«, »kraftvoller, mehr im Einklang mit den Umständen«, »größere Klarheit im Herzen über den Lebenssinn«. Der Großteil fühlte sich »mehr im Einklang mit der Welt« und viel zufriedener mit dem eigenen Leben und den getroffenen Entscheidungen.

»Mehr in Frieden mit mir selbst und viel zufriedener mit dem Leben im Allgemeinen.«

»Mehr Dankbarkeit für das gesegnete Leben, das ich führe, und Mitgefühl für die anderen Lebewesen auf dieser Welt.«

»Mehr ›in Harmonie‹, obwohl meine äußeren Umstände, vor allem in finanzieller Hinsicht, so schlecht sind wie schon lange nicht mehr.«

»Ich bleibe bei mir und fühle mich doch inniger verbunden mit den anderen.«

»Eine grundsätzliche innere Gewissheit, dass ich nicht die Umstände bin, in denen ich lebe.«

»Eine Sehnsucht danach, als Mensch zu wachsen.«

. . . .

Monatelang fragte ich mich, was an dieser Erfahrung dran war, dass sie so tiefe Empfindungen bei den Teilnehmern ausgelöst hatte. War es der Gedanke, an einer internationalen Intention für den Frieden teilzuhaben? Oder überhaupt die Teilnahme an einem Massenereignis? Die Tatsache, dass Jesus das Gruppengebet extra gelehrt hat, sollte mir als Rückenstärkung eigentlich genügen, aber ich suchte immer noch nach einer Erklärung, die ins 21. Jahrhundert passte.

Dr. Andrew Newberg führte einmal eine Studie an mehr als 2000 Menschen durch, die eine Erleuchtungserfahrung gemacht hatten. Er entdeckte, dass die Erfahrung bei Menschen aller Glaubensrichtungen (und sogar einigen Atheisten) in fünf Punkten gleich ist, selbst wenn der Pfad, der sie zu dieser Erfahrung führte, keinerlei Ähnlichkeit aufwies: ein Gefühl des Einseins, eine außergewöhnliche Tiefe der Erfahrung, ein Gefühl der Klarheit und Einsicht, eine Hingabe bzw. das Loslassen von Kontrolle, das Gefühl, dass »etwas – der Glaube, das Leben, der Lebenssinn – sich danach dauerhaft verändert hatte«.[66] Viele der Teilnehmer des Friedensexperiments hatten alle fünf Punkte erlebt.

Das Gefühl des Wandels konnte natürlich auch eine Art von Nachwehen dieser extremen Erfahrung sein. Eine Reihe von Wissenschaftlern betrachtet die mystische Ekstase als eine der stärksten menschlichen Erfahrungen. Oder wie Abraham Maslow schreibt: »So sieht die Welt aus, wenn die mystische Erfahrung wirklich greift. [...] Wenn Sie diese Erfahrung durchlebt haben, sind Sie danach mehr im Hier und Jetzt, als Sie es je bei all den spirituellen Übungen, die es so gibt, erleben werden.«[67] Auf jeden Fall gibt es klare Belege dafür, dass eine solche Erfahrung gut für uns ist. Andrew Greeley fand heraus, dass Menschen, die eine mystische Erfahrung gemacht hatten, in ihrem Leben neuen Sinn entdeckten und ein weitaus höheres Niveau psychischen Wohlbefindens aufwiesen als Menschen, die solch eine Erfahrung nicht gemacht hatten.[68] Auch Newberg hatte Belege dafür gefunden, dass Menschen, die mystische Zustände erfahren, seelisch gesünder sind und in ihrem Leben mehr Sinn sehen.[69] Todkranke Krebspatienten, denen man Drogen verabreichte, um ein mystisches Erlebnis herbeizuführen, erfuhren daraufhin innerseelische Verbesserungen, die denen einer Psychotherapie gleichkamen.[70] Und in der Wissenschaft finden sich zahlreiche Beispiele für Spontanheilungen von verschiedenen Krankheiten wie zum Beispiel Alkoholismus nach einer mystischen Erfahrung.[71]

Trotzdem drehte ich mich im Kreis. Konnten es die meditativen Techniken sein, die wir angewandt hatten? Die Rituale, die ich die Teilnehmer ausführen ließ, hatten viel gemein mit denen der Rosenkreuzer und einigen westlichen mystischen Traditionen wie denen der Anthroposophischen Gesellschaft. All diese Gruppierungen arbeiteten mit dem Aussenden von Intentionen. Ihre Techniken glichen denen, die ich beim »In-die-Kraft-gehen« verwendete – eine hohe Anfangskonzentration, Visualisierungen, die Konzentration aufs Herz und eine möglichst klare Bitte an das Universum. In diesen Traditionen hieß es jeweils, dass diese Techniken den Weg zum Göttlichen öffneten.

Aber eine grundlegende Frage war immer noch ungeklärt. Wir hatten quasi ein Massengebet ausgeführt, doch die Auswirkungen auf unsere Teilnehmer stellten die auf das Zielobjekt bei Weitem in den Schatten. In welcher bereits existierenden Tradition hatte es ähnlich starke Rückkopplungseffekte gegeben? Diese Frage führte mich direkt zu Jeff Levin, Professor an der Baylor University. Levin ist Biomediziner und Epidemiologe, gleichzeitig aber auch in religiösen Fragen höchst kompetent. Tatsächlich ist er Direktor des Instituts für Religionswissenschaft an der Baylor University und Associate Professor für Psychiatrie und Verhaltenswissenschaften an der medizinischen Fakultät der Duke University. Levin ist tief religiös. Da er aus einer konservativen jüdischen Familie stammt, war er der erste Wissenschaftler, der systematisch die Literatur zu der Frage untersuchte, welche Auswirkungen Religion auf die körperliche und geistige Gesundheit hat, wobei für ihn der jüdische Glauben im Vordergrund stand. Neben seinen Untersuchungen zur Heilkraft der Religion stellt Levin sich aber noch eine andere, sehr grundlegende Frage: Entfaltet die Erfahrung der Transzendenz an sich schon heilende Kräfte? Denn neben der Religion interessiert Levin sich in erster Linie fürs Heilen. Er hat alle großen esoterischen Heiltraditionen untersucht und erforscht noch immer, was in der Interaktion zwischen Heiler und Klient letztlich den Ausschlag gibt. In der heißen Debatte zwischen Wissenschaft und Religion gehörte Levin zu jenen, die den Dialog überhaupt erst möglich machten.

Wenn jemand mir erklären konnte, was die Teilnehmer des Friedensexperiments erfahren hatten, dann war es sicher Jeff Levin.

11. KAPITEL

....

GRUPPEN

Jeff Levin hatte noch nie von Rückkopplungseffekten gehört, die denen unseres Experiments glichen, ebenso wenig Larry Dossey, Arzt und Autor unzähliger Bücher über spirituelles Heilen. Auch keiner der anderen Experten, die ich befragte. Die Forschungsarbeiten, auf die sie mich hinwiesen, beschäftigten sich durchweg mit der Kraft des Rituals, die letztlich zu der Transformation führte. In vielen esoterischen Traditionen ist man überzeugt, dass mystische Erfahrungen solche Wandlungen zu bewirken vermögen. Doch diese Erfahrung wurde fast immer durch extreme Praktiken herbeigeführt, welche die geistigen Hindernisse beseitigen sollten, die dieser Erfahrung im Wege standen. In der Tradition der Hindus ist das Endziel des Yoga (»zusammenbinden«, »vereinen«) der *Samadhi,* die mystische Verschmelzung mit allem, was ist.[72] Levins Forschungsarbeiten hatten die Heilkraft verschiedener Yogarituale belegt, die seelischen Stress »beseitigen« konnten und einen Menschen in die natürlichen Rhythmen der Gesundheit zurückversetzten.

Levin wiederholte, was ich bereits über Gebetskreise wusste: dass sie bei den Indianern Nordamerikas und anderen indigenen Völkern sowie in den charismatischen Kirchen des Christentums eine wichtige Rolle spielen. Das, was den Erlebnissen meiner

Teilnehmer am nächsten kam, war eine Studie, wonach bestimmte Heilrituale Veränderungen in den Emotionen, im Selbstgewahrsein, im Gefühl für das eigene Ich und seine Fähigkeiten bewirken konnten. Manchmal verbesserten sie auch neurobiologische Faktoren wie die Menge der Neurotransmitter oder der Immunmarker. All diese Effekte würden sich auch positiv auf die Beziehungen zu anderen Menschen auswirken. Doch sämtliche Heilrituale, die laut Levin solche Effekte erzielen konnten, waren wirklich extrem. Wie die bekannte Sozialreporterin Barbara Ehrenreich in ihrem Buch *Dancing in the Streets: A History of Collective Joy* schreibt,[73] spielten Ekstasetechniken in fast allen Kulturen seit der Ur- und Frühzeit eine gewichtige Rolle, doch handelte es sich dabei fast immer um sehr komplizierte Rituale.

Selbst moderne Gruppierungen arbeiten mit Ritualen wie Heilzauber, Chanten und das Eintauchen des Körpers in Wasser, wie ein Workshop für Lesben und bisexuelle Wicca-Anhänger beweist, die sexuelle Gewalt erlitten hatten.[74] Deborah Glik, Professorin für Community Health Sciences an der University of South Carolina, hat sich mit den Auswirkungen esoterischer und traditioneller religiöser Heilrituale in Baltimore beschäftigt.[75] Sie fand heraus, dass diese Rituale häufig höhere Bewusstseinszustände auslösten, die ihrerseits heilsam wirkten. Ted Kaptchuk, Leiter der fakultätsübergreifenden Studien zum Placeboeffekt und der therapeutischen Begegnung an der Universität Harvard, ist der Ansicht, dass jede Art von Ritual, sei es nun eine genuine Navajo-Zeremonie oder der professionelle Gestus westlicher Mediziner, starke heilende Impulse bei den Teilnehmern auslösen, vor allem wenn sie bestimmte Abläufe, eine bestimmte Kleidung, Klänge, Bewegungen, Berührungen und Symbole beinhalten. Kaptchuk spricht hier von »Schichten von Empfindungen und Verhaltensweisen«:

*Heilrituale machen den Empfänger bereit für das Einwirken der Au-
toritätsfigur mit ihren kulturell sanktionierten »Kräften«. Der Heiler liefert dem Leidenden imaginativen, emotionalen, sinnlichen,
moralischen und ästhetischen Input, der von greifbaren Symbolen
und dem Prozedere des Rituals ausgeht – dabei wird die individuelle Geschichte des Leidenden in den universellen kulturellen Mythos
eingewoben. Heilrituale sind wie eine Theateraufführung, bei der
ein Drama evoziert, ausagiert, verkörpert und bewertet wird, dies
vor dem Hintergrund einer mit Hoffnung und Unsicherheit gelade-
nen Atmosphäre.*[76]

Der mittlerweile verstorbene Anthropologe Roy Rappaport greift
diese Idee auf. Seiner Ansicht nach sind diese Techniken deswe-
gen so effektiv, weil sie »die Evokation von Raum, Zeit und Wor-
ten außerhalb des Gewohnten bieten; einen Weg des Handelns,
der den Patienten einhüllt; eine konkrete Verkörperung mächtiger
Kräfte; eine Gelegenheit, durch Neubewertung einen anderen Status zu erlangen«.[77]

Menschen aus ihren Alltagszusammenhängen zu holen, sie
mit ungewohnten Klängen, Rhythmen und Zeremonien zu erfüllen, sie durch eine machtvolle, allumfassende sinnliche Erfahrung
zu geleiten, ihnen einen Beweis dafür anzubieten, dass übernatür-
liche Kräfte am Werk sind, und ihnen so das Gefühl zu vermitteln,
alles habe sich geändert, kann zur prompten emotionalen Heilung
führen. Weil nämlich die Emotionen des Betreffenden auf das
ausgerichtet werden, was Rappaport einmal »die kalkulierte In-
tensivierung« der Botschaft nannte.[78]

In gewisser Weise gehen die Forscher also davon aus, dass diese überwältigende sinnliche Erfahrung durch die Kraft der Suggestion wirkt. Die Transformationserfahrung wird ausgelöst,
wenn der Geist den Wandel erwartet. Daher schreibt Kaptchuk

auch, dass Placeboeffekte »die ›konkrete‹ Wirkung von Heilritualen sind«.[79]

Doch all diese Informationen lieferten keine Erklärung für die Auswirkungen des Friedensexperiments auf unsere Teilnehmer. Sie waren eben gerade nicht aus ihrem Alltag herausgerissen worden, sondern blieben im vertrauten Umfeld und nutzten für das Experiment ihren gewohnten Computer. Verglichen mit den prächtigen Heilritualen der Navajos waren die Bilder und Klänge *(Choku Rei),* die wir auf der Webseite anboten, geradezu nüchtern zu nennen. Das einzige Symbol, das wir hatten, war das Bild von den Jungs, die Arm in Arm beisammenstanden. Von »machtvollen Kräften«, die die Teilnehmer in eine durch und durch sinnliche Erfahrung »einhüllten« und schließlich überfluteten, konnte man da wohl kaum reden. Es gab auch keine emotional aufgeladene Umgebung, in der machtvolle Kräfte zum Ausdruck kamen, weil wir das Ritual ja nicht einmal als Kollektiv im selben Raum erlebten. Außerdem hatten wir keine »Botschaft«, die »kalkuliert intensiviert« wurde, und keine Autoritätsfigur mit »kulturell sanktionierten Kräften«. Beim Friedensexperiment hatte ich auf der Webseite keineswegs eine starke Präsenz. Das galt übrigens auch für die Seminare zur Kraft der Acht. Obwohl dabei die Teilnehmer in einem Raum saßen, nahmen sie an keinem Ritual teil oder arbeiteten mit einer Autoritätsfigur. Die Gruppen organisierten sich selbst, nachdem sie von mir eine Einweisung erhalten hatten. Auch wenn die Leute sich zu Kreisen zusammenfanden, hielt ich mich für gewöhnlich heraus. Ich habe auch nie behauptet, dass es positive Auswirkungen auf die Teilnehmer geben würde. Soweit sie wussten, war ihre Teilnahme am Friedensexperiment oder an einer Kraft-der-Acht-Gruppe ein selbstloser Akt.

Wenn es also kein Ritual, kein Schamane und keine überwältigende sinnliche Erfahrung war, konnte es sich dann um einen gruppendynamischen Effekt handeln? Konnten unsere Teilnehmer positive Effekte verzeichnen, weil sie Teil eines Kollektivs waren? Kam da etwas zum Tragen, das Jonathan Haidt, Sozialpsychologe an der New York University, als »hive hypothesis« bezeichnete, als »Schwarm-Hypothese«? Haidts Theorie ist, dass der Mensch sein höchstes Potenzial verwirklicht, wenn er in einer großen Gruppe aufgeht. Dabei stützt sie sich auf die Arbeit des französischen Sozialwissenschaftlers Émile Durkheim, der einer der Ersten war, der die Auswirkungen der Masse auf das Individuum studierte. Den Effekt von Ritualen auf eine Menschengruppe bezeichnete er als »kollektive Efferveszenz«, eine elektrisierende Macht des Gemeinschaftsgefühls.

»Nun wirkt aber die Ansammlung allein schon wie ein besonders mächtiges Reizmittel«, schreibt Durkheim. »Sind die Individuen einmal versammelt, so entlädt sich aufgrund dieses Tatbestands eine Art Elektrizität, die sie rasch in einen Zustand außerordentlicher Erregung versetzt. Jedes ausgedrückte Gefühl hallt ohne Widerstand in dem Bewusstsein eines jeden wider, das den äußeren Eindrücken weit geöffnet ist. Jedes Bewusstsein findet sein Echo in den anderen.«[80]

Durkheim war auch der Ansicht, dass, sobald ein Individuum diesen Zustand erfahre, es danach mehr Glück empfinde.[81]

Diese Art »kollektiver Efferveszenz« zeigte sich besonders bei Massenveranstaltungen, zum Beispiel bei Pilgerreisen. So versammeln sich im nordindischen Allahabad Jahr für Jahr Millionen Gläubige am Flussufer, um die Magh Mela zu feiern und in den heiligen Wassern zu baden. Entgegen allen Erwartungen erfreuen sich die Teilnehmer danach einer besseren Gesundheit und eines gesteigerten Wohlbefindens. Dies, obwohl sie Gefahr laufen, sich vom Fluss und den anderen Pilgern ansteckende Krankheiten zu holen, obwohl es dort keine Sanitäranlagen gibt und die Masse der

Menschen für diese Zeit eng zusammengepfercht in Lagern lebt. Forscher vom Zentrum für Kognitive Wissenschaft und Verhaltensforschung an der Universität Allahabad haben festgestellt, dass die Pilger am Ende der Pilgerfahrt gesünder waren als am Anfang, obwohl die Pilgerreise körperlich anstrengend ist. Die Forscher schlossen daraus, dass das Schlüsselelement beim Zusammenhang von Wohlbefinden und Glauben bzw. religiöser Praxis »die kollektive Dimension« ist.[82]

Dieselbe Immunität gegen Ansteckung und Krankheiten zeigte sich auch in Woodstock, dem legendären Musikfestival von 1969 im Staat New York. Trotz der riesigen Menschenmenge, trotz der schlechten Sanitäranlagen, des schlechten Wetters und der mangelnden Versorgung kam es nicht zu Schlägereien. Und die Teilnehmer – geschätzt etwa eine halbe Million – erlebten ein durchaus transzendentes Gefühl der Verbundenheit.

Die »Firewalker« der Maori berichten von einem High, das sie bei dem Massenritual des Feuerlaufs erfahren. Dabei gehen die Menschen über glühende Kohlen und dürfen sich danach über eine gesteigerte Herzfrequenz und ein intensives Glücksempfinden freuen.[83] Auch immer wiederkehrende Klänge wie zum Beispiel von einer Trommel entfalten Heilwirkung. Dabei reduziert sich die Anzahl der Stresshormone, und das Immunsystem verbessert sich, weil zum Beispiel mehr Killerzellen gebildet werden.[84]

Hatte unser Friedensexperiment also einen Woodstock-Effekt?

Auch diese These musste ich aufgeben. Keine der »Schwarm-Theorien« konnte erklären, was sich bei unseren Teilnehmern abgespielt hatte. Sie hatten sich nicht zusammen in einem Raum aufgehalten. Sie hatten Durkheims »Gruppenelektrizität« nur virtuell erlebt. Sie hatten nicht an einem Heilritual für einen Menschen teilgenommen, sondern sich auf einen sozialen Wandel konzentriert. Obwohl es sich dabei nicht um eine Gemeinschaft im hergebrachten Sinne handelte, hatte dieser virtuelle Kreis eine tiefe Verbindung unter den Teilnehmern geschaffen und wichtige Beziehungen in ihrem Alltagsleben geheilt.

Möglicherweise lag der Grund dafür ja auch in größeren und dauerhaften Veränderungen im Gehirn, die durch die Gruppenerfahrung entstanden waren? Wie wir wissen, zeigen Meditation und schamanische Rituale klare Auswirkungen auf das Gehirn. Stanley Krippner zufolge, der Professor für Psychologie an der Saybrook University in Kalifornien ist und Rituale indigener Völker untersucht, verursachen schamanische Rituale massive Veränderungen im Gehirn.[85] Sie bewirken, dass die beiden Gehirnhälften synchron arbeiten. Dabei kommt es zu einer besseren Integration zwischen dem, was man gewöhnlich den ausführenden Teil des Gehirns nennt (Kortex), und dem Emotionszentrum (limbisches System). Denken, Fühlen und Verhalten stehen dann stärker im Einklang. Letztlich tragen kollektive Rituale dazu bei, dass das Gehirn emotional reifer wird. Dann verhält der Betreffende sich auch anderen gegenüber fairer.

Während transzendentaler Erfahrungen wie tiefer Meditation entwickelt das Gehirn mehr Kohärenz, was dem ausführenden Teil bei der Entscheidungsfindung hilft. Der Neurowissenschaftler Fred Travis, Direktor des Center for Brain, Consciousness and Cognition an der Maharishi School of Management, fand dies heraus, als er EEGs (Elektroenzephalogramme) von Meditierenden erstellen ließ. Wie bei den schamanischen Ritualen zeigte sich auch das Gehirn der Meditierenden besser organisiert. Die verschiedenen Teile des Gehirns – das kognitive Vorderhirn und das Intuitionszentrum – kommunizieren intensiver miteinander. Das kosmische Bewusstsein reicht bis in den Alltag hinein und versetzt das Gehirn in die Lage, besser mit den Anforderungen des

Alltags zurechtzukommen.[86] Das könnte erklären, wieso unsere Teilnehmer so starke Verbesserungen in ihren Beziehungen erlebten. Der rein körperliche Akt der Intention in der Gruppe, der ja eine Art Massenmeditation ist, führt zu einem Zustand, der das Gehirn darin schult, seine Reaktionen auf andere Menschen zu verbessern. Auf diese Weise gelingen zwischenmenschliche Beziehungen besser. Doch solche Effekte lassen sich gewöhnlich erst nach mehreren Monaten oder gar Jahren regelmäßiger Meditation feststellen. Die radikalen Veränderungen nach unserem Friedensexperiment zeigten sich aber schon nach acht Tagen mit jeweils nur zehnminütigen Intentionssitzungen.

Synchron zu handeln, sich für eine gemeinsame Intention einzusetzen, ja selbst, sich mit einer geteilten Intention auf rhythmische Aktivitäten einzulassen, führt zu einer stärkeren sozialen Bindung. Und diese kann für sich genommen schon heilende Wirkung entfalten.[87] Es gibt unzählige Belege dafür, dass das Gefühl, Teil einer Gemeinschaft zu sein, den Heilprozess fördert. Als ich mich mit Stress und seinen Auswirkungen auf Erkrankungen beschäftigte, stellte ich fest, dass eine der schwerwiegendsten Krankheitsursachen sowohl in körperlicher als auch in seelischer Hinsicht das Gefühl der Isolation ist – von anderen Menschen, von der Familie, von Gott. Folglich kann Stress in allen Lebensbereichen verringert werden, wenn man starke Bindungen aufbaut. Studien, wie starker finanzieller Druck sich auf die Betroffenen auswirkt, haben gezeigt, dass selbst Menschen in Lateinamerika, die von wenigen Dollar am Tag leben müssen, weniger anfällig für Depressionen sind, wenn sie regelmäßig zur Kirche gehen und aktiv am Gemeindeleben teilhaben. Ältere Menschen blieben länger gesund, ganz egal, wie arm sie waren, wenn sie in Nachbarschaften lebten, in denen es einen starken Zusammenhalt gab.[88]

Langsam hatte ich das Gefühl, einer möglichen Erklärung näher zu kommen. Letztlich ging es dabei aber immer um die Frage, was »Heilung« und »Gesundheit« wirklich bedeuten. Viele esoterische Traditionen fassen den Begriff »Gesundheit« viel weiter als die bloße Abwesenheit von körperlichen Problemen. In deren Augen ist wahre Gesundheit die vollkommene, reine Integration ins Ganze, das Gefühl, mit allem verbunden zu sein. Krankheit hingegen entsteht aus der Entfremdung von dieser Quelle. Dies lässt vermuten, dass die meisten Krankheiten nicht auf die weniger bedeutenden Stresssituationen in unserem Leben zurückgehen, sondern auf den Stress, der aus unserer allgemeinen Haltung zum Leben resultiert: wie wir unseren Platz in der Welt sehen, vor allem im Rahmen unseres unmittelbaren Umfelds. Wenn dies der Fall ist, dann würde die Verbindung mit anderen zu einem gemeinsamen Zweck eine tiefe Heilwirkung entfalten, weil sie uns daran erinnert, dass wir Teile eines großen Ganzen sind.

An etwas zu glauben, das größer ist als man selbst, hat an sich schon heilende Wirkung. Jeff Levin hat viele religiöse Kulturen untersucht und dabei festgestellt, dass sie eines gemeinsam haben: die Überzeugung, dass das Universum nicht vom Zufall gesteuert wird, sondern dass ihm eine göttliche Ordnung innewohnt.[89] Der Glaube an einen göttlichen Plan, das Gefühl, dass alles, was auf der Welt geschieht, einen Sinn hat, ist für sich genommen schon eine transformierende Kraft.

Dies zeigt sich auch in den Aussagen der Teilnehmer des Friedensexperiments:

»Mein Mantra für den Alltag ist: Ich bin frei. Ich bin Liebe. Und das ist meine Intention für alle Menschen, die mir begegnen, denn wir sind EINE GLOBALE FAMILIE.«

»Ich spüre eine Einheit des Seins – ein gemeinsamer roter Faden, der uns in Wahrheit zusammenwebt.«

»Ich fühle mich bestärkt, was die Zukunft angeht – ich glaube, diese Art von Aktivität schafft eine mächtige Kraft der Veränderung zum Besseren.«

»Nun glaube ich, dass es für mein Land Hoffnung gibt.«

»Es hat meinen Blick auf mich und das Leben verändert. Und es gibt mir Hoffnung, dass eine bessere Welt möglich ist.«

»Ich fühle mich wirkmächtiger. Ich fühle mich stärker verbunden mit dem ganzen Planeten.«

»Ich bin nun positiver gestimmt, was die Veränderungen auf der Welt angeht. Ich glaube, dass wir uns in Richtung Einheit entwickeln werden.«

»Hoffnung. Erfüllung.«

Abraham Maslow unterscheidet zwei Arten mystischer Erfahrung: den »grünen« Typ, bei dem es um ein vorübergehendes Ekstaseerlebnis geht; und den »reifen« Typ, der eine anhaltende Veränderung in der Persönlichkeit bewirkt. »In ihrer reifen Form repräsentiert [die transzendente Erfahrung] den höchsten Ausdruck der Selbstverwirklichung und der sozialen Integration«, schreibt Jeff Levin. »In diesem Kontext scheinen sich die Merkmale für Gesundheit, spirituelles Wohlbefinden und persönliche Entwicklung zu überschneiden.« Levin meint, dass der »reife« Typ der mystischen Erfahrung, wie Maslow ihn definiert – und wie er im Übrigen dem Erleben meiner Teilnehmer entspricht –, ein starkes körperliches und seelisches Gegenmittel ist, weil er für das höchste Gefühl von Zugehörigkeit und Sinn im Leben steht. Wissenschaftler, die sich mit der mystischen Erfahrung beschäftigt haben, sind sich einig, dass die Erfahrung der Transzendenz die Kraft hat, das Individuum in jeder Hinsicht zu verändern.[90] Häufig fühlt sich der Betroffene danach berufen, sich für andere Wesen zu engagieren. Abraham Maslow schreibt, dass Menschen, die eine solche Erfahrung machen, »ein Gefühl von allumfassender

Liebe für alles und jedes« empfinden, das »zu dem Impuls führt, der Welt etwas Gutes tun zu wollen«.[91] Und Evelyn Underhill beschreibt es als »Berufung zu einem aktiveren, weil kontemplativeren Leben, als es das anderer Menschen ist«.[92] Der indische Guru Sri Aurobindo schreibt, dass, den »Supergeist« oder »Übergeist« auf die Erde zu bringen, nicht nur Heilung für den Empfangenden bedeutet, sondern auch für dessen gesamte Umgebung.[93]

Nach dem Friedens-Intentionsexperiment fühlte sich eine große Zahl der Teilnehmer gedrängt, etwas in ihrem Leben zu verändern.

»Ich habe mich für das Peace Corps angemeldet.«

»Ich habe den Nein-zur-Gewalt-Pakt unterschrieben.«

»Ich gehe regelmäßiger zu den monatlichen Meditationen.«

»Ich habe sofort angefangen, mich nach einem Raum für eine eigene Praxis in Energieheilung umzusehen. Und meinen Job im Krankenhaus aufgegeben.«

Möglicherweise hat dieses Intentionsexperiment auf breiter Ebene dazu geführt, dass die Menschen sich daran erinnert fühlten, wozu wir wirklich auf der Welt sind. Das Gefühl der vollkommenen Einheit, das in diesem großen Kreis von Menschen spürbar wird, die zusammen beten, gibt ihnen das Gefühl, gebraucht zu werden. Das Gefühl, dass im Universum alles »Sinn und Ordnung hat und dass er oder sie darin seinen/ihren Platz hat«, wie es die Sozialwissenschaftler Deirdre Meintel und Géraldine Mossière von der Universität Montreal beschreiben.[94] Ich fragte mich, ob die Heilwirkung, die meine Teilnehmer erfahren haben, damit zu tun haben konnte, dass bei dem Experiment ein umfassendes, vollkommenes Vertrauen entstanden war, dieses so selten gewordene Gefühl, dass das Leben uns liebt.

Vielleicht lag der Schlüssel zu den Heilerfahrungen ja tatsächlich im Gefühl des Vertrauens. James W. Pennebaker, Leiter der

Fakultät für Psychologie an der University of Texas, hat mehr als drei Jahrzehnte damit zugebracht, die Macht des Vertrauens zu studieren. Seine Arbeit zeigt deutlich, wie wichtig es ist, »sich zu öffnen«. Menschen, die einander so weit vertrauen, dass sie sich verletzlich zeigen können, haben ein aktiveres Immunsystem, ihr autonomes Nervensystem arbeitet besser, und ihr seelisches Wohlbefinden steigt. Sie gehen auch weniger häufig zum Arzt.[95]

Ich habe dies vor allem bei unseren Zirkeln zur Kraft der Acht beobachten können. Dabei erzählen die Teilnehmer den anderen durchaus von ihren gesundheitlichen Problemen. Daniel berichtete, was mit seiner Wirbelsäule passiert war, Rosa von ihrer Schilddrüse. Dabei müssen sowohl der Erzählende als auch der Zuhörende ein gewisses Maß an Vertrauen aufbringen, das an sich schon Heilkräfte entfalten kann. Pennebaker hat sich mit der sozialen Dynamik des Sich-Öffnens beschäftigt und betrachtet es als das eigentlich heilende Element in der Therapie, möglicherweise auch von Gebetszirkeln.[96] »Offenbarung«, meint Pennebaker, heiße letztlich, dass man jemandem seine Geschichte erzählt.

Was wir also in unseren Heilkreisen taten, war: Die Geschichte zu redigieren, gemeinsam die Details umzuschreiben, um ein positives Ende zu ermöglichen. Vielleicht bot ja der Gruppenprozess der Überarbeitung, die bloße Vorstellung, dass man die Geschichte seines Lebens (auch die Geschichte eines verwundeten Landes) neu schreiben konnte, Heilung für alle. Für die Protagonisten ebenso wie für jene, die den Stift in der Hand hielten.

....

12. KAPITEL

HEILIGES WASSER

Die Vorstellung vom medialen Internet machte mich mutiger in meinen Experimenten. Wenn wir dieses virtuelle Band bei den großräumigen Experimenten knüpfen konnten und es keine Rolle spielte, ob wir uns im selben Raum aufhielten, dann wollte ich wissen, ob wir diesen virtuellen Effekt auch in den Achtergruppen erzielen konnten. Dass sich virtuelle Verbindungen als stark erweisen konnten, hatte ich schon bei der »Intention der Woche« bemerkt. Was aber, wenn wir kleinere Gruppen bildeten, in denen die Kraft der Acht virtuell ausgeübt wurde, da die einzige Verbindung das Telefon war?

Ich fing an, mit Gruppen zu experimentieren, die sich in Webseminaren und über Konferenzschaltungen zusammenschlossen. Die Gruppenmitglieder waren dabei über die ganze Welt verteilt und nur telefonisch per Konferenzschaltung verbunden. Dies hatte den Vorteil, dass man die Seminarteilnehmer in Gruppen von mindestens zwei Leuten aufteilen konnte. Was innerhalb dieser Gruppe kommuniziert wurde, konnte auch nur diese Gruppe hören. An sechs aufeinanderfolgenden Samstagen leitete ich so jeweils 90-minütige interaktive Workshops. Ich begann mit einer Einweisung in das Konferenzsystem. Danach teilte Joshua, der während der Konferenz mein Moderator war, die Leute in

Kleingruppen mit jeweils acht Teilnehmern ein. Diese machten dann miteinander interaktive Intentionsübungen, wie wir sie in den Achtergruppen bei den Real-Life-Seminaren gewöhnlich durchführten.

Die Tatsache, dass die Gruppenmitglieder hier nur virtuellen Kontakt miteinander hatten, hatte keinerlei Auswirkung auf das Ergebnis. Die virtuellen Kraft-der-Acht-Gruppen berichteten die gleichen Effekte wie die Gruppen bei »Präsenzseminaren«: ein Gefühl der Verbundenheit, körperliche Auswirkungen, überwältigende Emotionen, das Gefühl, an etwas teilzuhaben, was größer war als sie selbst. Und die intensive Alltagserfahrung, von der Menschen berichten, die eine *unio mystica* erlebt hatten.

»Ich war mir so sicher, dass das alles möglich war. Ich war absolut zuversichtlich«, sagte Simone, die eine Gruppenintention für ihre Schilddrüse bekommen hatte. »Alles, was ich betrachtete, wirkte so ungeheuer schön. Die Bäume waren so leuchtend grün, der Asphalt schimmerte in dunklem Grau. Und ich hatte in mir diese absolute Gewissheit.« Auch in Bezug auf Ehepartner und Geschwister stellten sich dieselben positiven Gefühle ein. Alle hatten den Wunsch, Fremden offener zu begegnen. Die positiven Effekte zeigten sich sowohl bei den Empfängern als auch bei den Sendern der Intention:

»Ich hatte nach einem Schleudertrauma immer wieder mal Nackenschmerzen. Während der Sitzung wurde der Schmerz stärker, dann aber hörte er ganz auf.«

»Ich hatte oft Rückenschmerzen oder Schmerzen im Hüftgelenk. In den letzten beiden Wochen aber hatte ich null Schmerzen.«

»Meine Anämie ist verschwunden, und die Angstzustände sind weniger geworden.«

»Mein linkes Knie tut nicht mehr weh, wenn ich die Beine übereinanderschlage.«

»Mein Blutdruck, der immer sehr hoch war, ist seitdem ständig gesunken.«

»Der Schmerz in meiner Brust hat über Nacht nachgelassen.«

»Weniger Blähungen, weniger Verdauungsprobleme. Mein Reizdarmsyndrom hat sich massiv verbessert.«

»Während ich dem Empfänger die Intention sandte, spürte ich Energie in meinem Kopf, im Kiefer und im Nacken. Am nächsten Tag waren die Schmerzen im Kiefergelenk, die seit Ewigkeiten mal mehr, mal weniger stark auftraten, sehr viel geringer. Und das blieb auch so.«

Die virtuellen Achtergruppen meldeten dieselben Nachwirkungen wie die Teilnehmer des globalen Experiments: verbesserte Beziehungen, mehr Selbstakzeptanz, positive Veränderungen im eigenen Leben, ein starkes Gefühl für den Sinn des Lebens. Bei einem frühen Treffen mit ihrer Achtergruppe wünschte sich Hilde Palladino aus Oslo in Norwegen einen Buchvertrag mit einem großen Verlag für ihren ersten Jugend-Fantasyroman. Einen Monat später unterzeichnete sie einen Vertrag mit einem der größten Verlagshäuser des Landes.

Als ihre Onlinegruppe zusammenkam, erzählte Hilde nichts von ihren gesundheitlichen Problemen, die alle mit einer Krebserkrankung zusammenhingen. Bis ein anderes Gruppenmitglied über seine gesundheitlichen Schwierigkeiten zu reden begann. Erst da fühlte Hilde sich sicher. Sie steckte mitten in der Immuntherapie, die nach einer Chemotherapie nötig wird. Doch anfangs erzählte sie nur, sie leide unter Allergien. Sie wollte nicht, dass die Gruppe sie für eine Krebspatientin hielt. Schließlich teilte Hilde ihre Erfahrungen mit der Gruppe und bat sie, diese Probleme zum Gegenstand einer Intention zu machen. Innerhalb eines Monats konnte Hilde ihre Medikamente absetzen, die sie eigentlich zehn Jahre lang hätte einnehmen sollen. Ihre Ärzte sagten ihr, dass ihr

Körper die Krebstherapie erstaunlich gut wegsteckte und in kürzester Zeit wieder ganz gesund geworden war. »Ich habe mehr Energie, Ausdauer und Kraft als früher. Mein Gesundheitszustand ist sehr stabil«, berichtete sie.

Die Gruppe half ihr auch aus einer kurzfristigen Finanzklemme. Auf einer Geschäftsreise nach Schanghai wollte Hilde sich ein wenig verwöhnen und buchte ein Fünfsternehotel, obwohl es eigentlich mehr kostete, als sie sich im Moment leisten konnte. Hilde genoss den Aufenthalt und bezahlte mit Kreditkarte.

Kaum zu Hause, musste sie jedoch einige geschäftliche Rückschläge einstecken. Sie machte Kassensturz und merkte, dass ihr insgesamt 1500 Dollar fehlten. Also bat sie die Gruppe erneut um Hilfe. Man formulierte eine Intention, die ihr eine »Rückerstattung« oder ein »Geschenk« von 1500 Dollar bescheren sollte. Bald darauf entdeckte Hilde, dass der Preis für die Übernachtung, den sie bezahlt hatte, weit höher war als der aktuelle Onlinepreis. Sie rief im Hotel an und verlangte eine Erklärung. Der Manager meinte: »Offensichtlich ist uns da ein Fehler unterlaufen. Natürlich werden wir Ihnen die 1500 Dollar umgehend erstatten.«

Juliette aus Toulouse erlebte ebenfalls einige erstaunliche »Zufälle«, nachdem sie ihre Gruppe gebeten hatte, ihr mit einer Intention zu helfen. Ihr Anliegen war, die wegen einer Wirbelsäulenverletzung notwendige Reha mit ihrem Job und ihrem Wunsch, sich selbstständig zu machen, in Einklang zu bringen. Juliette hatte einen Chiropraktiker in Spanien ausfindig gemacht, der auf Fälle wie den ihren spezialisiert war. Leider hatte sie nicht die Mittel, regelmäßig dorthin zu reisen und das Hotel zu bezahlen. Bald stellte sich heraus, dass eine Freundin, mit der sie ein Projekt in Angriff genommen hatte, in ebendieser Gegend lebte. Die Freundin lud sie spontan ein, bei ihr zu wohnen. Dann rief ihr Bruder an, zu dem sie eigentlich schon seit Jahren kaum noch Kontakt hatte, und meinte, sie könne auch gerne seine Wohnung an der Costa Brava nutzen. Das Datum, das er ihr vorschlug, überschnitt sich mit dem Urlaub, den sie genommen hatte. Durch die Einladung ihres Bruders würde sie ihren Chiropraktiker regelmäßig sehen, ihre Projektpartnerin besuchen und häufig zum Schwimmen gehen können (was für die Reha-Maßnahme wichtig war). Und das Schönste war natürlich, dass sie ihren Bruder und seine Familie öfter sehen würde.

Daphne war Pianistin, hatte jedoch vor sechs Jahren ihren Beruf aufgeben müssen, weil sie Parkinson bekommen hatte. Sie bat ihre Gruppe um eine Intention, die ihr helfen würde, wieder ohne Probleme Klavier spielen und schreiben zu können. Einige Monate später konnte sie zwar nicht musizieren wie früher, doch immerhin schaffte sie es, täglich eine Stunde »ausdrucksvoll« zu spielen. »Und dieses Jahr«, meldete sie voller Begeisterung, »habe ich wieder selbst Weihnachtskarten geschrieben!«

All das war faszinierend, ja geradezu wundersam. Doch obwohl ich langsam Zweifel bekam, ob ein placebokontrollierter Doppelblindversuch mir wirklich sagen konnte, was in den virtuellen bzw. realen Achtergruppen vor sich ging, hing ich immer noch an der wissenschaftlichen Methode. Ich glaubte nach wie vor, dass man kein Ergebnis als signifikant einstufen würde, das nicht auf diese Weise im Labor erzielt worden war. Um nachzuweisen, dass sich bei den Teilnehmern wirklich etwas grundlegend änderte, brauchten wir ein einfaches globales Experiment, das sich leicht messen ließ. Diese Möglichkeit tat sich urplötzlich auf, als ich eine recht formale telefonische Anfrage bekam: »Dr. Masaru Emoto bittet um die Ehre, sich mit Ihnen in einer Stunde treffen zu dürfen.« Dieses Telefonat wurde zu mir durchgestellt, eine Stunde nachdem ich in Hamburg angekommen war, wo ich am nächsten Tag auf einer Konferenz im Marriott Hotel sprechen sollte.

Emoto sah sich selbst als den »Botschafter« des Wassers. Er glaubt, dass Wasser eine besondere Beziehung zu unserem Geist hat und dass wir uns selbst heilen würden, wenn es uns gelänge, das Wasser zu heilen. Wir hatten uns bis dato nie kennengelernt, doch die Arbeit des anderen jeweils interessiert verfolgt. Tatsächlich hatte er mich einmal gebeten, auf einer Konferenz in Spanien für ihn einzuspringen, als er krank war. Und er hatte mich in einer Videobotschaft ans Publikum als »verwandte Seele« vorgestellt.

Dr. Emoto traf im Restaurant ein mit einem ganzen Schwarm von Assistenten und Dolmetschern im Schlepptau. Nach einer ausführlichen formalen Vorstellung legte er mir seine kühnen Ideen dar. Er wollte seine Arbeit einen Schritt weitertreiben und am 22. März 2010, dem Weltwassertag der UNO, ein Globales Forum für Wasser und Frieden veranstalten. Geplant war dieses Event am Biwasee, dem »Muttersee« Japans. Der Biwasee ist eines der ältesten Binnengewässer der Welt. Er versorgt 14 Millionen Japaner mit Wasser, wird jedoch seit 1983 durch die wachsende Urbanisierung des Landes und die Einleitung von privaten und industriellen Abwässern zunehmend verschmutzt. Die Population der Mikroorganismen im See änderte sich, was u.a. zu regelmäßigen Ausbrüchen von Algenblüte führte. Er hoffte nun, mich zu einem gemeinsamen internationalen Intentionsexperiment zu bewegen, das zeigen sollte, dass heilende Gedanken den stark verschmutzten See reinigen konnten.

Die Zeremonie am Biwasee sei hochgradig symbolisch, meinte Emoto. Sie solle beweisen, dass wir die Lösung dieser Probleme angehen konnten, indem wir »den Aspekt des Wassers einbeziehen, der mit unserem Geist, unseren Gedanken und Emotionen verbunden ist«.

Ich fand, das hörte sich gut an. Einige Bedenken aber hatte ich doch. Zum einen hatte ich eigene Pläne, was die Reinigung verschmutzten Wassers anging: Gary Schwartz und ich hatten Überlegungen angestellt, ob man sich nicht auf einige der Organismen in verschmutztem Wasser konzentrieren und sie in eine unschädliche Form überführen könnte. Das war keineswegs so weit hergeholt, wie es sich anhörte. Eine Reihe von Laborexperimenten zeigte, dass positive Intentionen die Mutation von schädlichen Kolibakterien *(Escherichia coli)* fördern und negative Intentionen sie hemmen konnten.[97] Selbst Bakterien waren also empfänglich für die Macht der Gedanken.

Meine größte Sorge allerdings war das Ausmaß der Herausforderung. Wasser ist die häufigste Substanz auf dem Planeten. Es stellt das zweithäufigste Molekül (nach Wasserstoff) und ist eine Heimsuchung für Wissenschaftler, selbst für solche, die täglich damit zu tun haben. Dieses scheinbar so einfache Molekül, bei dem auf jedes Sauerstoffatom zwei Wasserstoffatome kommen, täuscht darüber hinweg, dass es absolut einzigartig ist. Wasser ist ein chemischer Anarchist, es verhält sich anders als jede andere Flüssigkeit in der Natur.[98] Es weist nicht weniger als 72 physikalische, materielle und thermodynamische Anomalien auf und hat sicher noch einige unentdeckte Überraschungen auf Lager. Wasser gehört zu den geheimnisvollsten Substanzen überhaupt, weil es aus zwei Gasen besteht, doch unter normalen Druck- und Temperaturverhältnissen flüssig ist. Wasser in gasförmigem Zustand gehört zu den leichtesten Gasen überhaupt und weist in flüssigem Zustand eine höhere Dichte auf als in festem. Heißes Wasser verhält sich anders als kaltes. Es gefriert schneller als kaltes Wasser. Die Dichte von Eis steigt, wenn man es erhitzt, und sinkt, wenn es schmilzt. Wasser hat einen ungewöhnlich hohen Schmelz- und Siedepunkt. Und man könnte diese Liste in schlechtem Betragen beinahe endlos fortsetzen.[99]

Wasser liefert den Großteil unserer Physis. (Der Mensch besteht zu 70 Prozent, Pflanzen zu 90 Prozent aus Wasser.) Von all

KRAFT DER ACHT

unseren Molekülen stellt Wasser das Hundertfache der Menge aller anderen Moleküle zusammen. Es bedeckt drei Viertel unseres Planeten, und das Leben auf der Erde wäre ohne Wasser unmöglich. Und trotzdem wissen wir immer noch nicht genau, wie es sich verhält. Alle Versuche, das Verhalten von Wasser modellhaft vorherzusagen, scheitern regelmäßig. Als Wissenschaftler können Sie Ihr ganzes Leben dem Wasser verschreiben – und es gibt nicht wenige Forscher, die das tun – und trotzdem das Gefühl haben, nichts zu wissen.

Der Biwasee war sicher das perfekte Zielobjekt für unser erstes Live-Experiment zur Heilung eines Aspektes unserer Umwelt, doch ich wollte zuerst ein paar grundlegende Experimente durchführen, bevor ich mich auf so eine große Sache einließ. Das hatte seinen Grund: Bis zu diesem Zeitpunkt waren die einzigen Intentionsexperimente, die kein positives Ergebnis geliefert hatten (insgesamt drei), solche, bei denen das Zielobjekt Wasser war.

Bei unseren ersten Versuchen mit Wasser, die ich mit Konstantin Korotkov durchführte, hatte ich Rustum Roy kennengelernt, Materialwissenschaftler an der Pennsylvania State University und wohl einer der weltweit führenden Wasserexperten. Rusty Roys Qualifikation stand außer Frage: Er hatte mehr als 600 wissenschaftliche Veröffentlichungen aufzuweisen, die thematisch von der Glaskeramik über Diamantbeschichtung bis hin zu Nanokompositmaterialien reichten.

Als ich ihn kennenlernte, war er das dienstälteste Mitglied der US National Academy of Engineering. *Newsweek* hatte ihn einmal den »führenden Querdenker« unter den amerikanischen Wissenschaftlern genannt. Nachdem Rusty eines seiner recht leidenschaftslosen Gutachten vor dem Komitee für Wissenschaft, Technologie und Forschung des US-Kongresses präsentiert hatte, erhoben die Abgeordneten sich und ließen zum ersten Mal seit 16 Jahren einem Wissenschaftler stehende Ovationen zuteil-werden.

Eines der Themen, für die er sich begeistern konnte, war seine bahnbrechende Veröffentlichung über strukturiertes Wasser. Rusty und seine Co-Autoren hatten alle Forschungsarbeiten zum Thema »strukturiertes Wasser« zusammengetragen und waren zu dem Schluss gelangt, dass die kleinen H_2O-Molcküle selbst für das anarchische Verhalten des Wassers verantwortlich sind, genauer gesagt ist es ihre Art, sich zu Clustern zusammenschließen.[100]

Wenn es um die »Struktur« des Wassers geht, ist damit seine Anordnung im dreidimensionalen Raum gemeint, das Gefüge der individuellen H_2O-Moleküle, die sich zusammengruppieren wie endlos variierbare Legosteine. Diese Cluster bleiben für eine gewisse Zeit stabil, die von einem Sekundenbruchteil bis zu mehreren Wochen reichen kann. Plato glaubte, dass Wasser ein Ikosaeder sei, ein geometrischer Körper, dessen Oberfläche sich aus 20 gleichseitigen Dreiecken zusammensetzt. 2500 Jahre später stimmen ihm einige wissenschaftliche Pioniere zu, nachdem sie entdeckt haben, dass die Cluster dieser Moleküle bei keiner Wasserprobe genau gleich ausfallen. So haben heiße Wasserproben eine andere Legostruktur als kalte. Manche Wasserproben enthielten Cluster von mehreren Hundert Molekülen. Kleine Cluster können ihrerseits wieder Cluster bilden, sodass es zu symmetrischen Clustern von 280 Molekülen kommt. Sie können sich auch mit anderen Clustern zu einem komplexen subatomaren Mosaik zusammenschließen.

Rusty erklärte mir, der »Klebstoff«, der diese Wassermoleküle kurzfristig zusammenschmiede, seien nicht die Bindungen zwischen den einzelnen Atomen, sondern die sehr schwache Wechselwirkung zwischen den einzelnen Legosteinen.[101] Diese Verbindungen gehen auf Wasserstoffbrücken und Van-der-Waals-Kräfte zurück, benannt nach dem holländischen Physiker Diderik van der Waals. Dieser fand heraus, dass Atome und Moleküle sich gegenseitig anziehen bzw. abstoßen können, je nachdem, wie die elektrische Ladung verteilt ist. Diese Eigenschaft ermöglicht es bestimmten Gasen, zu Flüssigkeiten zu werden.

»Es sind diese sehr schwachen Wechselwirkungen, die möglicherweise dafür verantwortlich sind, dass Wasser so leicht seine Struktur ändern kann. Das wiederum könnte das gute halbe Dutzend Anomalien im Verhalten des Wassers erklären«, schrieb Rusty mir. »In ihrer subtileren Form (die der Van-der-Waals-Kräfte) könnten diese schwachen Wechselwirkungen auch den Strukturwandel durch elektrische bzw. magnetische Felder ermöglichen, ja überhaupt durch jedwede Art der Strahlung, zu der man auch sogenannte feinstoffliche Energien rechnen könnte« – wie zum Beispiel Gedanken.

Die Vorstellung, dass Wassermoleküle eine Struktur haben, wird keineswegs von allen Wissenschaftlern akzeptiert. Wie Rusty jedoch überzeugend meint, ist es die Struktur eines Stoffes, nicht seine Zusammensetzung, die über dessen Eigenschaften entscheidet. Ändert sich die Struktur, kann sich auch der Stoff selbst verändern, ohne dass die Zusammensetzung davon berührt wäre. Ein wunderbares Beispiel dafür sind Diamant und Grafit. Beide haben die gleiche Zusammensetzung, und doch gehört der Diamant zu den härtesten Substanzen der Erde, während Grafit zu den weichsten gehört. Der Unterschied wird letztlich von den Bindungen der Moleküle bestimmt.

Als ich Rusty traf, hatte man ihn gerade für einen Dokumentarfilm über das Wasser interviewt. Ein Künstler hatte eine grafische Illustration von strukturiertem Wasser angefertigt. Gewöhnliches Wasser wird dargestellt als asymmetrischer Cluster von Molekülen, ein bisschen wie ein Rad, an dem einige Speichen gebrochen sind. Das strukturierte Wasser in der Darstellung des besagten Künstlers aber bildete zwei vollkommene konzentrische Kreise. Im strukturierten Wasser verhielten die Moleküle sich wie brave Schulkinder, die um einen runden Tisch versammelt sind.

Rusty zufolge ließ sich strukturiertes Wasser produzieren, indem man es verschiedenen Formen von Energie aussetzte: Hitze, Licht, Klang, Strahlung und – wie Rusty selbst glaubt – Gedankenkraft. So seltsam das klingen mag, es gibt dafür Belege. Kanadische Studien untersuchten Wasser, das zum Pflanzengießen verwendet wurde. Wenn Heiler auf dieses Wasser ihre positiven Intentionen richteten, dann veränderte sich die Wasserstoffbrückenbindung zwischen den einzelnen Molekülen auf dieselbe Weise, wie dies beim Anlegen eines magnetischen Feldes geschieht.[102] Russische Forschungsarbeiten hingegen zeigen, dass bei Wasser, auf das man heilende Energie richtet, die kristalline Mikrostruktur der Bindung zwischen Wasserstoff und Sauerstoff verzerrt wird.[103]

Als wir am Brainstorming für das Experiment saßen, erklärte Rusty mir, dass strukturiertes Wasser sich auch im gesunden Körpergewebe findet. Dieses Wasser macht das Gewebe vielleicht erst gesund, da sich Mineralstoffe darin besonders leicht lösen. Gleichzeitig bestünde Wasser aus Heilquellen meist aus strukturiertem Wasser. »Das scheint die strukturelle Eigentümlichkeit unterschiedlichster Heilwässer zu sein, ob sie nun aus Heilquellen stammen oder ob es sich um kolloidale Silberlösungen handelt, die weltweit eingesetzt werden«, schrieb er später. »Lass uns doch überprüfen, ob wir die Struktur des Wassers so verändern können, das es diesen Heilquellwassern gleicht«, schlug er mir vor.

Ich brauchte eine Weile, bis mir klar wurde, was Rusty mir da vorschlug. Unser Experiment sollte gewöhnliches Leitungswasser zum Äquivalent des Quellwassers aus Lourdes machen.

....

Wir beschlossen, unser Wasserexperiment mit Rustys Laborteam an der Pennsylvania State University durchzuführen. Obwohl Rusty und andere Materialwissenschaftler bei der Beschaffung geeigneter Messgeräte, die Veränderungen in der Struktur des Wassers sichtbar machen könnten, behindert wurden, glaubte Rusty, dass ein Raman-Spektrometer empfindlich genug wäre, diese sichtbar zu machen.

1928 hatte ein Physiker namens Chandrasekhara Venkata Raman entdeckt, dass Licht, wenn es durch Festkörper geleitet wird, streut und dass ein kleiner Teil des Streulichts eine andere (gewöhnlich niedrigere) Frequenz aufweist als die ursprüngliche Lichtquelle. Der Raman-Effekt wird normalerweise verursacht von feinen Veränderungen in der Molekülschwingung. Die Messung der Eigenschaften des Streulichts kann wichtige Aufschlüsse darüber gegeben, wie das Wasser strukturiert ist – zum Beispiel, welchen Schwingungszustand die Wasserstoffbindung an den Sauerstoff aufweist. Durch die Untersuchung der Veränderung in Intensität und Form der Molekülbindung kann der Wissenschaftler feststellen, ob sich die Struktur des Wassers geändert hat. Ich wollte das Raman-Spektrometer unbedingt ausprobieren, denn ein Messgerät zu verwenden, das von der Wissenschaftlergemeinde allgemein anerkannt wird, würde unsere Ergebnisse unangreifbar machen.

Wassermoleküle sind ständig in Bewegung – wie ein Mensch, der im Fitnessstudio die unterschiedlichsten Hantelübungen macht. Stellen Sie sich das einzelne Sauerstoffatom in jedem Wassermolekül als Ihren Kopf vor. Die beiden Wasserstoffatome sind Ihre Arme. Die Richtung der Schwingung nun wird bestimmt davon, wie Sie Ihre Arme nach vorne bzw. zur Seite bewegen. Sie können die Arme auch in einer Scherenbewegung über Ihrem Kopf schwingen. Dabei können der rechte und der linke Arm sich gleichzeitig oder nacheinander bewegen. Taucht man das Raman-Spektrometer in Wasser, sendet es einen Laserstrahl aus und »zählt« die Anzahl der Infrarot-Photonen, die vom Messgerät wieder aufgefangen werden. Gewöhnlich steigt oder sinkt die Energie der Laser-Photonen, je nachdem, wie die Wasserstoff-»Arme« sich bewegen. Auf einem Graphen zeigt sich dies gewöhnlich durch vier klar erkennbare Häufungen in der Verteilung.

Forschungsarbeiten an der Tsinghua-Universität in Beijing hatten Rusty auf die Idee gebracht, mit dieser Technik zu arbeiten.[104] Dort wurden Tests mit Dr. Yan Xin, Chinas bekanntestem Qigong-Meister, durchgeführt, bei denen untersucht wurde, welche Auswirkungen es auf eine Wasserprobe in einem 1000 Kilometer entfernten Labor hatte, wenn man ihr Qi, Lebensenergie, schickte. Nachdem Xin seine Intention ausgesandt hatte, zeigten sich unerklärlich hohe Energieausschläge aus langwelligem Infrarotlicht. Das ließ vermuten, dass Xins Qi die molekulare Struktur des Wassers beeinflusst hatte.

Nachdem Rusty von diesem Experiment gelesen hatte, hatte er selbst einige Experimente mit Qigong-Meistern durchgeführt, inwieweit sich der pH-Wert von Wasser beeinflussen ließ. Doch die Ergebnisse waren nicht überzeugend. Und so gelangten er und sein Team zu der Ansicht, dass sie, um die Energie heilender Intentionen sichtbar zu machen, feinere Messgeräte brauchten.

Für unser eigenes Experiment bereitete Rusty vier Glasbecher vor, die mit A, B, C und D bezeichnet und mit Wasser gefüllt wurden. Drei davon sollten uns als Kontrolle dienen. Becher A wurde im Labor am Ende des Ganges platziert. Becher B kam in einen Behälter aus Mu-Metall, der niederfrequente Magnetfelder abschirmt. Becher C wurde in etwa 1,80 Meter Entfernung vom eigentlichen Experiment aufgestellt. Dann führte das Team die Raman-Sonde in das Wasser in Becher D ein. An diesem Becher wurde nun eine Stunde lang alle zehn Minuten eine Messung durchgeführt. Ein langes Kabel verband die Sonde mit einer hochsensiblen CCD-Kamera, die die Raman-Streuung der Moleküle aufnehmen sollte, während rotes Laserlicht auf das Wasser gerichtet wurde. Das Team nahm solche Messungen auch an den drei Kontrollbechern vor und jeweils vor und nach der der einstündigen Messung des Wassers in unserem Kontrollbecher.

Die Vorstellung, die Struktur von Wasser zu verändern, ist so abstrakt, dass es nicht leicht war, eine Formulierung für die Intention zu finden, die ein Laienpublikum sofort verstehen konnte. Das war eine weit komplexere Aufgabe als die Konzentration auf »Wachstum« bei den Gerstenkornexperimenten. Die Wissenschaftler von der Pennsylvania State University schlugen vor, wir sollten unserem Publikum eine blaue Kurve zeigen, die die molekularen Schwingungen in »normalem« Wasser zeigte – eine gerade Linie mit einem kleinen Huppel, der sich dann zu einem Doppelhöcker ähnlich einem Kamelrücken ausformte. Wir baten unsere Teilnehmer nun, die Messung des Wassers so zu beeinflussen, dass sie einer zweiten, grünen Linie folgte, die zwar denselben Doppelhöcker aufwies, sich aber weniger hoch aufschwang als die blaue Linie. Diese sollte die molekularen Schwingungen von als »heilsam« erachtetem Wasser darstellen. Im Grunde baten wir unsere Teilnehmer, das Licht zu »dimmen«, das aus dem Wasser herauskam.

Als Rusty und seine Kollegen, Dr. Manju Rao und Dr. Tania Slawecki, die Resultate, die die Raman-Sonde geliefert hatte, prüften, stellten sie fest, dass das Licht in dem Zielobjekt-Glas tatsächlich heruntergeregelt worden war. Dies zeigte sich als klarer Abfall der Intensität (Höhe) des Doppelhöckers. Dabei wurden die ersten starken Einflüsse schon sichtbar, während wir in unsere Kraft gingen und zu Beginn der zehnminütigen Intentionsübung. Dieser Intensitätsabfall sorgte dafür, dass die reale Messung sich während des gesamten Experiments der grünen Linie annäherte. Eine Stunde später kehrte sie zu ihrem ursprünglichen Zustand zurück. Dies war der Zeitrahmen gewesen, den unsere Intention gesetzt hatte. Diese Veränderungen zeigten sich überhaupt nicht in Becher A (am Ende des Flurs). In Becher B (in dem Mu-Metall-Behälter) und Becher C (1,80 Meter entfernt) zeigten sich zwar Resultate, doch nicht im selben Ausmaß wie beim Zielobjekt.

Die Wissenschaftler allerdings zweifelten an der Ausrüstung, sodass wir das Experiment nicht uneingeschränkt als Erfolg verbuchen konnten. Als das Team um Rusty eigene Studien mit Qigong-Meistern und Heilern durchführte, hatte man festgestellt, dass die Probanden ebenfalls Strahlung aussandten, die das Raman-Spektrometer auffing. Als Rusty das Experiment mit dem Qigong-Meister selbst durchführte, fing der pH-Wert des Wassers an zu oszillieren, kurz bevor der Meister eintraf. Doch auch hier konnten die Wissenschaftler nicht genau sagen, ob dies auf das Qi des Meisters zurückging oder ob die Ausrüstung Zicken machte.

Wir konnten jedenfalls nicht ausschließen, dass wir das falsche Messgerät benutzten, da wir nicht mal sicher sein durften, ob das uns zur Verfügung stehende Gerät empfindlich genug war, den Strukturwandel von Wasser verlässlich und ohne Aussetzer zu messen.

Natürlich konnten auch Umwelteinflüsse eine Rolle spielen. Um 17 Uhr abends ging nämlich ein Gewitter über der Region nieder. Tania fragte sich, ob sich nicht dadurch so starke Veränderungen ergeben hatten. »Vielleicht lag es am fallenden Luftdruck und an den freien Ionen in der Luft, dass unsere entionisierten

Wasserproben nicht so stabil waren, wie sie hätten sein können«, schrieb sie mir später.

Es konnte natürlich auch sein, dass Intentionen nicht auf die Struktur von Wasser wirken oder dass sich die Struktur von Wasser nicht verändern lässt. Die Veränderungen, die wir gemessen hatten, meinte Tania, seien so, als hätten wir den Strahl einer Taschenlampe an der Wand gesehen und beobachtet, wie während der Zeit, als wir die Intention aussandten, das Licht immer trüber wurde. Der Lichtkegel könnte auch dunkler geworden sein, weil die Batterie sich allmählich entlud. Die Wand muss sich deshalb nicht verändert haben. Wir mussten die Möglichkeit berücksichtigen, dass unsere ursprüngliche These falsch sein konnte. Leider gab es keine Möglichkeit herauszufinden, welche Vermutung nun richtig war. Ein bisschen wie bei der Überlagerung von Quanten-Zuständen. Jeder einzelne konnte real sein, aber auch alle zusammen.

Zu guter Letzt beschlossen Rusty und sein Team, dass trotz der positiven Resultate das Raman-Spektrometer kein ausreichend stabiles Messgerät war und man daher eine bessere Ausrüstung brauchte.

Eines aber sei sicher, meinte Rusty, und das war letztlich das Verwirrendste: Was das Timing und die Wirkung anging – die Eintrübung des Lichts im Raman-Spektrometer, die exakt zu jener Zeit stattfand, als wir unsere Intentionen aussandten –, *so hatte sein Labor noch nie zuvor ähnliche Resultate gemessen.* Es konnte also gut sein, dass wir die Sonde oder die Wasserprobe irgendwie beeinflusst hatten, auch wenn wir nicht wussten, was dieses »irgendwie« genau war.

....

13. KAPITEL

LÖCHRIGE EIMER

Während das Team der Pennsylvania State University noch nach neuen Wegen suchte, wandte ich mich erneut an Gary Schwartz. Wir überlegten gemeinsam, was in den frühen Experimenten mit dem Keimen von Gerstenkörnern und mit Korotkovs Wasser-Intentionsexperiment funktioniert hatte. Und warum sollte man beides nicht kombinieren können zu einem Wasser-Keim-Experiment? Wir konnten ja die Intention »Wachstum« auf das Wasser richten, nicht direkt auf die Samen.

Für eine solche Vorgehensweise gab es wissenschaftliche Vorläufer. Forschungsarbeiten zeigten, dass die psychische Verfassung eines Menschen, wenn er einen Becher Wasser in der Hand hält, sich auf die damit gegossenen Pflanzen auswirken kann. Der Biologe Bernard Grad hatte ein kleines Experiment durchgeführt, bei dem Gerstenkörner mit Salzwasser gegossen wurden, welches im Normalfall deren Wachstum hemmt. Doch er hatte Salzwasser verwendet, das in einem Glasfläschchen steckte, auf das mehrere Personen ihre Intentionen gerichtet hatten: ein Mann mit einem grünen Daumen und zwei depressive Patienten. Am schnellsten wuchsen die Pflanzen, die mit dem Wasser des Gärtners aus Leidenschaft gewässert wurden. Dann folgten die Pflanzen einer depressiven Patientin, die sich für das Experiment begeistert hatte.

Die am langsamsten wachsenden Pflanzen waren die des Patienten mit schweren Depressionen.[105] Das Experiment war klein angelegt, doch es ließ den Schluss zu, dass die innere Haltung eines Menschen das Wasser beeinflussen konnte und letztlich alles, was damit gegossen wurde.

Bei unserem ersten Wasser-Keim-Experiment zählte Gary folgendes Ergebnis: Die 30 Samen, die mit Wasser der Wachstum-Intention gewässert worden waren, waren mehr als einen Millimeter höher als die 90 Kontrollsamen, die mit Kontrollwasser gegossen worden waren (4,77 cm versus 4,66 cm). Die statistische Analyse ergab einen Wert an der Grenze zur Signifikanz.[106]

Doch wir konnten noch ein höchst interessantes Phänomen beobachten. Gewöhnlich gibt es bei jedem Keimexperiment Samen, die nicht sprießen wollen. Bei diesem Experiment trieben 90 Prozent der Samen in den Kontrollgruppen aus, in der Zielobjektgruppe mit dem Intentionswasser aber keimten durchweg alle Samen.

Das waren durchaus ermutigende Resultate, aber ich war mit Gary einer Meinung: Wir sollten es vor dem Biwa-Experiment langsam angehen lassen. Wir beschlossen, noch ein Experiment vorzuschalten, das wir »Reines-Wasser-Experiment« tauften. Diesmal würden wir wieder zur Grundlagenforschung zurückkehren. Wir würden messen, ob wir verändern konnten, wie ein Lichtstrahl das Wasser durchdringt, und ob eine eventuelle Veränderung von einer hochsensiblen Kamera aufgefangen werden konnte. Im Grunde war dies nur eine andere Methode, um zu überprüfen, ob wir auf die Clusterstruktur des Wassers einwirken konnten.

Zu jener Zeit setzte Gary sein Gasentladungs-Visualisations-Verfahren (GDV) vermehrt dazu ein, Wasserproben zu untersuchen. Er stellte dabei fest, dass unterschiedliche Reinheitsgrade jeweils andere Muster ergaben. Mineralwasser und Leitungswasser zum Beispiel sahen mit dem GDV ganz unterschiedlich aus. Mineralwasser zeigt einen großen inneren »Wassertropfen«, d.h. einen größeren strahlenden Bereich im Inneren, und eine viel kleinere und glattere äußere »Aura« als Leitungswasser. Das Bild, das Leitungswasser unter GDV liefert, ist sehr diffus, ein bisschen wie der Mond an einem ausgesprochen nebligen Abend. Da Gary also ohnehin gerade Wasser untersuchte, würden wir unsere Teilnehmer bitten, das Leitungswasser durch ihre Intention so zu verändern, dass es Mineralwasser glich. Das war eine Intention, mit der unser Publikum sicher etwas anfangen konnte.

Garys Labortechniker Mark füllte vier Petrischalen mit Leitungswasser, fotografierte jede Schale und schickte mir diese Bilder per E-Mail. Dann ließ man die Petrischalen an einem sicheren Ort fünf Tage stehen bis zum Tag des Experiments, damit sie alle denselben energetischen Fingerabdruck aufwiesen. Wasser ist ein Stoff, der ständig in Bewegung sein muss. Wenn das Wasser in Flüssen, Seen oder Mooren stagniert und nicht mehr frei fließen kann, wird es zur Brutstätte für Bakterien und andere Organismen wie Algen. Ebendas war im Biwasee passiert.

Mark machte die Aufnahmen mit dem GDV-Verfahren, und tatsächlich sahen die vier Petrischalen darauf nahezu identisch aus. Alle hatten eine dicke, diffuse Aura rund um ein verschwommenes Zentrum. So sieht es aus, wenn Wasser stagniert.

Die beiden Experimente, bei denen wir stagnierendes Wasser klären wollten, klappten. Die vier GDV-Aufnahmen von den Wasserproben sahen vor dem Experiment alle sehr ähnlich aus. Nach der Intention aber zeigte sich die Aufnahme unseres Zielobjekts verändert. Die Region in der Mitte war größer geworden, die äußere Aura hatte an Dicke abgenommen und war glatter – das sah schon eher so aus wie der energetische Fingerabdruck von Mineralwasser. Die Wasserproben der Kontrollgruppe zeigten eine viel kleinere lichte Region im Zentrum, und die äußere Aura wirkte unruhiger.

Wir hatten also einen weiteren Schritt hin zum Beleg gemacht, dass gerichtete Intention Wasser beeinflussen kann, doch für mich wirkte das alles noch ziemlich theoretisch. Daher wollte ich, bevor wir uns zum Biwasee aufmachten, noch ein weiteres Experiment durchführen. Diesmal würden wir uns auf etwas konzentrieren, das die wissenschaftliche Gemeinde weltweit akzeptierte.

Der einfachste Weg, einen veränderten Reinheitsgrad festzustellen, ist die Messung des pH-Werts. Der pH-Wert des Wassers hängt von der Konzentration von Wasserstoffionen in der Flüssigkeit ab. Den Wert vergleicht man mit einem international festgelegten Standard und bestimmt dadurch, wie sauer oder alkalisch (laugenartig) das Wasser ist. Die Maßzahl 7 gibt dabei den neutralen Wert an. Je weiter der pH-Wert unter dieser Zahl liegt, desto saurer ist die Flüssigkeit. Je weiter er über 7 steigt, desto alkalischer ist sie. Der pH-Wert von Wasser bleibt gewöhnlich gleich. Außerdem lassen sich beim pH-Wert winzige Veränderungen von einem Hundertstel oder Tausendstel messen. Eine Veränderung um den Wert 1 wäre ein gewaltiger Sprung, für den höchstwahrscheinlich nicht eine falsche Messung verantwortlich ist. Wenn der pH-Wert Ihres Körpers sich um den Wert 1 ändert, dann sind Sie mit einiger Sicherheit tot. Und es gab auch schon vorher Versuche, den pH-Wert von Wasser durch die Kraft der Gedanken zu verändern: Der Physiker William Tiller von der Universität Stanford hatte ein Experiment durchgeführt, bei dem der pH-Wert von Wasser durch eine gerichtete Intention um den Wert 1 verändert werden sollte. Und er hatte Erfolg gehabt – in beiden Richtungen.[107]

Obwohl es beim Biwasee darum ging, den pH-Wert zu heben (um das Wasser aus dem sauren Bereich zu bringen), wollten wir zunächst den pH-Wert senken. Unser »Wasser zu Wein«-Experiment sollte den Teilnehmern – so kurz vor Weihnachten – Spaß machen. Die Teilnehmer sollten die Intention aussenden, den pH-Wert einer Probe aus gewöhnlichem Leitungswasser zu senken, damit es saurer wurde – mehr wie Wein. Wir führten das Experiment zweimal durch, und beide Male klappte es, auch wenn der Unterschied und unsere Teilnehmerzahl jeweils gering waren. Wir arbeiteten mit rund 1000 Leuten. Gary hatte für den pH-Wert eine kleine Skala gewählt und splittete die Darstellung der Messungen in Sekundenbruchteile auf, sodass selbst die geringste Veränderung deutlich sichtbar wurde. Auf dieser Skala zeigte sich, dass der pH-Wert unseres Zielobjekts durchgängig niedriger war als der in den Kontrollgruppen. Das Sinken des pH-Werts während der gerichteten Intention wurde begleitet von einem leichten, aber messbaren Sinken der Temperatur (im Vergleich zur Kontrollgruppe). Es war also etwas im Gange, obwohl wir eine Substanz, die von Natur aus eher zum Alkalischen neigt, in den sauren Bereich versetzten. Bei unserem Experiment am Biwasee aber würden wir im Einklang mit der Natur arbeiten und das Wasser in die Gegenrichtung beeinflussen.

Nun fühlte ich mich zu diesem Versuch auch bereit. Ich bat Konstantin Korotkov dazu, der ebenfalls zu den Rednern beim Globalen Forum für Wasser und Frieden gehörte, das Dr. Emoto veranstaltete. Wir würden das Experiment persönlich anleiten und mit den Teilnehmern der Konferenz arbeiten. Gleichzeitig sollte es online durchgeführt werden. Dafür hatten wir erneut eine eigene Webseite geschaltet, die von Copperstrings erstellt worden war. Am Sonntag, den 14. März, flog ich mit meinem Mann, meiner jüngsten Tochter Anya (damals 13) und ihrer Freundin Helen

nach Tokio. Einige Tage später nahmen wir den Hochgeschwindigkeitszug nach Kyoto und flitzten geradezu am Fudschijama
vorüber. In Kyoto nahmen wir einen Regionalzug zum Biwasee.
Dort empfing uns Dr. Emoto mit seiner Familie zum Galadinner
in der Biwako Hall, wo am nächsten Tag die Konferenz stattfinden
sollte.

Später am selben Abend erkletterten mein Mann und ich die
Felsen rund um den kabbeligen See. Die Märzluft war immer
noch kalt. Wir nahmen zwei Wasserproben in zwei verschiedenen
Gläsern, die unser Ziel- und Kontrollobjekt abgeben sollten. Wir
brachten die Proben zu Konstantin, der den pH-Wert bestimmte
und dann mit seinem GDV-Verfahren deren Lichtemissionen
maß. Zu dieser Zeit zeigten die Aufnahmen ein nahezu gleiches
Bild für beide Proben.

Nachdem Konstantin beide Gläser fotografiert hatte, schickte
er mir die Bilder per Mail. Ich ließ Anya und Helen auswählen,
welches Foto wir nehmen sollten. Dieses sandte ich dann zu unserem Webteam von Copperstrings in Indien. Das Team bereitete
alles vor für das Experiment am folgenden Tag. Wieder einmal
würden wir ein mediales Internet schaffen: das reale Ziel in Japan,
das Foto des Zielobjekts verbreitet von einem Webhost in Indien;
eine real anwesende Teilnehmergruppe in Japan, eine andere rund
um den Globus verteilt und nur virtuell zugeschaltet. Alles, was
uns verband, war dieses kleine Glas voller Wasser.

Um 12 Uhr mittags japanischer Zeit präsentierte ich das Foto
dem Publikum in Japan per PowerPoint, während simultan der
Webmaster in Indien das Bild auf unserer Intentionsexperi-
ments-Seite online stellte. Die Anweisung war für beide Gruppen
die gleiche: Senden Sie eine Intention, die den pH-Wert des Wassers heben soll, indem Sie sich dieses Wasser als Bergbach vorstellen. Ich zeigte auch eine Grafik, in der der pH-Wert sich wandelt:

von rot (sauer) hin zu blau (alkalisch). Ich bat das Publikum nochmals, den Zeiger auf der Skala nach rechts zu bewegen – was bedeutete, dass das Wasser alkalisch werden sollte.

Wir mussten nicht lange warten, bis wir erste Ergebnisse hatten. Konstantin konnte sie schon am Ende meiner Präsentation liefern. Nach unserer Intention hatte sich der pH-Wert im Zielobjekt beinahe um den Wert 1 gehoben. Auch auf den GDV-Aufnahmen war ein deutlicher Unterschied zum Kontrollwasser zu erkennen. Konstantin zeigte, dass es im Vergleich mit dem Kontrollwasser eine klare statistische Differenz bei der Signalstärke und der Intensität der Lichtemission gab. Da er das Wasser weiterhin im GDV untersuchte, stellte er fest, dass die Signalstärke erhalten blieb. Das hieß wohl, dass wir einen dauerhaften Effekt erzielt hatten.

....

Rusty Roy fand es spannend, dass Wasser eine historisch bedeutsame Rolle bei wichtigen Ritualen gespielt hatte: »Wasser war nicht nur lebensnotwendig, es wird seit alters mit Psyche, Intuition und Heilung in Verbindung gebracht«, schrieb er mir vor unserem gemeinsamen Experiment.

»Obwohl diese Verbindung von der modernen Medizin ignoriert wird, hat Wasser in vielen religiösen Traditionen eine besondere Bedeutung – bei der Taufe beispielsweise, bei Segensritualen oder Salbungen. Möglicherweise können solche Segnungen, wenn sie in liebender Absicht (Intention) gegeben werden, tatsächlich die Struktur – und damit die Eigenschaften – von Wasser verändern.«

Das hatten wir mit unserem Experiment leider noch nicht bewiesen. Doch ehe wir uns daranmachen konnten, erkrankte Rusty schwer und starb noch im selben Sommer. Trotzdem ging mir nicht mehr aus dem Kopf, was er gesagt hatte: In fast jeder religiösen Tradition spielte Wasser eine bedeutende Rolle. Es wusch nicht nur Unreinheit oder Sünde weg, sondern war auch mit Segen verbunden. Das aber würde bedeuten, dass viele religiöse und kulturelle Traditionen die skandalöse Vorstellung Dr. Emotos, Wasser könne Gedanken speichern, für absolut normal hielten.

....

Ich fing also an, mit meinen Kraft-der-Acht-Gruppen selbst formlos Experimente mit Wasser zu veranstalten. Schließlich gab es wissenschaftliche Belege, die vermuten ließen, dass Wasser wie ein Kassettenrekorder funktionieren konnte.

Meine Experimente hatten sich aus einer Präsentation entwickelt, die Dr. Melinda Connor von der University of Arizona durchgeführt hatte. Sie bat zehn Probanden unter unseren Zuhörern, sich doch eine halbe Stunde in Meditation zu versenken. Dabei sollte jeder im Geiste ein Wort (das etwas Konkretes, zum Beispiel einen Hund, bezeichnete) an ein kleines, mit Wasser gefülltes Glas von der Größe eines Babynahrungsgläschens, das vor ihm stand, schicken. Danach sollte jeder »sein« Wort auf ein Stück Papier schreiben, dieses falten, sodass der Begriff nicht sichtbar war, den Papierstreifen um das Glas wickeln und mit einem Gummiband festmachen. Dann verteilte ich die Gläser im Raum, teilte die Zuhörerschaft in zehn Gruppen ein und bat diese, von Glas zu Glas zu gehen, und intuitiv das Wort zu finden, das dem Wasser in den einzelnen Gläsern »eingeprägt« worden war.

Ganz egal, wo auf der Welt ich dieses Experiment durchführte, mindestens die Hälfte der Teilnehmer konnte wenigstens ein Wort der zehn »eingeprägten« Begriffe finden oder zumindest etwas,

was mit diesem Begriff in engem Zusammenhang stand. (Wenn das Wort »Hund« lautete, dann kam etwas wie »Knochen«.)

Als Peter einem Glas den Begriff »Barbecue« aufprägte, hatte Dorothy, die das Glas »zu lesen« versuchte, plötzlich eine Sinneswahrnehmung, die an einen auf dem Grill zubereiteten Burger erinnerte, während es Sara schrecklich heiß wurde, als strahle die Hitze von dem Glas aus.

Bei einem anderen Seminar in einem beliebten Retreatzentrum im texanischen Austin beschloss Janet, ihre Meditation im Wald hinter der Blockhütte abzuhalten, in der das Seminar stattfand. Während sie gerade dabei war, ihrem Glas ein Wort aufzuprägen, bekam sie plötzlich Angst, dass sich dort Schlangen aufhalten könnten. Da sie wusste, dass das Wasser das Thema vielleicht »behalten« würde, wiederholte sie ein paarmal: »Denk nicht an Schlangen.«

Als dann die Teilnehmer gebeten wurden, ihr Glas zu »lesen«, gaben mehrere Personen an, dabei an etwas Langes, Glattes gedacht zu haben. Einige Teilnehmer identifizierten das Wort glattweg als »Schlange«. In einer ähnlichen Situation in einem Retreatzentrum in Costa Rica war Annika gerade dabei, dem Wasser den Begriff »Löwe« einzuprägen, als sie einen grünen Leguan sah, der sie erschreckte. Während der Lesephase dann kam Dimitri auf den Begriff »Löwenmähne«, einige andere Teilnehmer entschieden sich ebenfalls für Tiere. Diane aber, die den Leguan wohl spürte, schrieb »grüner Alligator«.

Obwohl das einwöchige Retreat in Costa Rica nur 19 Teilnehmer hatte, konnten wir dabei noch mehr außergewöhnliche Resultate verzeichnen als üblich. Unser erstes Wort war »Muschelhorn«, und vier der 19 Teilnehmer hatten: »Muschel«. Jolene schrieb: »Spirale«, Lissa »Trichter«. Dimitri zeichnete das Bild eines Muschelhorns, ohne zu wissen, was es war. Für »Nadel« las

Joao »Nadel«, Nancy »etwas Spitzes«, Lissa »etwas mit einer Spitze«, Jolene »Feder« und Dimitri »Stachelschwein«. Ein anderes Glas war mit dem Begriff »Tigerauge« geprägt worden, womit der Stein gemeint war. Einer der Teilnehmer las »Auge«, ein anderer »gelber Kreis«. Den Begriff »blauer Schmetterling« traf einer der Teilnehmer glatt, Will hingegen zeichnete die äußeren Umrisse eines Schmetterlings. Für »Krebs« kam einer auf »Fisch«, ein anderer auf »Qualle«. Lissa sah »scharfe Kanten«, Dimitri »scharfe Nägel«. Von den 19 Teilnehmern hatten bei neun Gläsern 14 mindestens einen Treffer zu verzeichnen, die meisten sogar mehr als einen. Dimitri und Kay lasen die eingeprägten Wörter von insgesamt vier Gläsern richtig aus.

Ich beschloss nun, das Experiment weiter voranzutreiben. Ich bat die Teilnehmer meiner Webseminare um Mitwirkung. Jedes Mal prägte ich einem mit Wasser gefüllten Glas von der Größe eines Babynahrungsgläschens einen Begriff ein und bat die Teilnehmer bei der Telefonkonferenz oder auf der Facebook-Seite, das Wort auszulesen.

Bei einer Telefonkonferenz hielt ich ein Glas hoch, dem ich das Wort »Banane« mitgegeben hatte. Als ich die Teilnehmer danach um ihre Ergebnisse bat, hatte etwa ein Sechstel Ergebnisse wie Banane, gelbe Frucht (einige sahen eine Zitrone) oder ein Objekt, das die Form einer Banane hatte:

»Ich sah das Bild einer Banane, roch auch den Duft geschälter Bananen, dachte an Bananeneis, roch und sah Bananenbrot vor mir, und es kamen noch mehr starke Bilder und Gerüche von Bananen.«

»Ich sah einen gelben, sichelförmigen Mond.«

»Eine von diesen Schweizer Weinflaschen, deren Konturen stark geschwungen sind.«

»Einen gebogenen Löffel, der aussah wie eine Banane.«

Ich versuchte es noch einmal mit dem Begriff »Stern«. In diesem Fall stellte ich mir einen Stern mit fünf Spitzen vor. Diesmal war es gut ein Fünftel der Teilnehmer, die das Wort errieten oder auf etwas mit derselben charakteristischen Form kamen.

»Ich sah das Bild eines Seesterns, der sich in den Himmel erhob und in einen Sternenregen zerplatzte.«

»Seestern mit fünf Armen.«

»Ein Stern und den Nachthimmel voller Sternschnuppen.«

»Fünfblättriges Kleeblatt, das aussieht wie ein Stern.«

»Die Zeichnung eines Sterns.«

Das Englische umfasst mehr als eine Million Wörter, drei Viertel davon sind Hauptwörter, sogenannte Nomen. Wenn Sie die abstrakten Begriffe herausnehmen und alles, was sich auf Menschen bezieht, bleiben immer noch 600 000 Wörter übrig. Die Chance, dass dies reiner Zufall war, lässt sich kaum korrekt ausdrücken. So viele Nullen gibt es gar nicht.

Das Experiment mit den Gläsern offenbarte Dinge, die noch beeindruckender waren als die Resultate der ph-Wert-Experimente. Das menschliche Bewusstsein scheint wie ein leckender Eimer zu sein, aus dem ständig Gedanken austreten, die alles durchdringen, angefangen bei anderen Menschen bis hin zu unseren Nahrungsmitteln. Vergessen Sie nicht, dass Pflanzen zu 90 Prozent aus Wasser bestehen, dass auch unser Körper zu gut 70 Prozent Wasser ist. Wenn wir Wasser bestimmte Informationen einprägen können und es anderen Menschen zu trinken geben, nehmen dann diese Gedanken Einfluss auf sie? Könnten vielleicht gar unsere Gedanken beim Zubereiten von Speisen die Menschen beeinflussen, die sie letztlich verzehren? Wie weit funktioniert das mit den »Bandaufnahmen« in unserem Alltag?

....

Sechs der sieben jüngeren Wasser-Intentionsexperimente hatten funktioniert. Wir hatten einen einfachen Beweis dafür erbracht, dass unsere Gedanken das Wasser verändern können, auch über große Entfernungen. Selbst wenn die Ergebnisse mager ausfielen und weniger dramatisch schienen als die, die wir mit den Wassergläsern in Seminaren und Webinaren erzielt hatten. Doch selbst diese winzigen Veränderungen waren bemerkenswert. Die Qualität des Wassers zu verändern und den pH-Wert um den Wert 1 ins alkalische Spektrum zu verschieben zeigt einmal mehr, wie sehr wir unsere Umwelt selbst schaffen.

Noch interessanter war für mich allerdings, was bei diesen großen Experimenten *nicht* geschah.

Ich hatte die Teilnehmer an den großen Wasserexperimenten hinterher befragt, aber es schien sich dabei nichts Ähnliches abzuspielen wie beim Friedensexperiment. Einige hatten vor Rührung geweint, andere hatten sich innig mit den anderen Teilnehmern vernetzt gefühlt, doch ihre visuellen Eindrücke beschränkten sich auf Petrischalen bzw. Gewässer rund um den Globus. Niemand schien eine so intensive Erfahrung des Abhebens gemacht zu haben wie die Teilnehmer des Friedensexperiments. Die Menschen, die dem Wasser ihre Intentionen sandten, hatten sich mit den Gewässern der Welt verbunden gefühlt. Einige hatten danach einen grundlegenden Optimismus entwickelt, was unsere Fähigkeit angeht, die Umweltverschmutzung zu beseitigen. Viele der Teilnehmer meinten, sie hätten sich eins gefühlt mit dem Wasser. Bei dem »Wasser zu Wein«-Experiment glaubten einige, den Wein förmlich schmecken zu können. In jeder anderen Hinsicht aber ging ihr Leben weiter wie zuvor. Die Teilnehmer empfanden inneren Frieden während des Experiments, aber auch dies veränderte nicht dauerhaft ihre innere Einstellung. Fast niemand berichtete von mystischen Erfahrungen oder tiefen Einsichten, wie dies während und nach dem Friedensexperiment passiert war. Der Großteil gab an, man habe sich am Tag des Experiments besser gefühlt, weil man etwas getan hatte, was dem Planeten helfen konnte (»Ich bin hoffnungsfroh, dass dies den Planeten im Allgemeinen wieder reinigen kann.«), hatte das Experiment aber gleich danach vergessen. Nur sehr wenige Teilnehmer durchlebten Veränderungen in ihren Beziehungen oder im eigenen Selbst. Niemand fühlte universelle Liebe oder den Drang, plötzlich Fremde zu umarmen. Niemand empfand einen neuen Lebenssinn. Ein Teilnehmer, der bereits bei früheren Experimenten mitgemacht hatte, sagte, die Wasserexperimente hätten sich ganz anders angefühlt: »Bei den Friedensexperimenten hatte es Fotos von Kindern gegeben. Ihre Augen haben mich angesprochen.«

Ich merkte allmählich, dass unsere Zielobjekte eine ganz bestimmte Eigenschaft aufweisen mussten, wenn es einen Rückkopplungseffekt geben sollte: Sie mussten Menschen sein.

....

14. KAPITEL

DIE TWIN TOWERS DES FRIEDENS

Derartige Rückkopplungseffekte traten auch in meinen Kraft-der-Acht-Gruppen auf. Lissa Wheeler schloss sich einer Achtergruppe an, weil sie einen Traum hatte – sie wollte ein Buch schreiben, einen Leitfaden, der Körpertherapeuten bei der Behandlung von Traumapatienten unterstützen würde. Nun war Lissa aber nicht gerade eine geborene Autorin. Als sie zu der Gruppe stieß, hatte sie mittlerweile den dritten Verlag kontaktiert und kämpfte mit Zweifeln, ob sie es überhaupt je schaffen würde, ein Buch zu veröffentlichen. Sie fand auch die Aussicht furchterregend, das Buch vermarkten oder in den sozialen Medien auftreten zu müssen. Lissa hatte einfach Angst vor negativen Kritiken.

Der Durchbruch gelang, als sie und ihre Gruppe ihre Intentionen auf Dinah richteten, die Unterstützung brauchte, weil sie ständig in Angst vor Geldnot lebte. Dinah hatte der Gruppe erzählt, sie würde gerne auswandern und einen Beruf ausüben, der nicht nur Broterwerb war.

Lissa und die anderen Gruppenmitglieder visualisierten, wie Dinah alle Unterstützung erhielt, die sie brauchte, um ihre finanziellen Probleme zu lösen. Tags darauf verspürte Lissa einen starken Drang, in einen bestimmten Laden zu gehen. Dort bemerkte sie einen alten Bekannten, der einmal Verlagslektor gewesen war.

Lissa nahm all ihren Mut zusammen, begrüßte ihn und erzählte ihm von ihren Schwierigkeiten mit dem Buchprojekt. Der Freund bot ihr an, sie unter seine Fittiche zu nehmen und ihr beim Schreiben zu helfen. Er machte sie auch mit einem neuen Verleger bekannt und mit einem Marketingfachmann. Dann nahm Lissa Kontakt zu einem Personal Coach auf, der ihr helfen sollte, ihre Zweifel abzulegen und das ganze Buchprojekt in realistische und realisierbare Schritte einzuteilen. Zehn Monate später veröffentlichte Lissa ihr Buch *Engaging Resilience*.[108] Gleich nach der Veröffentlichung stand es bei Amazon in zwei Kategorien auf Platz 1.

»Es war, als hätte ich den Fuß auf eine Unterstützungs-Rolltreppe gesetzt und diese hätte mich nach oben getragen«, schrieb Lissa mir über den Rückkopplungseffekt der Intention ihrer Gruppe. »Wir haben gar nicht so viele Intentionen gemacht, die sich mit meinem Buch beschäftigten – höchstens zwei vielleicht. Aber sich Woche für Woche zu treffen und sich Erfolg vorzustellen für die Menschen, auf die wir die Intention richteten, das war wie Muskeltraining für mich – ich lernte, meinen Möglichkeiten zu vertrauen.«

Viele Menschen in den Achtergruppen ließen sich so intensiv auf die Zielpersonen ein, dass sie denselben Effekt verspürten. Bei einem Seminar im Nahen Osten sandten wir eine Intention an Mahood, der unter Arthritis in der rechten Hüfte litt. Vier weitere Gruppenmitglieder, die ebenfalls Arthritis hatten, gaben an, sie hätten sich nach der Intentionsübung für Mahood selbst deutlich besser gefühlt.

Nun wollte ich den Rückkopplungseffekt mit einem größeren Experiment testen, und die jährlichen Gedenkfeiern zum Jahrestag von 9/11 boten ein geeignetes Zielobjekt. Wie die meisten Amerikaner hatte ich neun Jahre lang an jedem 11. September erneut den Schrecken durchlebt, den die Anschläge 2001 ausgelöst hatten. Auf allen Fernsehkanälen flimmerten die bekannten Bilder über den Schirm: der nahezu wolkenlose Septemberhimmel, das erste Flugzeug, das sich in den Nordturm bohrte, als hätte da jemand einen entsetzlichen Fehler gemacht, dann das zweite Flugzeug, das 17 Minuten später den Südturm traf und keinen Zweifel mehr ließ, dass das kein Unfall war; die Körper, die aus dem hundertsten Stock fielen, die Türme, die wie in Zeitlupe in einer Wolke aus schwarzem Staub einstürzten. Ein Bilderreigen, der das Vergessen verhindern sollte. Den Amerika immer wieder aufzufrischen für nötig hielt, um seiner Toten zu gedenken. Nun, da der zehnte Jahrestag nahte, war ich fest entschlossen, eine Alternative zu dieser Form des Gedenkens zu finden.

Die Idee, ein Friedens-Intentionsexperiment zum 11. September durchzuführen, kam mir bei einem zufälligen Treffen mit dem Freund eines Freundes am Miraval Retreatzentrum in Tucson, Arizona, wo ich an einer Konferenz teilnahm. Tadzik Greenberg, ein genialer Typ Anfang 30 mit Dreadlocks, kam in der Eingangshalle auf mich zu und stellte sich vor. Er sei der Gründer von »Planet Coexist«, einem Thinktank, der sich die Förderung des ökologischen und spirituellen Lebens weltweit auf die Fahnen geschrieben habe. Das Gespräch mit mir habe er gesucht, weil er und seine Freunde den zehnten Jahrestag der Anschläge mit einem riesigen Festival in Seattle feiern wollten, das er *One: The Event* nannte. Bei dem Ereignis sollten drei Tage lang weltweit die unterschiedlichsten Aktivitäten stattfinden, um diesen Tag der Angst in einen der Liebe, der Vergebung und ebender Einheit zu verwandeln. Gleichzeitig sollten in Seattle an der University of Washington und im Seattle Memorial Stadium Vorträge gehalten und Livemusik gespielt werden, die man dann mit Unterstützung zahlreicher Friedensorganisationen als Webcast in die ganze Welt übertragen würde. Oder wie die Organisatorin Laura Fox es ausdrückte: Man wolle »die Gezeiten der Angst und der Wut in eine Welle der Liebe und Harmonie verwandeln« und herausfinden, »was in unseren gegenwärtigen Systemen kaputt ist« und »was jeder Einzelne von uns tun kann, um unsere visionären Vorstellungen Wirklichkeit werden zu lassen«.

Tadzik hatte von unseren Intentionsexperimenten gehört. Genau so etwas hatte er gesucht, um *One* einen würdigen und friedvollen Abschluss zu geben. Ob ich denn interessiert sei? Ich starrte ihn an, wie er da in seinen zusammengewürfelten Patchwork-Klamotten und uralten Sandalen vor mir stand, und zweifelte ernsthaft daran, dass er und seine Kollegen ein so komplexes Ereignis organisieren konnten. Doch dann ratterte er eine ganze Reihe respektabler Organisationen herunter, die mitmachen würden: das ShiftNetwork, die Pachamama Alliance, Four.Years.Go, die Agape-Kirche und noch einige andere. Der Morgen verging, und allmählich überzeugte er mich – zu Recht, wie sich herausstellen sollte. Denn tatsächlich erwies sich Tadzik in den folgenden Monaten als geschickter Netzwerker.

Ich brachte Tage damit zu, das Intentionsexperiment so auszugestalten, dass es möglich würde, der Ereignisse auf positive Weise zu gedenken. Da fiel mir plötzlich Dr. Salah Al-Rashed ein. Er stammte aus einer bekannten arabischen Familie aus Kuwait und hatte das Human Potential Movement der humanistischen Psychologie mehr oder weniger im Alleingang in der arabischen Welt bekannt gemacht. Er hatte in Großbritannien und den Vereinigten Staaten studiert, und nachdem er seinen Doktortitel an der Eastern Michigan University erworben hatte, kehrte er nach Hause zurück und eröffnete ein Therapiezentrum, um weiterzugeben, was er im Westen gelernt hatte. Er bot dort auch Seminare und Ausbildungsprogramme zur spirituellen und persönlichen Entwicklung an. Außerdem war Salah ein bekannter Friedensaktivist, der sich zum Beispiel für den Frieden in Palästina einsetzte, als Leute in Positionen wie seiner noch nach Fortsetzung der Konflikte schrien. 2010 gründete er die Salam-Gruppe (Salam bedeutet »Frieden«), die mittlerweile mehrere Tausend Mitglieder in 40 arabischen Städten am Golf und im Gazastreifen hat, Städte wie Kairo, Riad und Abu Dhabi. Die Gruppen treffen sich einmal wöchentlich, im wirklichen Leben oder im Internet, und beten für den Frieden. Salahs eigene Bücher, darunter ein Roman über die Erleuchtung, sind in den Golfstaaten Bestseller. Nachdem er auch noch eine eigene Sendung im Fernsehen und im Radio bekam, konnte Salah, eine ungewöhnlich hochgewachsene Erscheinung mit Bart und Pferdeschwanz, in Kuwait buchstäblich nirgendwo mehr hingehen, ohne dass jemand ihn um ein Autogramm bat. Er ist in jeder Hinsicht der Deepak Chopra des Nahen Ostens. Wenn jemand die arabische Welt zur Teilnahme an meinem Friedensexperiment bewegen konnte, dann war er das.

Ich hatte ihn 2009 kennengelernt, nachdem er eines meiner Seminare besucht hatte. Danach kamen er und seine Frau Sarah, die das Therapiezentrum leitet, in mein Londoner Büro, um mich für das folgende Jahr nach Kuwait einzuladen. Wir waren begeistert von dem gut aussehenden Paar und willigten ein. Mein Mann wollte mich begleiten.

Dann aber hatte Bryan keine Zeit, und ich musste doch alleine reisen. Als ich im folgenden Februar am Flughafen in Kuwait City ankam, überfiel mich einen Moment lang die Panik. Ich suchte in der Menschenmenge – alles Männer in traditioneller arabischer Kleidung – nach Salah, seiner Frau oder nach jemandem, der ein Schild mit meinem Namen hochhielt. Schließlich hörte ich, wie jemand meinen Namen rief, doch als ich mich umdrehte, erkannte ich die Person nicht. In unserem Büro hatten Salah und seine Frau westliche Kleidung getragen, doch der Mann vor mir trug einen traditionellen Thawb und einen rot gewürfelten Schal um den Kopf, die Frau war von Kopf bis Fuß in Schwarz gekleidet, trug also Ganzkörperschleier (Abaya) und Gesichtsschleier (Niqab). Nur ihre Augen kamen mir bekannt vor.

Im Hotel angelangt, zeigte Salah mir den Raum, in dem ich am nächsten Tag meinen Vortrag halten sollte, und machte mich auf einige kulturelle Besonderheiten aufmerksam. »Die Männer werden alle auf einer Seite sitzen, die Frauen auf der anderen«, meinte er. »Strecken Sie einem Mann nie die Hand zum Gruß entgegen. Wenn Sie Übungen machen, achten Sie darauf, Männer und Frauen zu trennen. Und bitten Sie nicht darum, ein Mitglied des anderen Geschlechts irgendwie zu berühren. Um elf Uhr müssen Sie eine Pause machen, da müssen die Leute beten.«

Als ich am nächsten Tag an der Seite meiner Dolmetscherin, einer jungen Frau aus Syrien in einem langen grauen Mantel und einem Kopfschleier, den Konferenzraum betrat, sah ich links vor mir die Männer in Weiß und Rot und auf der rechten Seite, wo die Frauen saßen, einen einzigen schwarzen Block. Die Teilnehmer beiderlei Geschlechts waren hochgebildet – Ärzte, Anwälte und andere Angehörige der freien Berufe –, und sie kamen aus allen Nationen rund um den Persischen Golf, von Saudi-Arabien bis Palästina.

Ich sah mein Publikum an – intelligent, höflich, erwartungsvoll – und dachte darüber nach, was ich hier präsentieren wollte: die Macht der Gedanken über die eigene Wirklichkeit. *Das kann ja interessant werden.*

Doch schon nach dem ersten Tag war ich hingerissen von der Begeisterung, mit der diese modernen Ideen über aktuelle wissenschaftliche Konzepte und die Kraft der Intention aufgenommen wurden. Offensichtlich hatten meine Zuhörer den Eindruck, dass diese Ideen sich gut mit ihrer Religion vertrugen, deren unterschiedliche Aspekte in beinahe jedem Gespräch zum Ausdruck kamen. Während der Pause am Vormittag zogen die Männer sich in eine Ecke des Raumes zurück, hockten sich auf den Boden mit dem Kopf nach Mekka und fingen an, sich zu verneigen und zu beten. Danach nahmen sie still wieder ihre Plätze ein und hörten sich meine dezidiert westlichen Ideen an, auch jene Teilnehmer, die aus höchst konservativen Ländern wie Saudi-Arabien kamen.

Mein Publikum war unglaublich neugierig, aber die Person, die an diesen beiden Tagen am meisten lernte, war ich selbst: *Warum beten Sie um elf Uhr vormittags? Warum müssen Sie sich so stark verhüllen? Und was tragen Sie unter der schwarzen Kleidung?* (Antwort: Gucci.) *Reduziert diese Kleidung die Fälle von Vergewaltigung? Wie würden Sie den Konflikt zwischen der arabischen Welt und Israel lösen?* Die Teilnehmer begegneten meiner Neugier mit einer freundlichen Haltung. Sie waren dankbar, dass hier jemand versuchte, sie zu verstehen. Am Ende musste ich einen eigenen Koffer für all die Geschenke kaufen, mit denen man mich überschüttet hatte: das gerahmte Foto einer Teilnehmerin, die den Arm um mich geschlungen hatte; wunderschönen Schmuck aus Silber und Türkisen; Modelle traditioneller Schiffe aus Kuwait, das früher ein berühmter Hafen war; religiöse Symbole, darunter auch Souvenirs von der Kaaba, dem Allerheiligsten des Islam in Mekka.

Salah lud mich noch zu einigen Seminaren in Dubai und in der Türkei ein, und jedes Mal genoss ich das Zusammensein mit den Menschen dort. Seine Freunde waren der perfekte Gegenpol zu Al-Qaida.

Den Sommer über arbeiteten er und ich einen Plan aus. Wir wollten neue Twin Towers errichten, zum Symbol, dass Ost und West gemeinsam und solidarisch für den Frieden stehen. Es war Salahs Idee, das Experiment mit einer Entschuldigung aller

Araber gegenüber der westlichen Welt zu beginnen. Ich aber fand, dass sich dann auch der Westen entschuldigen müsse. Wie sehr Amerika sich auch im Recht gefühlt haben mochte, als man nach dem 11. September in Afghanistan einfiel – die Afghanen hatten jedenfalls weit höhere Verluste zu beklagen als wir. Die meisten Menschen im Westen wissen nicht, dass in Afghanistan gut 100 000 unschuldige Zivilisten getötet, verletzt, inhaftiert oder deportiert worden waren. Das alles für einen Krieg, den einige arabische Radikale angezettelt hatten, von denen die Afghanen ebenso terrorisiert wurden. Vorkämpfer für den Frieden wie mein Freund James O'Dea, früherer Leiter des Washingtoner Büros von Amnesty International, der als Beobachter bei öffentlichen Prozessen in Ruanda dabei war, hatten mich überzeugt, dass der schnellste Weg, zur Einheit zu gelangen, eine offene und öffentliche Entschuldigung für die Fehler der Vergangenheit ist.

....

Als wir unser Friedens-Intentionsexperiment zum 11. September planten, war mir wichtig, dass es ähnlich gestaltet sein würde wie das Friedensexperiment von 2008. Wir würden die Intention acht Tage lang täglich wiederholen. Auch unser Wissenschaftlerteam sollte sich nicht ändern: Gary, Roger und Jessica Utts.

Salah und ich waren uns einig, was das Zielobjekt anging: Afghanistan. Als wir unser Experiment planten, herrschte dort seit zehn Jahren Krieg. Die Provinzen Helmand und Kandahar, die beiden größten im Süden und Bollwerk der Taliban, hatten die höchsten Raten an Kriegs- und Terrortoten von allen Provinzen. Beide Provinzen hatten jüngst eine ganze Reihe von Autobomben und Selbstmordanschlägen erlebt. Da sie an Pakistan grenzen und der größte Opiummarkt der Welt sind, kommt es darüber hinaus zu Terroranschlägen von weiteren Gruppierungen. Gegen den »Krieg gegen den Terror« der NATO wehrten sich Taliban-Kämpfer und Stammeskrieger, die in den Opiumhandel verstrickt waren. Nachdem die NATO-Friedensgespräche mit den Taliban 2010 gescheitert waren und man neue Offensiven gestartet hatte, war die Gewalt auf einem Höhepunkt angelangt.

Copperstrings richtete für uns eine Web-Plattform ein, die letztlich der des Friedensexperiments von 2008 entsprach. Mit zwei Unterschieden: Wir würden die Webseiten sowohl auf Englisch als auch auf Arabisch anbieten. Und wir würden noch mehr Serverkapazität mieten, um sicher zu sein, dass die Auslieferung der Seiten unter keinen Umständen zusammenbrach. *One* wollte das ganze dreitägige Experiment im Internet übertragen, und so stellte Tadzik den Kontakt zu einer Frau her, die gerade eine Internet-Fernsehstation gegründet hatte und uns anbot, für Salah und mich nach jeder Intentionssitzung einen täglichen Livestream zu schalten, der über die Webseite aufzurufen war.

Zuallererst entschuldigte sich Salah uneingeschränkt im Namen der arabischen Welt dafür, dass man nicht wachsamer gewesen sei und die Anschläge vom 11. September zugelassen habe. Ich hingegen entschuldigte mich für die »aggressive und gewaltsame Reaktion des Westens auf die Attentate« und gelobte, dass wir künftig daran arbeiten würden, »Gewalt sowie politische und wirtschaftliche Ausbeutung zu verhindern, um unter allen Umständen eine Alternative zum Krieg zu bieten und zur ökonomischen und politischen Vorherrschaft des Westens«. Wir versprachen beide, uns »für mehr Toleranz einzusetzen, was die Unterschiede im Glauben angeht«.

Als es Zeit war für die Intentionsübung, wechselte das Bild auf der Webseite. Wir zeigten einen afghanischen Jungen, der von weißen Tauben umgeben war, und ein Bild, auf dem weiße und braune Hände sich versöhnlich umfassen – als Symbol für das Zusammenkommen von Ost und West.

Am Friedens-Intentionsexperiment beteiligten sich Menschen aus 75 Ländern, von Island über Brasilien und Kalifornien bis Indonesien. Jedes arabische Land war beteiligt. Die Menschen waren auf die unterschiedlichste Art und Weise in das Experiment involviert: als Zuschauer vor den Großbildschirmen an den Orten, an denen *One* stattfand, auf Berggipfeln und bei einer Friedenspfeifen-Zeremonie nordamerikanischer Indianer. Einer unserer Teilnehmer, der auf der Straße unterwegs war, hielt regelmäßig am Straßenrand und berichtete: »Ich konnte spüren, wie die Energie sich änderte, ungefähr zehn Minuten nach dem Zeitpunkt, an dem das Experiment einsetzte.« Am Ende nahmen viele Tausend Menschen am Festival teil, 7000 meldeten sich auf unserer Webseite an und einige 10 000 riefen meinen täglichen Webcast auf, um dabei zu sein. Das war mit absoluter Sicherheit das größte Experiment zum Thema »Geist über Materie«, das je stattgefunden hatte.

Am dritten Tag des Friedensexperiments erreichte mich die Nachricht, dass die Vereinigten Staaten planten, in Doha, der Hauptstadt von Qatar, ein eigenes Büro zu eröffnen, wo man künftig die Friedensgespräche mit den Taliban führen würde. Doch nachdem das Experiment am 18. September ausklang, mussten wir dreieinhalb Monate geduldig ausharren, was das Jahr 2011 noch bringen mochte, bevor wir mit Sicherheit sagen konnten, ob unsere Intentionen Wirkung zeigten. Und ich musste jemanden beim US-Militär finden, der bereit war, mir die wahren Zahlen zu enthüllen.

………

Keine offizielle Stelle der US-Behörden will über die Anzahl der Toten sprechen. Ich habe mehrere Monate damit zugebracht, bei allen großen Behörden vorstellig zu werden, die mit dem Krieg gegen den Terror befasst sind: das US-Außenministerium, UN-AMA (das UN-Hilfsprojekt für Afghanistan), das nur zivile Opfer zählt; die afghanische Regierung und die einzelnen Stellen des US-Militärs und der NATO. Letztere verwies mich an die ISAF (International Security Assistance Force), eine NATO-Mission des UN-Sicherheitsrates, die ursprünglich Streitkräfte der afghanischen Regierung ausbilden sollte, mittlerweile aber die Kampfhandlungen in der gesamten Region leitet.

Die meisten Behörden gaben nicht alle Zahlen preis: Die ISAF behauptete, man besitze keine aufbereiteten Daten über die militärischen Opfer, sondern nur Daten über die feindlichen Angriffe und die zivilen Opfer. UNAMA hingegen besaß die monatlichen Daten für die verschiedenen Provinzen in den Jahren 2009 und 2010, aber nicht für 2011.

Nachdem ich der ISAF wirklich gründlich auf die Nerven gegangen war, stellte man mich endlich zu deren offiziellem Sprecher in Afghanistan durch, einem deutschen General namens Carsten Jacobson. Er warnte mich, dass die Statistiken über militärische Opfer nicht durchweg verlässlich seien, denn sobald ein Soldat verwundet werde, transportiere man ihn sofort in sein Heimatland zurück, und die NATO-Streitkräfte erführen in der Folge nicht mehr, ob er überlebt habe oder nicht. Vermutlich um mich loszuwerden, schickte er mir einen offiziellen Bericht vom Afghan Mission Network Combined Information Data Network Exchange der NATO vom 13. Januar 2012, in dem es um die Fortschritte des Krieges in den einzelnen Jahren ging. Und dann bekam ich auch noch den Jahresbericht 2011 über zivile Opfer von UNAMA. Beide Berichte können natürlich durchaus eine geschönte Version der Ereignisse darstellen, doch da ich sie als Vergleichsdaten verwendete, hatten wir zumindest konstante Zahlen.

Beide Berichte nahmen uns mehr oder weniger die Arbeit ab: Sie ermöglichten einen Vergleich von militärischen und zivilen Opfern und der Angriffe in den Jahren vor und nach dem Krieg, dazu eine komplexe Analyse der Gewalttaten verschiedenster Art. Wir brauchten also keinen Statistiker. Die bereits mitgelieferten Statistiken schlossen die Anzahl der feindlichen Angriffe in den verschiedenen Regionen Afghanistans ein und damit auch den Süden, der Zielobjekt unserer Intention gewesen war. Dazu kamen die Anzahl der Bomben- und Minenexplosionen, denn das ist die hauptsächliche Angriffsart der Aufständischen in Afghanistan gegen die NATO-Streitkräfte und laut ISAF mit 60 Prozent die Haupttodesursache bei den zivilen Opfern. All diesen Zahlen konnten wir nun entnehmen, was im September 2011 und den beiden Monaten danach tatsächlich passiert war, und es mit den Geschehnissen in den Monaten bzw. Jahren vor der Intention vergleichen.

Auch hier durften wir über einen steilen Abfall in der Zahl der militärischen und zivilen Opfer staunen, nachdem wir unser Friedens-Intentionsexperiment zum zehnten Jahrestag der Anschläge durchgeführt hatten. Das galt vor allem für die beiden Provinzen, die unser Zielobjekt bildeten. Die NATO-Statistik verzeichnete für den August 2011 440 zivile Opfer. Im September fiel diese Zahl auf 340, im Oktober weiter auf 290 und im November auf 201. Das entsprach einer Reduktion um 22, 14 und 30 Prozent im Vergleich mit dem Vormonat. Alle drei Zahlen lagen darüber hinaus deutlich unter der durchschnittlichen Rate an zivilen Todesopfern (374), die aus den 28 Monaten vor der Intention errechnet worden war. Der Oktober 2011 lag damit 23 Prozent unter dem Durchschnitt und der November 46 Prozent. Im November war es zur zweitgrößten prozentualen Reduktion in der Zahl ziviler Todesopfer seit 2009 gekommen. Insgesamt war die Zahl ziviler Opfer zwischen September und November 2011 im Vergleich zu August 2011 um durchschnittlich 37 Prozent gefallen.

Was die Zahl der feindlichen Angriffe angeht, zeigen die NATO-Zahlen, dass die Bombenexplosionen im September um 19 Prozent zurückgingen, im Oktober dann gleich blieben und im November um weitere 9 Prozent, im Dezember nochmals um 21 Prozent fielen. Die Zahl der Angriffe insgesamt lag um 16 Prozent niedriger als die Durchschnittsrate von September 2009 bis Dezember 2011, also in den zwei Jahren zuvor.

Doch der interessanteste Abwärtstrend war bei den Gesamtangriffen der Taliban zu verzeichnen. Die monatlichen Zahlen für 2010 zeigten einen stetigen Aufwärtstrend (um insgesamt 80 Prozent 2010), dann aber flachte der Anstieg ab, und das blieb so bis Anfang 2011. Von da an stieg die Zahl der Angriffe wieder bis August. Nach unserem Experiment im September setzte jedoch ein Abwärtstrend ein, der von Oktober bis Dezember 2011 besonders drastisch ausfiel. Die Anzahl der feindlichen Angriffe in den letzten drei Monaten des Jahres 2011 fiel um insgesamt 12 Prozent geringer aus als im selben Zeitraum 2010. Im Bericht hieß es über die zweite Jahreshälfte: »Dies ist der längste anhaltende Abwärtstrend bei den feindlichen Angriffen, der je von der ISAF gemessen wurde.«

Der Vergleich mit dem Rest des Landes zeigte, dass der Südwesten – unser Zielobjekt – die stärkste Reduktion aufzuweisen hatte, und zwar verglichen mit September 2010 außergewöhnliche 790 Prozent. Verglich man das ganze Jahr mit dem gesamten Jahr 2010, kam man immer noch auf 29 Prozent. Dieser Trend setzte sich im Oktober fort (500 Prozent weniger Angriffe), im November (400 Prozent weniger) und im Dezember (300 Prozent weniger).

Was unsere Ergebnisse noch zwingender erscheinen ließ, war die Tatsache, dass es zu einer besonders starken Abnahme von

Gewalthandlungen in den Provinzen Helmand und Kandahar gekommen war, die im Rest des Landes so nicht zu verzeichnen war. Denn die Gesamtzahl der Todesopfer für das ganze Land nahm im Dezember 2011 zu, nachdem es in Kabul und Masar-i-Scharif zwei Selbstmordanschläge bei den Aschura-Feierlichkeiten gegeben hatte. Im Osten nahmen die Talibanangriffe zwischen 2010 und 2011 um 19 Prozent zu.

Doch was sollte das nun alles bedeuten? Wie 2008 gab es keine absolute Gewissheit. *Sie stellen eine These auf, und wenn sie sich als richtig erweist, testen Sie sie noch einmal. Sie testen sie wieder, sie erweist sich als richtig, und Sie müssen sie noch einige Male testen. Erst nachdem die Resultate vier, fünf, sechs Mal repliziert werden konnten, zeigt sich ein Muster, das interessant sein könnte.* Auch hier konnte es für die Abnahme der Gewalthandlungen Abertausende möglicher Gründe geben. So hatten die Vereinigten Staaten und die NATO begonnen, den Krieg in Afghanistan mit weniger Einsatzkräften zu führen, obwohl das keine Erklärung dafür war, weshalb die Zahlen besonders in den Südwestprovinzen abnahmen. Trotz all dieser möglichen Gründe waren die Zahlen hier beeindruckend, vor allem, weil wir ja unserer Intention eine Zahl mitgegeben hatten. Wie 2008 beim Friedensexperiment in Sri Lanka hatten wir darum gebeten, dass die Gewalt um mindestens 10 Prozent abnahm. Wenn wir die Daten für das gesamte Land in Betracht zogen, zeigte sich, dass die Abnahme der Todesfälle rund 10 Prozent betrug.

Neben der Analyse der Daten bat ich auch Roger Nelson um Überprüfung, ob das Experiment sich auf die Zufallsgeneratoren des Global Consciousness Projekts ausgewirkt hatte, wie wir das schon 2008 geprüft hatten. Nelson stellte also die Daten jeder einzelnen Sekunde aus den acht Tagen unseres Experiments zusammen und achtete dabei besonders auf die zehnminütige

Intentionsspanne an jedem einzelnen Tag. Nach dem dritten Tag konnte er einen klaren stetigen Trend erkennen – während der fraglichen Zeit gab es für jede Sekunde eine klare Neigung zum gleichen Output.

»Die meisten Abweichungen sind negativ«, schrieb Roger mir. Das hieß, der gemittelte Wert ist geringer als die erwarteten 100. Diese wiederum steht dafür, dass Sie eine Münze werfen und diese immer auf die gleiche Seite fällt. Als Roger eine grafische Darstellung der Abweichungen erzeugte, ergab sich eine Kurve, die immer mehr abflachte. »Ein stetiger Trend heißt, dass es ein konsistentes Ergebnis gibt«, erklärte er mir. »Dies wiederum lässt vermuten, dass das Ergebnis kein Zufall ist.«[109]

Roger warnte mich, der Effekt falle vergleichsweise gering aus, verglichen mit inhärentem »Rauschen«, also zufälligen Abweichungen. »Abweichungen, die sich in der Grafik zeigen, stellen eine Kombination aus möglichen Effekten und gewöhnlichen zufälligen Fluktuationen dar«, schrieb er. Auch hier kann ein einziges Experiment wie das unsere noch nicht verlässlich interpretiert werden.

Als er aber die Resultate mit dem Friedensexperiment von 2008 verglich, stellte er einen nahezu identischen Trend in der Kurve für die kumulierte Abweichung fest. »Die Ähnlichkeit des Effekts in beiden Experimenten stützt die Interpretation der negativen Abweichung in den aktuellen Daten als Effekt, der auf die Intention zurückgeht«, waren seine Worte.

Es schien sich also tatsächlich etwas zu tun, ähnlich wie bei unserem Experiment mit Sri Lanka. Doch wie ich bald auf Facebook, Instant Messenger und in den beiden Umfragen unter den Teilnehmern des Friedensexperiments – eine auf Englisch, die andere auf Arabisch – feststellen sollte, schienen wir den Krieg auf andere Weise zu beenden.

15. KAPITEL

....

WUNDEN HEILEN

Vom ersten Tag des Friedensexperiments zum 11. September an war zwischen den Teilnehmern ein enges Band entstanden, vielleicht noch enger als bei dem Experiment 2008 – viele sagten, dieses Gefühl der Verbundenheit sei stärker als alles, was sie je empfunden hätten.

»Ich fühlte mich wie ein Stück Metall, das von einem Magneten angezogen wird, der nicht von dieser Welt ist. Das Gefühl reichte vom Ellbogen bis zu den Fingerspitzen«, schrieb Logan aus der Schweiz.

»Als säße ich in einem Wirbel aus Gebetsenergie, die von all jenen Menschen ausging, die sie konzentrierten. Beinahe eine außerkörperliche Erfahrung«, schrieb mir Linda aus den Vereinigten Staaten.

»Wie das Schwimmen in einem Ozean aus gutem Willen, Liebe und Hoffnung«, hieß es von Simona aus Rumänien.

Ihre Körper waren wie »elektrifiziert«. Viele zitterten, »als würde man stark frieren und hätte Schüttelfrost«. »Das Zittern lief in Wellen durch den Körper.« Gleichzeitig wurden sich viele Teilnehmer innerer Klänge bewusst wie »das Flüstern von Menschen«. Einige schluchzten während und nach dem Experiment heftig, als »seien sie mit einem globalen Schmerzenskörper verbunden«, der ihre eigenen Gefühle verstärkte. »Ich war in diesem sehr (langen) Moment kein Körper«, schrieb Saad. Nachdem Michel die Intention laut vorgelesen hatte, wurde er so heiser, dass er kein Wort mehr herausbrachte. »So nah habe ich mich ›Gott‹ noch nie gefühlt.«

Kurz vor Beginn des Experiments hatte Logan seiner Schwester eine SMS geschickt, ob sie gerade Zugang zu einem Computer habe. Dann hatte er ihr den Link zur Webseite geschickt, obwohl sie nicht regelmäßig meditierte und sich auch noch nie mit gerichteter Intention beschäftigt hatte. Nach dem Experiment rief sie ihren Bruder an und erzählte, sie sei dabei so aufgewühlt gewesen, dass ihr Partner sich fragte, ob sie irgendein schlimmes Foto gesehen habe, weil sie ununterbrochen weinte. »Ich sagte ihr, dass es mir genauso ergangen war«, schrieb Logan.

Die Teilnehmer berichteten von seltsamen, aber sehr detaillierten mentalen Bildern. Manche zum Beispiel hatten das Gefühl, als seien sie »IN ihrem Körper, aber gleichzeitig ÜBER der Zielobjekt-Region« in Afghanistan.

»Eine weiße Energie des Friedens, die von uns allen kam, wurde zu einem breiten Lichtstrahl der Hoffnung!«, schrieb Amal.

»Menschen, die zusammenarbeiten, um Schulen und Krankenhäuser, ja ihr ganzes Leben wiederaufzubauen und ein Land voller Liebe und Frieden!«, schrieb Debbie.

»Afghanistan ist der Ursprung eines neuen Weltfriedens«, meinte Cornelia.

»Kinder, die an Flüssen entlanglaufen ... ich hörte Gesang von Vögeln und sah Schulen und Universitäten in Kandahar und Helmand ... dann sah ich West und Ost sich vermischen, ohne jeden Unterschied«, erzählte Fatima.

»Die weißen Friedenstauben von Ground Zero, wie sie sich über die ganze Welt ausbreiten«, berichtete Tarik.

»Wie der Hass in Washington und in der US-Politik sich auflöst wie schmelzende Schokolade«, meinte Maridee.

»George Bush, Condoleezza Rice und [Donald] Rumsfeld, wie sie mit Menschen aus Afghanistan zusammensitzen und etwas trinken, wie Freunde«, schrieb Marjorie.

»Araber und Amerikaner ... werfen ihre Waffen in ein tiefes Loch und arbeiten zusammen, um sie mit Erde zu bedecken. Dann bringen sie darüber ein großes Schild an, auf dem steht: »Hier liegt der Krieg, für immer begraben«, erzählte Linda.

Während die Woche langsam fortschritt, guckten Tausende den täglichen Livestream-Report über das Experiment an. Während der Sendungen wurde ein Chatroom über Instant Messenger angeboten. Dort freundeten sich viele der westlichen Teilnehmer mit Menschen aus den arabischen Ländern an, die Englisch beherrschten – und umgekehrt. Eventuell noch vorhandener Unmut bzw. Argwohn löste sich auf und wurde zu Liebe und Akzeptanz. Die Menschen aus dem Westen wünschten den Arabern alles Gute *(Ante diemen fee kalbi* – Du bist immer in meinem Herzen). Mit dem besseren Verständnis für die Araber – »wie eine Stütze auf der richtigen Seite, auf die man sich praktisch verlassen kann, wie Brüder in der Ferne« – kam auch eine andere Haltung der arabischen Welt gegenüber: »Afghanistan wird für mich immer gleichbedeutend mit Frieden sein.« Der Schmerz über das Attentat vom 11. September, die immer noch vorhandene Verbitterung begannen zu heilen.

»Die Erfahrung, über Instant Messenger mit Menschen aus Ägypten, Saudi-Arabien und vielen anderen Ländern der arabischen Welt in Kontakt zu kommen – wobei wir uns gegenseitig Frieden und Liebe wünschten –, brachte mich zum Weinen«, schrieb John aus Tucson. »Für mich als Bürger der USA war das wie eine Art Therapie.«

Als sich die Nachricht von unserem Experiment verbreitete, löste sie weitere positive Effekte aus, selbst bei Menschen, die nicht teilgenommen hatten. May Lynn hatte in der Woche unseres Intentionsexperiments eine Sitzung ihres Buchklubs, bei der ihre Freundinnen erzählten, wie sehr all die negativen Emotionen um die Anschläge sie mitnähmen. »Ich konnte ihnen sagen, dass es eine sehr große Gruppe Menschen gibt, die diesen Jahrestag dazu nutzen, den Frieden in Afghanistan zu fördern«, schrieb sie. »Darüber haben sich alle gefreut!«

Samuel aus New York, der eine ganze Reihe Schüler aus dem Mittleren Osten hat, erzählte ihnen von unserem Experiment. »Sie waren total überrascht und wollen jetzt unbedingt weitermachen«, berichtete er.

Viele der arabischen Teilnehmer knüpften erste freundschaftliche Bande mit dem Westen: »Wir sind Brüder. Wir werden immer für dich da sein. Obwohl ich dich nicht kenne, habe ich das Gefühl, mit einer reinen Seele verbunden zu sein.«

»Dies ist der Tag, an dem wir alle den Verlust spürten und keinerlei Gewinn sahen«, schrieb Bahareh. »Dein Gott ist mein Gott. Mein Gott ist dein Gott.«

Salah hatte damit angefangen, und nun taten es ihm viele Menschen aus den arabischen Ländern nach. Sie entschuldigten sich bei den Amerikanern. Seine Auffassung »teilen Millionen Araber und Muslime«.

»In sechs Minuten«, meinte Kholood, »sagte er, was ich seit Jahren zu sagen versuchte.«

Sich zu entschuldigen wurde für viele nun Teil ihres Alltagslebens. Einer meiner Teilnehmer, der sich über Leute ärgerte, die seinen Standpunkt nicht teilten, entschuldigte sich bei ihnen, dass er nicht ihrer Meinung war. »Und plötzlich macht ihnen das nichts mehr aus«, schrieb er. »Ob das wohl an der Entschuldigung lag?«

Beide Seiten begannen auf Facebook Ideen für den Frieden zwischen Ost und West zu diskutieren: »Wir sollten aufhören, von ›Osten‹ oder ›Westen‹ zu sprechen.« Oder: »Sagen wir doch statt Ost und West einfach: ›die Welt‹.« Und: »Vielleicht sollten wir von ›WOst‹ reden.«

Wie das Friedensexperiment von 2008 brachte auch dieses Experiment mehr Frieden in das Leben der Teilnehmer, vor allem auf der Ebene zwischenmenschlicher Beziehungen. Drei Viertel meinten, diese hätten sich durch das neue Gefühl inneren Friedens gebessert.

Die Teilnehmer kamen besser zurecht mit Kunden, Ex-Ehemännern, Geschwistern, Nachbarn, Haustieren, ja mit allen, mit denen sie gewöhnlich Schwierigkeiten gehabt hatten, selbst mit Arbeitgebern. »Mein Mann meinte Mitte der Woche, ich sei viel zugänglicher und offener als sonst. Dass mich Kleinigkeiten nicht mehr so aufregen würden.« Viele gelobten sich selbst, offene Konflikte mit anderen zu lösen, Zerwürfnisse zu kitten, auch wenn Menschen ihnen wehgetan hatten.« Saad ließ die »negative Energie« los, die er einem Freund gegenüber hatte, und vergab ihm. »Am ersten Tag hielt ich die Hand einer Freundin, mit der ich mich gerade wieder versöhnt hatte. Wir hatten lange Zeit nicht mehr miteinander geredet«, berichtete Susan aus Spokane. »Wir hielten uns während des ganzen Experiments bei den Händen, und am Ende umarmten wir uns.«

Ein Drittel der Teilnehmer kam besser mit Menschen zurecht, die sie normalerweise nicht mochten oder mit denen sie gestritten hatten. Ein schwelender Streit mit einem Ehemann »eskalierte zunächst, wurde danach aber schnell aufgelöst«. Auseinandersetzungen über einen Unfall, mit dem Vermieter, mit der Schwägerin, die sich über Jahre hingezogen hatten, kamen plötzlich zu einer friedlichen Lösung. Einer der Teilnehmer hatte Probleme mit der rein profitorientierten Einstellung seiner Kollegen und mit Anweisungen des Abteilungsleiters, mit denen er nicht einverstanden war. Doch nun fand er es »leichter, sie dennoch zu lieben«. Andere kamen besser aus mit Menschen, die sie sonst nicht mochten. »Ich empfand plötzlich Mitgefühl mit meinem nicht sonderlich netten Chef.«

»Ich sprang ständig hin und her zwischen den Bildern des Zielobjekts und der ›aggressiven, destruktiven‹ Energie, die von meinem Nachbarn ausgeht«, erzählte Stephen aus New Orleans. »Ich hatte das Gefühl, das Friedensexperiment würde BEIDE Situationen heilen.«

Menschen aus Ost und West erfuhren eine kraftvolle Öffnung des Herzens, und auch hier »verliebten« die Teilnehmer sich quasi in alle Menschen, mit denen sie in Kontakt kamen. Sie erlebten ein »viel friedvolleres Gefühl allen Menschen gegenüber« oder »ein offenes Herz, das mir auch zwischen den Intentionssitzungen erhalten blieb«. Sie wurden »offener und lockerer in Gegenwart anderer Menschen« und machten sich »weniger Gedanken, was andere wohl von mir halten mochten«. Sie erfuhren »mehr Klarheit und Güte im Hinblick auf persönliche Probleme«. Sie empfanden »eine ›Besänftigung‹ ihrer inneren Haltung«, ein »größeres Einfühlungsvermögen«, da ihr Herz »allgemein viel offener« war, eher bereit, »Sachen auf sich beruhen zu lassen«.

Bei vielen hatte sich der Umgang mit anderen Menschen vollkommen gewandelt. Sie fühlten sich fähig, »Menschen und Situationen klarer zu sehen«. Sie merkten eher, wenn sie sich und andere verurteilten. Sie fanden Ärger »unangenehmer als zuvor«, waren eher in der Lage, »sich zu entschuldigen und zu vergeben«, hörten auf, »sich selbst ständig daran zu erinnern«, wie andere sie verletzt hatten, und »nahmen die Dinge nicht mehr so persönlich«. Sie verspürten einen gewissen »Drang, vergangene Verletzungen loszulassen«, »spürten ihre Gefühle mehr« und »hörten eher zu, ohne zu verurteilen«. Gleichzeitig wünschten sie sich, ihre persönliche Wahrheit mitteilen zu können.

»Ich sehe mich in jedem Menschen, den ich kennenlerne. Ich kann seine Gefühle nachvollziehen und empfinde Mitgefühl.«

»Ich habe mein Bedürfnis erkannt, meine Liebe ALLEN Menschen zuteilwerden zu lassen.«

»Eine größere Verbundenheit mit Fremden und der Weltgemeinschaft.«

»Mehr Mitgefühl für alle Menschen.«

»Mehr Offenheit für den Kontakt mit Fremden.«

Diese positiven Effekte schienen sich auch hier auf andere Lebensbereiche auszudehnen. Viele Teilnehmer berichteten von »persönlichen Wundern«, die sich in ihrem Leben ereigneten. Einige sprachen gar von »der kreativsten Phase in den letzten fünf Jahren«, von einem »spirituellen Quantensprung«, der sie intuitiver werden ließ, sensibler für andere. Manche bemerkten »eine gewaltige Verstärkung meiner heilerischen Fähigkeiten«, wie ein Therapeut erzählte. »Mein Leben«, schrieb Abdul, »hat sich absolut zum Besseren gewandelt.«

Die Teilnehmer berichteten, dass sie die reine Liebe dieses Kreises nicht gerne verlassen hatten, als das Experiment endete. Doch danach meinten sie, sie würden Hoffnung für ihr Land und den Rest der Welt verspüren, auch den Drang, zu einem Instrument des Wandels zu werden. Oder »das überwältigende Bedürfnis, die Bemühungen für Kandahar und Helmand weiterzuführen« und »einen greifbaren Beitrag zu leisten für andere Weltregionen wie Ruanda, den Kongo und andere Orte in Afrika«.

»Ich muss hier unbedingt Leute finden, die das auf verlässlicher Basis weitermachen wollen«, schrieb Martin.

»Ich hatte das Gefühl«, meinte Rose, »Teil der Lösung zu sein.«

....

In gewisser Weise war das Friedensexperiment eine breit angelegte Übung im multikulturellen Beten. Mahatma Gandhi, der
glaubte, dass alle Religionen »einander so lieb sein sollten wie
nahe Verwandte«, trat dafür ein, dass Menschen unterschiedlichen Glaubens miteinander beten sollten:

... Religion heißt nicht, dass wir uns voneinander abgrenzen müs-
sen. Es geht vielmehr um den Glauben an eine geordnete moralische
Regelung des Universums ... Solch eine Religion geht über die Gren-
zen von Hinduismus, Islam, Christentum und so weiter hinaus ...
Sie harmonisiert die Religionen und lässt sie Wirklichkeit werden.[110]

Eine zweijährige Studie, die 2014 von den Wissenschaftlern der
American Sociological Association veröffentlicht wurde, kommt
zu dem Schluss, dass Gemeinden, deren Mitglieder verschiedenen
Glaubensrichtungen wie Christentum, Judentum, Islam angehö-
ren, das gemeinsame Gebet als »verbindende kulturelle Praxis«
erleben.

»Dabei reden wir nicht über oberflächliche Team-Buil-
ding-Praktiken«, erklärt Ruth Braunstein, Professorin für Sozio-
logie an der University of Connecticut, die die Studie maßgeblich
durchführte.»Diese Techniken sind zentral für die Kultur der einzelnen Gruppen und bilden sich heraus, wenn deren Mitglieder
darüber nachdenken, welche Eigenschaften sie mit den anderen
verbinden, und daraus gemeinsame Rituale entwickeln, die für
alle einen Sinn haben.«[111]

Am 3. Mai 2015 organisierte NewGround, eine Organisation,
die das Verbindende zwischen Juden und Muslimen stärken will,
ein gemeinsames Gebet: *Two Faiths, One Prayer* (Zwei Glaubens-

richtungen, ein Gebet). Sie fingen mit ungefähr 20 Leuten aus beiden Glaubensrichtungen an und beteten gemeinsam am Strand von Los Angeles. Dann aber kamen immer mehr Gläubige hinzu, und die ganze Gruppe bewegte sich mit öffentlichen Verkehrsmitteln durch die Stadt, weil man noch an fünf weiteren Orten beten wollte. Als man zum Abendessen auf einer Dachterrasse in der City von Los Angeles ankam, war sie auf 100 Menschen angewachsen. Am Ende rezitierten die Muslime ihr Isha genanntes Nachtgebet in der City Hall der Stadt, und die Juden sangen die Pijjut, liturgische Gedichte.

»Das war irgendwie ein Aha-Moment«, meinte Maryam Saleemi, die daran teilnahm. »Wir beten zu demselben Gott, warum machen wir das nicht immer gemeinsam?«

Doch selbst angesichts solcher »Brückenschläge« hatte sich niemand je um die Kraft des kollektiven Gebets gekümmert, darum, dass es in der Lage sein könnte, die persönlichen Verletzungen der Heiler zu heilen.

Ellen, eine unserer Teilnehmerinnen, hatte das Gefühl, die Intentionsübung heile ihren immer noch andauernden Kummer über den Verlust zweier Freunde. Während des Experiments habe sie, so schrieb sie, gar nicht mehr aufhören können zu weinen. Lee Shapiro, einer ihrer besten Freunde, und sein Tontechniker waren 1987 in Afghanistan getötet worden, als sie dort einen Dokumentarfilm drehten. Ihre Leichen konnten nicht geborgen werden. »Ich habe ständig ihr Bild gesehen. Die Energie war überwältigend«, berichtete sie. »Für mich war das eine unglaublich tiefe Erfahrung.«

Tonis Leben hatte sich für immer verändert, als ihre Schwester und ihre Nichten von deren Partner bzw. Vater ermordet worden waren. Das war genau eine Woche vor den Attentaten geschehen. In Tonis Augen hat das Friedensexperiment ihr selbst das Leben gerettet: »Es geschah eine Veränderung, die innerhalb weniger

Sekunden all meinen Glauben zerstörte, bis die Liebe der Gemeinschaft und die Zeichen des Universums ihn wieder zurückbrachten und mich dankbarer zurückließen als je zuvor«, schrieb sie mir. »Ich sandte an dem Tag eine innigere Liebe ins Universum hinaus als jeder andere, denn mein Herz war in Stücke zersprungen und erhob sich doch gleichzeitig hoch über alles. Die Welt erinnerte sich, warum wir trauerten. Und viele Leben wurden ein für alle Mal verändert.«

Ich war nicht sicher, ob mein Experiment für die friedlichere Zeit in den beiden südlichen Provinzen Afghanistans verantwortlich war. Doch wenn die Rückmeldungen meiner Teilnehmer zählten, dann hatte allein die Tatsache, dass sie ihre gerichtete Intention aussandten, Frieden in ihrem Herzen geschaffen, der ihr Leben verwandelte und auch ihre Sicht auf Ost und West. Für viele Menschen auf beiden Seiten hatte sich diese Erfahrung als ausgesprochen heilsam erwiesen, weil sie die Gräben im Denken aufgebrochen hatte.

Das Ergebnis des aktuellen Experiments bewies also erneut, dass die eigentliche Heilung bei den Teilnehmern stattgefunden hatte. Das gemeinsame Gebet hatte Ost und West zusammengeführt. Es hatte sich als ausgesprochen erhebend erwiesen und beiden Seiten Hoffnung geschenkt.

»Danke, Welt«, schrieb Yasser. »Du bist immer noch ein guter Ort mit all diesen friedliebenden Menschen.«

Ich wusste nicht, ob Gott unser Gebet um Frieden erhört hatte, doch ganz sicher hatte es uns einen Blick auf Gott erhaschen lassen – und vielleicht auch einen flüchtigen Einblick in das, was der Himmel auf Erden sein kann. »Ich hatte den Eindruck, dass wir alle vielleicht ein bestimmtes Zielobjekt haben mochten«, sagte Aimee, »doch letztlich wurden wir alle überall und zur gleichen Zeit heil.«

....

16. KAPITEL

DER SPIEGELEFFEKT

Ingrid Petterssons Mann starb Ende 2013, nur vier Wochen nachdem man bei ihm eine seltene Krebsart festgestellt hatte. Obwohl sein Onkologe bezüglich des Behandlungserfolges zuversichtlich war, hatten seine häuslichen Pfleger und deren düstere Prognosen, vor allem die wiederholte Aussage, dass ihm ganz normale Aktivitäten wie Autofahren künftig unmöglich sein würden, eine zutiefst negative Wirkung auf ihn. Ingrid musste mehr oder weniger hilflos zusehen, wie sich ihr Mann aufzugeben schien.

Der rapide Verfall und der Tod ihres Mannes bedeuteten für Ingrid auch, dass sie sein gut gehendes Geschäft schließen und aus der neuen Wohnung im schwedischen Göteborg ausziehen musste. Nur wenige Monate später steckte sie in massiven finanziellen Schwierigkeiten. In den ersten Monaten dieses Jahres lasteten Erschütterung, Trauer und Niedergeschlagenheit über den schweren Verlust sowie die schlagartig veränderte Lebenssituation schwer auf ihr.

Vier Jahre vor dem Tod ihres Mannes hatte Ingrid eines meiner Seminare besucht, sich einer Kraft-der-Acht-Gruppe angeschlossen und eine tief gehende Transformation erfahren, die ihr ganzes Erscheinungsbild verändert hatte. Ihre Haut strahlte, sie fühlte sich jugendlicher und dynamischer und war so gesund wie nie zuvor. »Ich habe mich total gut gefühlt und stärker die Dinge angezogen, die ich mir wünschte. Sogar in unserer Ehe lief es besser«, erzählte sie. Freunde und Bekannte, ja selbst ihr Arzt bemerkten, wie sehr ihr Gesundheitszustand und ihr Erscheinungsbild sich zum Positiven verändert hatten. Dieser Prozess dauerte etwa ein halbes Jahr, dann verfiel sie wieder in ihre »alten Gewohnheiten«, und die positiven Veränderungen »bröckelten wieder weg«.

Ein paar Monate nach dem Tod ihres Mannes kamen ihr die positiven Erfahrungen von damals wieder in den Sinn, und sie beschloss, an einem unserer größeren Experimente teilzunehmen, bei dem wir unsere Aufmerksamkeit auf eine Person mit einer posttraumatischen Belastungsstörung richteten. Nach der Teilnahme an diesem Experiment war der Kummer, der ihr all ihre Kraft geraubt hatte, verschwunden. »Seit Ihrem letzten Experiment ist jede Trauer wie weggeblasen«, schrieb sie. »Ich konnte es kaum fassen. Es ist einfach wunderbar.« Zum ersten Mal seit Monaten konnte Ingrid nachts gut schlafen und wachte voll neuer Kraft auf. Sie war so glücklich wie schon lange nicht mehr: »Die negativen Gedanken und Stimmungen und der Kummer über den Tod meines Mannes schienen nicht mehr solche Macht über mich zu haben wie in den vergangenen Monaten. Und das Beste daran ist«, berichtete sie weiter, »dass mein Leben jetzt wieder im Fluss ist.« Nach dem Experiment beschloss sie, beruflich neue Wege zu gehen. Sie organisiert nun Seminare über Energieheilung in Göteborg und Stockholm.

Ingrid verdanke ich einen weiteren wichtigen Hinweis auf die Rückkopplungseffekte der globalen Intentionsexperimente. Ingrids Transformationserlebnis war während des ersten globalen Intentionsexperiments für eine Einzelperson aufgetreten, das wir Anfang 2014 durchführten. Zuvor hatte ich nur im kleineren

Kreis – bei Kraft-der Acht-Gruppen bzw. bei der Intention der Woche – zugelassen, dass einzelne Menschen zum Zielobjekt wurden. Groß angelegte Experimente mit menschlichen Individuen hatte ich immer vermieden, weil ich die positiven oder negativen Effekte, welche die gerichteten Intentionen von einigen Tausend Menschen möglicherweise entfalten können, nicht wirklich einzuschätzen vermochte. Vor allem, da beim Sri-Lanka Experiment die Gewalt zunächst angestiegen war. Nachdem aber die Intention der Woche einen gewissen Erfolg verzeichnete und mehrere globale Experimente den Schluss nahelegten, dass die Gruppengröße keinen Einfluss auf das Ergebnis hatte, beschloss ich, nun unser erstes großes Experiment mit einem menschlichen »Versuchskaninchen« anzupacken. Dieser Entschluss erforderte einen ersten vorsichtigen Babyschritt. Die Möglichkeit, ihn praktisch auszutesten, fiel mir im Oktober 2013 buchstäblich in den Schoß, als ich eingeladen wurde, auf Hawaii ein paar Vorträge zu halten.

....

An der Bishop Street steht, hingeduckt zwischen die modernen Stahl-und-Glas-Hochhäuser der City von Honolulu, ein architektonisches Kuriosum: das Dillingham Transportation Building, ein Prachtexemplar italienischer Neorenaissance und zugleich Denkmal für Hawaiis berühmtestes Macher-Duo, nämlich Benjamin Franklin Dillingham und seinen Sohn »Uncle« Walter. Die beiden hatten erkannt, dass der Schlüssel, um aus der verschlafenen kleinen Inselkette einen modernen Goldesel zu machen, das Zuckerrohr war. Voraussetzung war, dieses von der einen Seite der Inselkette auf die andere zu schaffen. Und so baute der Vater Eisenbahnlinien, während der Sohn dank eigener Baufirma und Hilfestellungen vonseiten der Politik Sümpfe trockenlegte, Häfen erweiterte und das Projekt »wirtschaftliche Erschließung der Inselkette« vollendete. In diesem Gebäude mit seinen steinernen Eckquadern an der Außenfassade und der vergoldeten Jugendstil-Eingangshalle residiert in einer kleinen Ecksuite zwei Stockwerke über den Arkaden des Erdgeschosses ein anderes Vater-Sohn-Team, das ein nicht minder unbescheidenes Ziel verfolgt: das Gesicht der modernen Medizin mittels neuester Videotechnik zu verändern.

Wie die Dillinghams sind auch die Drouins Zuzügler, Frankokanadier aus Quebec. Dr. Paul Drouin ist Mediziner, der in 25 Jahren Praxis das Beste aus Schul- und Alternativmedizin zu verbinden wusste. Kritik seitens einiger Standeskollegen, wachsende Frustration ob der Engstirnigkeit der Ärzteschaft und ihrer fehlenden Bereitschaft, den möglichen Nutzen alternativer Behandlungsmethoden überhaupt nur in Betracht zu ziehen, sowie neueste Forschungsergebnisse über Quanteneffekte in der Biologie ließen schließlich eine große Idee in ihm reifen: die Gründung einer Hochschule, an der Ärzte und Therapeuten die Möglichkeit bekamen, neue wissenschaftliche Ansätze und alternative Behandlungswege kennenzulernen, um das Erlernte dann in ihre berufliche Praxis zu integrieren.

Dr. Drouins Vision begann Gestalt anzunehmen, als er sich mit Alexi zusammentat, seinem 25-jährigen Sohn, der an einer Hochschule für Film und Fernsehen studiert hat und seinerseits einer großen Idee anhängt: einer gänzlich virtuellen Universität. Und so zeichnete Alexi Vorträge von führenden Autoren, Wissenschaftlern und Therapeuten über Quantenphysik bzw. über unterschiedliche alternativmedizinische Ansätze mit der Videokamera vor einem Greenscreen auf. Diese Mitschnitte wurden dann automatisch für die Studenten bereitgestellt und konnten von ihnen per Tablet abgerufen werden. Dank Alexis Perfektionismus und seinem technischen Know-how wurde aus dem Greenscreen bald ein modernes Fernsehstudio, das die Vorträge professionell, unterstützt von PowerPoint-Folien, präsentierte.

Zwischenzeitlich war das Duo nach Honolulu übersiedelt, wo für eine staatliche Anerkennung weniger bürokratische Hürden zu überwinden waren. Das akademische Start-up wurde auf den Namen »Quantum University for Integrative Medicine« getauft. Bis dato haben sich dort 9000 Studenten eingeschrieben, von denen viele ein Promotionsstudium dranhängten. »Ich bin die Form, er ist der Inhalt«, sagt Alexi und zeigt auf Dr. Paul, wie die Studenten ihn nennen. Der unverwüstliche 65-Jährige mit dem starken französischen Akzent und dem Grinsen, das bis über beide Ohren reicht, ist in vielen virtuellen Kursen das allseits beliebte Gesicht der *Quantum U.*

Die alljährlich stattfindenden Konferenzen der Quantum University bieten Studenten wie Dozenten die Gelegenheit, einander persönlich kennenzulernen. So traf ich die Drouins anlässlich einer solchen Konferenz, zu der man mich im Oktober 2013 als Rednerin eingeladen hatte, und begann ab da die Möglichkeit zu erwägen, über ihre Internetplattform ein Intentionsexperiment durchzuführen. Eines Abends nun, als ich mit den Drouins und den anderen Vortragsrednern beim Essen zusammensaß, bot Dr. Jeffrey Fannin, Leiter des Center for Cognitive Enhancement (jetzt besser unter dem Namen »Thought Genius« bekannt), für die Dauer des gesamten Projekts großzügig nicht nur seine Mitwirkung an, sondern wollte auch noch freiwillige Teilnehmer für das Experiment suchen. Das besondere Interesse des promovierten Psychologen Fannin gilt den Neurowissenschaften, und er besitzt große Erfahrung in der Erforschung von Gehirnwellen (mittels EEG) bei Patienten mit Depressionen, Angst- oder Aufmerksamkeitsdefizit-Störungen und anderen psychischen Erkrankungen.

Da die Quantum University eine eigene Fernsehstation und, wie Alexi mir versicherte, auch genügend Bandbreite besitzt, um die Tausende registrierter Zuschauer, mit denen wir rechneten, zu versorgen, konnten die Drouins das Experiment per Web-TV übertragen. Ganz der technische Neuerer, der er ist, hatte Alexi auch gleich einen Plan, um den – wie meine britischen Nachbarn das nennen würden – Brot-und-Spiele-Aspekt des Experiments stärker herauszustreichen: Er sei sich nämlich ziemlich sicher, die Effekte, welche das Experiment auf das Gehirn unserer Versuchsperson haben würde, in Echtzeit zeigen zu können.

Während der folgenden Monate, die mit Planungen für die komplexe technische Herausforderung ausgefüllt waren, erklärten sich zwei von Dr. Fannins Patienten, die an Angststörungen litten, bereit, sich als Testpersonen für eine in jeder Hinsicht höchst ungewöhnliche Therapie zur Verfügung zu stellen: der Kraft der Gedanken anderer Menschen. Einer der Patienten würde die tatsächliche Testperson sein, der andere als Kontrollperson fungieren, wobei beide über ihre Rolle im Unklaren gelassen würden. In den Monaten, die dem Experiment vorausgingen, sorgte Alexi mit zahlreichen Posts auf Facebook für entsprechende Publicity mit dem Erfolg, dass sich zu dem Zeitpunkt, da wir bereit waren loszulegen, über 7000 Interessenten registriert hatten.

Alexi sah sich mit diesem Vorhaben vor seine bisher größte technische Herausforderung gestellt. Am 24. April, dem Tag, als das Experiment stattfand, zeigten die Kameras verschiedene Bilder auf einem aufgeteilten Bildschirm: In einem Fenster war Jeffrey via Skype zu sehen, über ein weiteres Skype-Fenster ich; Dr. Paul moderierte das Geschehen vom Studio aus in einem weiteren Fenster; zwei zusätzliche Fenster zeigten die beiden an EEGs angeschlossenen Testpersonen. Ebenfalls an ein EEG angeschlossen war Mario, unser »Intentionssender«, auch wenn er auf dem Bildschirm nicht groß zu sehen sein würde. Er saß in einem anderen Raum und sollte zusammen mit unserem Publikum der gewählten Testperson Intentionen schicken. Wir würden Marios Gehirnwellen mit denen der Testperson vergleichen.

Menschliche Gehirnwellen schwingen mit ganz unterschiedlicher Frequenz. Die langsamsten sind Delta- und Thetawellen (5 bis 8 Hertz oder Schwingungszyklen pro Sekunde), sie treten während tiefer Meditationszustände und im Schlaf auf. Es folgen die Alphawellen (8 bis 13 Hertz), die auch während leichter Traumzustände oder Meditation auftreten. Betawellen (circa 13 bis 30 Hertz) sind mit alltäglichen kognitiven Aufgaben verbunden. Schließlich gibt es noch die Gammawellen (oberhalb von 30 Hertz), die einen Zustand intensiver Konzentration anzeigen. Teil von Jeffreys Forschungsarbeiten ist es, die aufgezeichneten EEGs in QEEGs zu übersetzen, in quantitative EEGs. Mittels der so erhaltenen »Brain Maps« kann er die unterschiedlichen Frequenzbereiche der Hirnwellen einer Person mit »normalen« Hirnwellen vergleichen. (Man wertet das EEG sozusagen statistisch aus. Während die normale EEG-Anwendung nur auf bestimmte auffällige Muster hin überprüft wird, kann man hier sehr gut nachvollziehen, was tatsächlich im Gehirn passiert. Sozusagen eine Langzeit-EEG-Messung.)

Die Ausrüstung, die Jeffrey verwendet, kann also in Echtzeit darstellen, welche Hirnwellen im Moment bei einer Testperson auftreten und welchen Prozentsatz der Gehirnaktivität sie insgesamt ausmachen. Auf einem weiteren Bildausschnitt erschien nun die Analyse mit den Daten der quantitativen Auswertung der Gehirnwellen. Horizontal wachsende und schrumpfende farbige Balken zeigten an, welche Hirnwellen gerade in welchem Umfang aktiv waren.

Am Tag als das Experiment durchgeführt wurde, spielten dank Alexis Geschick sämtliche Bildausschnitte wunderbar zusammen. Unsere Versuchsperson, deren Namen wir aus einem Zylinderhut zogen, sollte Todd Voss sein, ein Kriegsveteran. Er hatte an zwei Kriegen teilgenommen, dem ersten und dem zweiten Irakkrieg. Nach seiner Rückkehr hatte man bei ihm eine posttraumatische Belastungsstörung festgestellt. Er litt unter schwersten Depressionen und Hypervigilanz (erhöhte Wachsamkeit). Immer wenn er einen geschlossenen Raum betrat, setzte er sich mit dem Rücken dicht zur Wand und scannte zwanghaft die Umgebung nach möglichen Bedrohungen. Zudem litt er unter Schlafstörungen. Die *Veteran Association* beschränkte sich darauf, ihm eine Wagenladung Medikamente zu verschreiben. Ihm war jedoch bewusst, dass dies höchstens ein Pflaster für seine Wunden war. Daher suchte er nach einer nichtmedikamentösen Lösung für seine Probleme. Unsere Absicht war es, Todds Anspannung um wenigstens 25 Prozent zu senken und gleichzeitig den Anteil an Alphawellen (die mit Zuständen innerer Ruhe assoziiert sind) zu erhöhen.

Bei den Brain Maps wird die gesamte Hirnaktivität einer Person als »Karte« aus 30 kleinen »Köpfen« unterschiedlicher Farbe dargestellt, wobei jede Farbe für eine bestimmte Gehirnwellenfrequenz steht. Grün signalisiert weitgehend »normale« Frequenzen, während andere Farben zeigen, wie stark die Hirnaktivität einer Person von der Norm abweicht. (Rot signalisiert Abweichungen nach oben, Blau solche nach unten.)

Jeffrey Fannin hatte vor dem Experiment Brain Maps von Todd und unserer Kontrollperson Kathy erstellt und würde dies während des Experiments, danach und ein paar Wochen später, also Mitte Mai, noch einmal tun.

Unsere Teilnehmer hatten wir gebeten, sich darauf zu konzentrieren, dass Todds Prozentsatz an Alphawellen, die auf dem

Monitor als türkisfarbene Balken angezeigt wurden, stieg. Sie sollten sich vorstellten, wie diese Balken immer länger und markanter wurden. Es war faszinierend, dank der verschiedenen Fenster auf dem Bildschirm den Effekt unserer gerichteten Intentionen in Echtzeit mitverfolgen und beobachten zu können, wie die türkisfarbigen Balken immer stärker wuchsen.

Vor dem Experiment erstellte Brain Maps hatten gezeigt, dass bei Todd bestimmte Hirnareale die typischen »Schwingungssignaturen« einer posttraumatischen Belastungsstörung zeigten. Mehrere während des Intentionsexperiments erstellte Maps belegten jedoch klar, dass die Standardabweichung bei den Alphawellen drei Punkte über dem Mittel lag, nachdem wir Todd unsere Intention geschickt hatten. Das Spannendste dabei war, dass das Hirnareal, in dem posttraumatische Belastungsstörungen sich am deutlichsten zeigen, während des Experiments nahezu normale Aktivität annahm.

Weitere Auswertungen ergaben, dass sich auch die Gehirnwellenkohärenz, die anzeigt, inwieweit bestimmte Hirnregionen aufeinander abgestimmt sind, verbessert hatte. Im Anschluss daran führte Dr. Fannin noch einen sogenannten *t*-Test durch, um die statistische Aussagekraft des Experiments zu bestimmen. Dieser ergab, dass die statistische Wahrscheinlichkeit, dass unsere Ergebnisse auf Zufall beruhten, weniger als 1 Prozent betrug.

Die beschriebenen Effekte zeigten sich weder bei Kathy noch bei unserem Intentionssender Mario. Bei beiden zeigten die Brain Maps praktisch keine Veränderung bei den Alphawellen. Das schien die Möglichkeit, dass sich Veränderungen in Todds Hirnaktivität durch einen Placeboeffekt erklären ließen, auszuschließen, zumal sowohl Kathy als auch Todd erst nach dem Experiment erfuhren, wen wir als Versuchsperson ausgewählt hatten.

Diese Ergebnisse waren recht ermutigend, doch wies unsere Studie gewisse konzeptionelle Probleme auf, die wir nicht ignorieren konnten. Eine Schwierigkeit, die sich bei einem Experiment mit dieser höchst innovativen Behandlungstechnik stellt, ist, die richtigen Freiwilligen zu finden und es mit einem vertretbaren Kostenaufwand zu realisieren.

Was mögliche Versuchspersonen anging, so beschränkte sich Jeffreys Auswahl auf diejenigen seiner Patienten, die bereit waren, bei einem solchen Experiment mitzumachen. Von diesen wiederum waren die meisten schon bei ihm in Therapie. Todd Voss hatte zuvor bereits zwei Gehirntrainings, eines davon mit Dr. Fannin, gemacht, bei denen er lernte, mithilfe bestimmter Techniken mehr Alphawellen zu erzeugen und so seinen Stresspegel zu senken. Doch als bei Todd die alten Symptome wiederkehrten, befand Jeffrey ihn letztlich doch als würdigen Kandidaten für unser Experiment.

Eine Woche nach dem Ereignis beschrieb Todd seinen Zustand als deutlich gebessert – so gebessert, dass er sich mit Plänen für eine ausgedehnte Reise trug. Er hatte nicht mehr das Gefühl, sich zur Behandlung seiner posttraumatischen Belastungsstörung wiederholt in klinische Behandlung begeben zu müssen. Im Laufe des folgenden Jahres heiratete er und wurde Vater eines Kindes. Seine klinischen Befunde und auch die neuesten Brain Maps waren höchst überzeugend, doch da Todd schon vor unserem Experiment Techniken erlernt hatte, die auf dieselben Effekte abzielen wie unsere gerichtete Intention, konnte nicht mit letzter Sicherheit gesagt werden, dass die Veränderungen seiner Gehirnaktivität allein durch unsere Gedanken und nicht durch sein Training verursacht worden waren.

Sosehr es mich freute, dass es Todd nun viel besser ging, so zeigten sich ein paar Wochen nach dem Experiment einige noch überzeugendere Resultate, als ich die Reaktionen unserer Teilnehmer durchging. Fast ein Fünftel berichtete nämlich diesmal von deutlichen körperlichen Verbesserungen.

»Mein Karpaltunnel-Syndrom hat sich gebessert, und ich fühlte mich sehr entspannt. Habe auch besser geschlafen.«

»Drei Jahre hatte ich Knieprobleme. Nach dem Experiment waren alle Schmerzen, unter denen ich immer gelitten hatte, vollkommen weg.«

»Ein chronisches Rücken- und Knieproblem hat sich stark gebessert.«

»Seit den letzten zehn Tagen ist meine Verdauung normal. (Ich litt fast 20 Jahre unter Verstopfung.)«

»Mein Hüftschmerz wurde leichter, so, als hätte ich ein Schmerzmittel genommen.«

»Der Schmerz in meinem Knie war völlig weg.«

»Mein schmerzendes Hüftleiden scheint zu vergehen.«

»Ich glaube, dass mein Körper sich irgendwie ›neu kalibriert‹.«

»Ich hatte ständig Darmprobleme. Das ist jetzt vorbei:«

»Mein Hautleiden wird ständig besser.«

»Habe keine Ischiasbeschwerden mehr.«

»Ich schlafe besser und leide auch nicht mehr unter Angstzuständen und Panikattacken.«

»Während der letzten Jahre litt ich an Rheuma ... Jetzt bemerke ich schwache, aber regelmäßige Anzeichen einer Verbesserung. Ich habe weniger Schmerzen und leide auch weniger an Unruhezuständen.«

»Ich habe das Gefühl, dass ich jetzt endlich bereit bin, mich mit meiner eigenen posttraumatischen Belastungsstörung auch auf körperlicher Ebene auseinanderzusetzen.«

Die Ergebnisse, die mir in den folgenden Wochen berichtet wurden, waren noch erstaunlicher. In fast der Hälfte der Fälle hieß es, dass in den zwischenmenschlichen Beziehungen, sei es mit Kunden, Ex-Partnern, Geschwistern, Nachbarn oder Eltern, eine Heilung stattgefunden habe. Es herrschte nicht nur mehr Friede und Harmonie zwischen den Betreffenden, auch alte Wunden wurden geheilt. Sandra zum Beispiel nahm wieder engeren Kontakt zu ihrer Mutter auf, mit der sie vorher gewöhnlich nur ein paar Mal pro Jahr telefoniert hatte: »Wir haben uns unterhalten, wie wir es in meinem ganzen Leben noch nie getan haben.«

Zwei Teilnehmerinnen versöhnten sich mit ihren Schwestern, vergaben alte Kränkungen und konnten sich nun mit »anderen Augen sehen«. »Ich komme jetzt mit meiner älteren Schwester klar, was sonst nie der Fall war. Es ist, als wäre ihr Herz jetzt weicher oder offener«, berichtete eine von ihnen. Bei einem anderen Teilnehmer verbesserte sich das Verhältnis zu einem Kollegen. Marie heilte ihre Ehe. »Mein Mann sieht mich an, als wären wir uns erst gestern begegnet, und das fühlt sich so gut an!«

»Mein Leben, jeder einzelne Aspekt – Gesundheit, zwischenmenschliche Beziehungen, innere Haltung, Energie, Glück, Offenheit usw. – bessert sich ständig«, schrieb Sophie. »Ich habe mich eindeutig verändert.«

Mir fiel wieder Ingrid Pettersson und ihre Trauer um ihren verstorbenen Mann ein, und allmählich dämmerte mir, was da möglicherweise ablaufen könnte: In dem Rückkopplungseffekt, von dem die Teilnehmer berichteten, spiegelten sich ihre gerichteten Intentionen wider. Wenn sie um Frieden beteten, wurde ihr eigenes Leben friedvoller. Wenn sie versuchten, jemand anderen zu heilen, erfuhren sie selbst Heilung. Wer sich auf die Heilung eines anderen Menschen konzentriert, bekommt Heilung zurückgespiegelt.

17. KAPITEL

IM KREIS

Derselbe Spiegeleffekt zeigte sich in unseren Kreisen zur Kraft der Acht. In einem Seminar, das ich in Maarssen in den Niederlanden hielt, lernte ich Bet kennen. Bet hatte sich bei einem Sturz Knöchel und Arm geprellt und war nun von ihrer Elfergruppe ausersehen worden, das Zielobjekt der heilenden Intentionen zu werden. Sobald sie sich im Inneren Kreis befand, hatte sie die deutliche Empfindung, dass sie sowohl Sender als auch Empfänger war. »Als ich spürte, wie die Leute mir ihre Hand auflegten, dachte ich, vielleicht mache ich einfach mit. Immerhin geht es ja um mich. Ich spürte, wie die Energie bei mir ankam, und beschloss, die elfte in der Runde zu sein. Dann fühlte ich, wie meine Energie mit dem Ganzen verschmolz.«

Bet war kein isoliertes Wesen mehr. Sie war zur selben Zeit Sender und Empfänger.

Nun war mir klar, dass die besonderen Rückkopplungseffekte, die meine Teilnehmer erfuhren, mit dem Objekt der Intention zu tun hatten. Dieses war für die gespiegelte Heilung verantwortlich. In meinem Buch *The Bond* geht es unter anderem auch um eine Entdeckung, die der italienische Neurowissenschaftler Giacomo Rizzolatti gemacht hat.[112] Nehmen wir bei einem anderen Menschen eine Handlung oder die Zeichen einer Emotion wahr, fangen bei uns genau dieselben Neuronen an zu feuern wie bei unserem Gegenüber. Sie verhalten sich, als würden wir selbst so agieren oder fühlen. Rizzolatti bezeichnete diesen Effekt als »Spiegelneuronensystem«. Was jedoch bei meinen Teilnehmern geschah, war mehr als simple Spiegelung, also das Reflektieren eines vorher empfangenen Eindrucks. Sie identifizierten sich vielmehr so intensiv mit dem Objekt der Intention, dass sie damit zu verschmelzen schienen, als würde ihnen dasselbe widerfahren:

»Ich ... schmeckte Blut und roch Blut, als wäre ich in Afghanistan und hätte dort meine Familie verloren.«

»Todd Voss, ich höre den Namen ständig in meinem Geist. Als wäre er ein Teil meiner selbst geworden.«

....

Was stellt dieser so tief gehende Spiegelungsvorgang mit dem Gehirn an? Kann es dieses möglicherweise gar dauerhaft verändern? Richard J. Davidson ist Psychologe am Labor für Affektive Neurowissenschaft an der University of Wisconsin-Madison. Er und sein Kollege Antoine Lutz, Forscher am französischen Institut National de la Santé et de la Recherche Médicale, interessieren sich für die Funktion von Gehirnen im Ausnahmezustand – von Gehirnen, die an langes Training, vor allem durch Meditation, gewöhnt sind. Deren neuronalen Verbindungen und Strukturen wollen die Forscher auf die Spur kommen. Sie untersuchen, wie sich diese Strukturen unter dem Einfluss von Konzentration und Sammlung ständig verändern.

»Die Gehirnregion, die die Fingerbewegungen eines Geigenspielers steuert, wird größer, je besser er sein Instrument beherrscht. Dasselbe passiert, wenn wir meditieren«, schreiben Davidson und Lutz im *Scientific American*.[113]

In der Zusammenarbeit mit buddhistischen Mönchen aus dem Umfeld des Dalai Lama haben Lutz und Davidson untersucht, welche Gehirnregionen sich verändern, wenn sich die Art der Sammlung ändert: Zunächst betrachten sie die Effekte der gerichteten Aufmerksamkeit, bei der der Meditierende sich zum Beispiel auf den Atem konzentriert; dann die Achtsamkeit, bei der der Praktizierende völlig präsent bleibt für sämtliche sensorischen Eindrücke und mentalen Vorgänge; und schließlich die Meditation über liebende Güte, bei der der Meditierende Mitgefühl für alle lebenden Wesen entwickelt.

Jede dieser Meditationsformen stellt sozusagen ein Work-out für eine andere Gehirnregion dar und löst dadurch Gehirnwellen unterschiedlicher Frequenz aus: Die gerichtete Aufmerksamkeit und die Meditation über liebende Güte scheinen schnelle Gehirnwellen anzuregen (Beta-2-Wellen von 20 bis 30 Hertz und Gammawellen von 30 bis 50 Hertz). Dabei wird das Gehirn auf intensive Konzentration trainiert. Die Achtsamkeit hingegen bringt langsame Gehirnwellen mit sich (Thetawellen von 5 bis 8 Hertz). Bei dieser Übung entspannt das Gehirn sich und reagiert weniger auf Umgebungsreize.

Übt man sich in Konzentration, verbessert dies die Gehirnfunktionen ganz entscheidend. Gerichtete Aufmerksamkeit und Achtsamkeitsübungen fördern beim Meditierenden eine erhöhte Wahrnehmung, die sich beim Aufmerksamkeitstraining nach außen richtet, beim Achtsamkeitstraining nach innen. Wie ich bereits in meinem Buch *Intention* beschrieben habe, versetzt die Meditation über liebende Güte, bei der man sich bemüht, allen Wesen seine Liebe zu senden, das Gehirn in einen hochenergetischen Zustand, in dem es fieberhaft arbeitet.[114] Davidsons Studien an Mönchen zeigten, dass deren Gehirn ständig schubweise Gammawellen von 25 bis 70 Hertz produziert. In diesem Zustand ist das

Gehirn gewöhnlich nur, wenn es in tiefer Sammlung ist, wenn es nach Lösungen für Probleme sucht, wenn es tiefe Einsichten erfährt. Bei dieser Frequenz findet eine Synchronisierung der Aktivität über alle Gehirnregionen statt. Das ist auch nötig, um diesen Zustand erhöhten Gewahrseins aufrechtzuerhalten. Auch die beiden Gehirnhälften arbeiten dann besser zusammen.

Wie Davidsons Forschung an den Mönchen bewies, ist bei diesen »Gamma-Zuständen« vor allem der linke, vordere Teil des Gehirns aktiv, der für Gefühle der Freude zuständig ist. [115] Trainiert man diese »Glücksregion« des Gehirns, scheint dies die Stimmung des Betroffenen dauerhaft zu heben. Der Gehirnzustand, den man bei tiefer Konzentration aufbaut, kann sich also positiv auf das Gefühlsleben der Betroffenen auswirken, und zwar auch auf lange Sicht.

Unsere Intentionsexperimente und die Achtergruppen scheinen also eine kombinierte Übung aus gerichteter Aufmerksamkeit und liebender Güte zu sein. Wir hatten ja sowohl eine altruistische Ausrichtung – die Heilung anderer – als auch ein bestimmtes Ziel – entweder einen bestimmten Menschen oder eine bestimmte Situation (Krieg). Es war also durchaus möglich, dass meine Teilnehmer einen solchen »Glückshirn«-Effekt erlebt hatten. Das lag sicher an ihrer mitfühlenden Intention, wie sie gewöhnlich nur Mönche entwickeln, die jahrelang über Mitgefühl meditieren.

Aber konnte dies wirklich die Erklärung für die weitreichenden Veränderungen in ihrem Leben sein?

Tania Singer ist Direktorin der Abteilung für Soziale Neurowissenschaft am Max-Planck-Institut für Kognitions- und Neurowissenschaften in Leipzig. Sie leitet das ReSource-Projekt, eine breit angelegte Studie, bei der die Teilnehmer Übungen aus der östlichen und westlichen Tradition erlernen, die Matthieu Ricard zusammengestellt hat, selbst Mönch, Biologe und langjähriger Schüler des Dalai Lama. Nach elf Monaten des Trainings wird untersucht, ob sich im Leben und in den Beziehungen der Teilnehmer etwas verändert hat.

Schon nach einer Woche der Mitgefühlsmeditation verhielten sich Singers Probanden viel kooperativer und waren eher bereit, anderen zu helfen.[116] Dies zeigte sich an einem Computerspiel, das ihre soziale Einstellung maß und ihren Wunsch, anderen behilflich zu sein. Singers Versuchspersonen waren sogar dann eher bereit, anderen zu helfen, wenn sie keine Dankbarkeit erwarten durften. Außerdem reagierten sie sensibler auf Stresszeichen bei anderen – auch dies ein klares Anzeichen der Verbundenheit mit anderen Menschen.

Diese Resultate deckten sich mit den Erfahrungen, die meine Teilnehmer bei den Friedensexperimenten gemacht hatten. Der Großteil hatte von einer erhöhten Bereitschaft berichtet, mit anderen – auch Fremden – auszukommen. Aber sie hatten nicht erst ein Jahr lang üben müssen – nur acht Tage lang je zehn Minuten.

Der Neurowissenschaftler Mario Beauregard bezeichnet Gammawellen als »ozeanisch«, weil sie uns aus unserem kleinen Ich herausheben und mit dem größeren Ganzen verbinden. Seine Forschungsarbeiten zeigen, dass Gammawellen darüber hinaus ansteckend sind. Beauregard »versteckt« Gammafrequenzen in Musikstücken, welche Testpersonen während ihrer Meditation hören. Danach wird ihre Gehirnaktivität gemessen. Regelmäßig zeigte sich bei den Zuhörern eine »Resonanzreaktion«,[117] ein höherer Prozentsatz dieser hochfrequenten Gehirnwellen. Durch das Hören solcher »versteckten« Frequenzen – auch ohne dass Sie von ihrem Vorhandensein wissen – wird Ihr Gehirn angeregt, diese Wellenmuster nachzuahmen.

»Wenn Sie die Gehirnwellen verändern«, sagte mir Beauregard, »dann verändern Sie die Identität der Person. Ihr Selbstgefühl verändert sich, es erweitert sich sozusagen.«

Wenn sich dieser ozeanische Zustand einstellt, wächst der Mensch aus seinem kleinen Ich heraus, das sich nur für seine eigenen Reaktionen auf die Außenwelt interessiert, und entwickelt ein größeres Selbst. »In diesem erweiterten Zustand lässt der Mensch seine eingeübten emotionalen Muster und seine begrenzenden Glaubenssätze los«, erklärt Beauregard weiter. »Dann fällt es ihm leichter, universelle Liebe zu empfinden.«

Eine seiner Teilnehmerinnen war eine 65-jährige Mutter, deren Sohn sich mit 17 Jahren das Leben genommen hatte. Das war 25 Jahre vor dem Test geschehen, doch sie litt immer noch unter Schuldgefühlen und dem Trauma des Verlusts. Nachdem sie den Gammawellenzustand erfahren hatte, erzählt Beauregard, fühlte sie sich zum ersten Mal von der Trauer befreit und bereit, im Leben weiterzugehen.

Wenn die Menschen in unserem Kreis also tatsächlich solche Synchronzustände erlebten, dann trug dies natürlich auch dazu bei, dass sie mehr Freude empfanden. Doch die Heilwirkungen, von denen meine Teilnehmer berichteten, gingen weit über ein ozeanisches Gefühl universeller Liebe hinaus. Was an diesen Kreisen konnte eine solche Wirkung entfalten? Robert Cialdini, früher Professor für Psychologie an der Arizona State University und Autor von *Die Psychologie des Überzeugens,* glaubt, dass das Gefühl der Verbundenheit eine altruistische Einstellung fördert: Menschen haben ganz natürlich den Wunsch zu helfen, wenn sie ihre Individualität vergessen und kurzzeitig in einen Zustand des Einsseins eintreten.[118]

Lutz und Davidson entdeckten, dass die Meditation über liebende Güte in bestimmten Gehirnregionen mehr Aktivität auslöst. Dazu gehören u.a. der temporoparietale Übergang, der mittlere präfrontale Kortex und der Sulcus temporalis superior. Diese Regionen werden aktiviert, wenn wir aus altruistischen Motiven wünschen, anderen zu helfen. Auch altruistische Heilwünsche scheinen das Netzwerk im Gehirn zu verändern. Daran sind beteiligt der orbitofrontale Kortex, das ventrale Striatum und der anteriore Gyrus cinguli. Diese sind aktiv, wenn wir Mitgefühl, positive Emotionen oder mütterliche Liebe empfinden.

Nun war mir klar, warum die Menschen nach dieser Erfahrung ihre Beziehungen in Ordnung brachten und sich mit ihrem Leben zufriedener erklärten als davor. Doch was an unseren Experimenten versetzte sie in die Lage, auch körperliche Probleme zu heilen?

Umfassende Forschungsarbeiten zeigen, dass Meditation auf den Körper einen tief greifenden Einfluss ausübt. Sie hilft, Entzündungen abzubauen, und verändert die Funktion wichtiger Enzyme. Dazu gehört beispielsweise die Telomerase, die bestimmt, wie lange eine Zelle lebt. Tania Singers Arbeit am ReSource-Projekt belegt, dass bei ihren Teilnehmern bald das Immunsystem stärker, der Pegel an Stresshormonen niedriger und das Nervensystem ausgeglichener war.

Doch daran allein konnte es nicht liegen. Bei meinen Experimenten und in unseren Gruppen stellten sich diese Heilwirkungen nämlich sofort ein und auch bei Menschen, die noch nie meditiert hatten. Offensichtlich wurde die Liebe in unseren Intentionsexperimenten und den Kraft-der-Acht-Gruppen stärker, sodass buchstäblich ein Kreis der Heilung entstand. Gut möglich, dass die Menschen sich in der Gruppe sicherer fühlten und daher zu geben wagten. Vielleicht war das Geben ja ohnehin die eigentliche Triebkraft der Übungen, der Aspekt der Intention, der sich als stärkster Heiler herausstellen sollte.

Es war Zeit, das Experiment nun auf den Kopf zu stellen. Statt die Resultate zu studieren – das Nehmen –, wollte ich den Prozess untersuchen: den Akt des Gebens.

....

18. KAPITEL

GIB UND DIR WIRD GEGEBEN

George schien ein hoffnungsloser Fall zu sein. Man hatte bei ihm ein niedriggradiges Gliom diagnostiziert, einen tödlichen Gehirntumor. Als biomedizinischem Forscher an der Universität war ihm klar, was dies bedeutete: Es gab keine Heilung. Der Tumor würde über die Monate langsam, aber stetig wachsen. Und der sichere Tod würde – im besten Fall – innerhalb der nächsten zwei Jahre eintreten, ganz egal, welcher Behandlung er sich unterzog. Eine Operation war nicht möglich, und Chemotherapie oder Bestrahlungen blieben meist wirkungslos.

Da die Schulmedizin ihm also keine wirklichen Perspektiven bieten konnte, begann George, nach einem Wunder zu suchen. Dies führte ihn zur ersten Konferenz der North American Pentecostal Church. Dort betete ein Ministry Team für ihn, eine Gruppe von Menschen, die sich speziell dem Dienst an Gott und dem Mitmenschen verschrieben haben. George spürte förmlich, wie der Heilige Geist durch ihn hindurchfegte: eine enorme Hitze, Vibrationen fast wie bei einem Elektroschock. George stürzte zu Boden und fing an, heftig zu weinen. Er war davon so beeindruckt, dass er von nun an sämtliche Konferenzen der Pentecostal Church in Nordamerika besuchte wie ein besonders ergebenes Groupie. Immer reihte er sich in die Schlange der Menschen ein, die um Heilung für sich baten. Und immer erlebte er dieselben Reaktionen, fast als schlüge ein Blitz in seinen Körper ein. Alle drei Monate begab er sich zum Arzt seines Vertrauens und ließ eine MRT machen in der Hoffnung, dass sich irgendetwas verändern würde. Es war keinerlei Wirkung sichtbar. Der Tumor wuchs weiter.

2004 schloss George, der immer noch sicher war, dass das Gebet ihm helfen würde, sich einer Gruppe »aktiver Beter« an, die nach Kuba reiste. Diese Reise war vom Global Awakening Movement organisiert worden, dem aktiven Zweig der Vineyard Church Pentecostal, gegründet von Randy Clark, einem Geistlichen aus Saint Louis in Missouri. Clark wurde unbeabsichtigt zum Begründer des »Toronto-Segens«, einem Phänomen, das 1994 in der Toronto-Airport-Vineyard-Gemeinde seinen Ausgang nahm. Dort hatten sich im Januar 1994 160 Menschen versammelt, und als Clark den Heiligen Geist einlud, fingen die Gemeindemitglieder plötzlich an, sich unkontrolliert zu schütteln, zu lachen und wie trunken zu Boden zu stürzen. Viele sprachen danach von einer wundersamen körperlichen oder emotionalen Heilung. Die Nachricht von dem Ereignis verbreitete sich in Windeseile, und bald versammelten sich in Toronto Zehntausende Menschen, um an den abendlichen Gebets- und Heilsitzungen teilzunehmen, die Clark gut zwölf Jahre lang durchführte. Als die Treffen aufhörten, hatten über drei Millionen Menschen angeblich diese besondere Wirkung verspürt.

Da George sich nun der aktiven Gebetsgruppe angeschlossen hatte, betete er mit ihr für die Heilung eines Mannes mit einem schweren Augenleiden. Er konnte kaum einen halben Meter weit sehen. Nach 15 Minuten meinte der Mann, er könne nun ohne Brille Dinge scharf sehen, die ungefähr sechs Meter entfernt waren. Eine Frau litt unter Eierstockkrebs, der sie so ausgezehrt hatte, dass sie weder essen noch gehen konnte. Während des Gebets reagierte sie auf dieselbe Weise, wie auch George es getan hatte. Auch sie stürzte zu Boden, doch als sie aufstand, hatte sie plötzlich mehr Kraft als vorher und konnte wieder gehen. Ihr Tumor, der gewöhnlich mit der Hand ertastet werden konnte, war nicht mehr zu spüren.

George war von dieser Erfahrung so beeindruckt, dass er nach seiner Heimkehr bei jeder sich bietenden Gelegenheit für andere betete. Manchmal widmete er ganze Abende oder Wochenenden dem Versuch der Heilung. Er nahm regelmäßig an den Konferenzen der Pfingstkirchen in den Vereinigten Staaten teil und unternahm noch weitere Reisen mit Global Awakening und anderen Gebetsgruppen nach Lateinamerika und Afrika. Dabei wechselte sein Fokus: Statt sich nur selbst heilen zu wollen, wurde sein Beten immer mehr ein Gebet für andere. Als er die vielen Gebetsersuchen allein nicht mehr bewältigen konnte, gründete er eine eigene Gebetsgruppe, die nach jeder Sonntagsmesse noch eine Stunde zusammenblieb, um für alle zu beten, die um Gebetshilfe gebeten hatten.

Nach zwei Jahren stellte Georges Arzt fest, dass sein Tumor nicht mehr weiter wuchs – tatsächlich fing er sogar zu schrumpfen an. Selbst die früheren Symptome bildeten sich zurück. Während der folgenden acht Jahre blieb er ganz symptomfrei.[119] In dem Bericht über den letzten Scan vermieden die Ärzte den Begriff »Tumor« ganz. Dies bestätigt auch Candy Gunther Brown, Associate Professor für Religionswissenschaft an der Indiana University, die Fälle wie den von George für ihr Buch *Testing Prayer* dokumentierte.

Obwohl seine Heilung nicht unmittelbar erfolgte und auch nicht so dramatisch ablief wie einige jener Erfahrungen, die er selbst beobachtet hatte, schrieben sowohl George als auch Randy

Clark (der die Geschichte in sein Buch *Changed in a Moment* aufnahm) die Wendung in seinem Schicksal dem kumulativen Effekt jedes einzelnen Gebetes zu, das für ihn gesprochen worden war.[120] So ähnlich, wie man jeden Monat kleine Summen auf sein Sparkonto einzahlt und irgendwann eine große Summe sein Eigen nennt.

Meiner Ansicht nach liegt der Grund woanders. Es war nicht die »Masse« der Gebete, die für George gesprochen wurde, und auch nicht die Tatsache, dass man bei großen Konferenzen und Missionsreisen für ihn betete. Denn Georges Heilung stellte sich in dem Moment ein, in dem er für jemand anderen betete als sich selbst.

....

Nach den Experimenten mit heilenden Intentionen begann ich darüber nachzudenken, ob nicht eine andere starke Kraft für all die Wunder verantwortlich war, für die ich noch keine Erklärung gefunden hatte: der Rückkopplungseffekt, der auftritt, wenn wir für andere beten.

Dr. Sean O'Laoire, ein katholischer Priester aus Irland, der seinen Doktortitel in Transpersonaler Psychologie erworben hat, hatte diesen Effekt entdeckt, als er die möglichen Auswirkungen des Gebets auf die emotionale und geistige Gesundheit untersuchte. Dieses Thema wird von der traditionellen Forschung eher vernachlässigt. Als praktizierender Priester und klinischer Psychologe hatte er alles zur Verfügung, was er brauchte, um dieser Frage nachzugehen.

O'Laoire wollte wissen, ob Menschen, für die gebetet wurde, Veränderungen in ihrem emotionalen Zustand erfuhren, zum Beispiel bei Ängsten, Depressionen oder negativen Stimmungen.

Seine Anzeige in den Zeitschriften der Region um San Francisco brachte ihm schnell 406 freiwillige Versuchspersonen. 90 Personen erklärten sich bereit, für die Probanden zu beten. Sie erhielten eine kurze Einführung in die Techniken der gerichteten Intention und der Visualisierung, also ganz ähnlich, wie ich das bei meinen Seminaren mache.

Dass das Gebet einen positiven Effekt auf die Teilnehmer hatte, stand außer Frage. Alle 406 von O'Laoires Teilnehmern verzeichneten in sämtlichen Aspekten physischer und psychischer Gesundheit objektiv und subjektiv Verbesserungen. Aber als O'Laoire genauer hinsah, merkte er, dass es den Betenden fast noch besser ging als den Zielobjekten. Und obwohl die Zahl der Gebete auf die Menschen, für die gebetet wurde, keinen Einfluss hatte, beeinflusste sie doch die Betenden. Je mehr Gebete sie sprachen, desto gesünder wurden sie.

Diese Resultate kamen für O'Laoire recht überraschend. »Es scheint, als wäre aktives Beten effektiver als das Empfangen von Gebeten«, schloss er.[121] Das mit dem »Gebets-Sparkonto« funktionierte also genau andersherum, als Randy Clark annahm. Wie viel sich auf diesem Konto ansammelte, hing ganz davon ab, wie viel man für andere betete.

Wenn die Heilwirkung, die meine Teilnehmer erfahren hatten, also quasi eine Nebenwirkung ihrer altruistischen Hinwendung zu anderen war, was bewirkte dann diesen Rückkopplungseffekt? Karl Pillemer von der Cornell Universität interessierte sich genau für die Effekte einer altruistischen Ausrichtung im Zusammenhang mit »Heilung«, und so widmete er einen Großteil seines Lebens einer einzigen umfassenden Studie. Er sprach fast 7000 ältere Amerikaner an, von denen ein Teil sich an Projekten zur Beseitigung von Umweltverschmutzung beteiligte, ein anderer hingegen ein solches freiwilliges Engagement rigoros ablehnte. In der Folge ging Pillemer den Krankengeschichten jeder einzelnen Testperson für die letzten 20 Jahre nach. Und er wurde nicht enttäuscht. Tatsächlich zeigte sich, dass die »Freiwilligen« weit gesünder und körperlich aktiver waren als der Rest. Darüber hinaus erkrankten sie mit einer um die Hälfte geringeren Wahrscheinlichkeit an Depressionen.[122]

Sich für das Allgemeinwohl einzusetzen verhalf ihnen anscheinend zu mehr als nur zu einem guten Gefühl. Es stärkte offensichtlich Körper und Geist. Tatsächlich scheint es real die Gesundheit zu verbessern, wenn man sich mehr auf andere Menschen konzentriert und weniger auf sich selbst – wie George. Wenn Sie krank sind, steigt die Wahrscheinlichkeit, wieder zu genesen, wenn Sie Ihre Aufmerksamkeit auf eine andere Person richten als sich selbst. Das war zumindest die Schlussfolgerung, die Forscher an der University of Buffalo zogen, als sie sich mit der Geschichte von gut 800 Versuchspersonen beschäftigten. Die Probanden wurden über fünf Jahre lang begleitet, wobei die Forscher genau untersuchten, in welchem Umfang sie anderen Menschen – Angehörigen, Freunden oder Nachbarn – halfen.

Tatsächlich erwies sich ihre Hilfsbereitschaft als eine Art kugelsichere Weste. Diejenigen, die im Jahr zuvor anderen geholfen hatten, hatten eine viel geringere Wahrscheinlichkeit zu sterben, wenn sie mit Stresssituationen wie Krankheit, finanziellen Schwierigkeiten, Jobverlust oder familiären Todesfällen konfrontiert waren. Der Unterschied zwischen den Helfern und den Nicht-Helfern hätte nicht krasser ausfallen können. Angesichts neu auftretender Stresssituationen haben wenig hilfsbereite Menschen ein um 30 Prozent erhöhtes Risiko zu sterben.[123]

Wie Vater O'Laoire festgestellt hatte, ist es besonders für unsere geistige Gesundheit von Nutzen, wenn wir unsere Aufmerksamkeit auf jemand anderen lenken. Aber das gilt auch umgekehrt.[124] Menschen, die ständig auf sich selbst konzentriert sind, leiden mit höherer Wahrscheinlichkeit an Depressionen, Ängsten und negativen Stimmungen. Wenn es also um die Wahl zwischen Geben und Nehmen geht, ist es keine Frage, was besser für Ihre Gesundheit ist: In einer Studie an älteren Amerikanern zeigte sich, dass Menschen, die gewohnheitsmäßig gaben, seltener krank wurden.[125] Von allen Bewältigungsstrategien, die uns die traditionellen Religionen anbieten, ist es für psychisch kranke Menschen am sinnvollsten, anderen im Rahmen einer religiösen Gemeinschaft beizustehen.[126]

Auch Langlebigkeit scheint eine Nebenwirkung des Gebens zu sein. Forschungsarbeiten der Universität Stanford in Kalifornien an älteren Bürgern zeigen, dass jene, die sich freiwillig für andere engagierten, vor allem im Rahmen religiöser Gruppierungen, eine Sterblichkeitsrate hatten, die um beinahe zwei Drittel niedriger lag als die der nicht engagierten Vergleichspersonen. Dieses Ergebnis, so die Wissenschaftler, »lässt sich nur teilweise mit gesundheitlichen Gepflogenheiten, körperlicher Fitness, religiöser Hingabe und sozialen Netzwerken erklären«.[127]

Es scheint ganz so, dass am Wunsch, etwas für andere zu tun, ohne eine Gegenleistung oder persönlichen Profit zu erwarten, etwas ist, das sich positiv auf Gesundheit und Wohlbefinden auswirkt, und zwar positiver als andere Faktoren wie Ernährung, Lebensstil, soziales Netz oder Glaube. Von allen Lebensstil-Faktoren zusammengenommen ist der Altruismus scheinbar die ultimative Vitaminpille für ein langes und gesundes Leben.

Der Akt des Gebens wirkt sich auch massiv auf unser Glücksgefühl aus. Nachdem der Politikwissenschaftler Robert Putnam sein bahnbrechendes Buch *Bowling Alone* veröffentlicht hatte, in dem er die Amerikaner darauf aufmerksam machte, dass ihr soziales Netz zu zerreißen begann, beschlossen Wissenschaftler an der John F. Kennedy School in Harvard herauszufinden, was genau das »Sozialkapital« eines Landes ausmachte – zum Beispiel Glück, der Zusammenhalt der Menschen, zufriedene Bewohner. Zu diesem Zweck führte man eine Umfrage mit 30 000 repräsentativ ausgewählten Amerikanern im ganzen Land durch.

Was dabei herauskam, war eine echte Offenbarung. Wenn man nicht arm war, war Geld nicht der entscheidende Faktor. Sobald man ein regelmäßiges Einkommen von 75 000 Dollar im Jahr erzielte, hatte der Glücksfaktor wenig mit dem Kontostand zu tun. Menschen, die weniger verdienten, waren unglücklich, weil sie ständig mit Geldproblemen zu kämpfen hatten, doch sobald diese Einkommensschwelle erreicht war, machte mehr Geld sie nicht glücklicher. Die Wasserscheide verlief also dort, wo man seine Rechnungen bezahlen konnte. Ansonsten hatte Geld mit der Lebenszufriedenheit nichts zu tun.

Umgekehrt war es die Hilfeleistung für andere, die die eigene Zufriedenheit und das eigene Glück massiv steigern konnte. Menschen, die bereit waren, hierfür ihre Zeit oder ihr Geld zu geben, hatten eine um 42 Prozent erhöhte Wahrscheinlichkeit, Glück zu erfahren.[128]

Die körperliche Komponente der Freude am Geben nennen Psychologen das »Helper's High«. Menschen, die sich für andere engagieren, berichten, dass sie sich danach genauso fühlten, als hätten sie ordentlich Sport getrieben oder meditiert: Hierbei setzt der Körper nämlich Endorphine frei, Glückshormone, die das Stressniveau senken.[129] Die Wissenschaftler meinten zwar, dass dazu ein realer Kontakt zwischen Helfern und Empfängern nötig sei, doch unsere Experimente zeigten, dass das virtuell genauso funktioniert. Es reicht schon ein Foto, um die Verbindung herzustellen.

Altruismus ist also nicht nur gut für Glück und Gesundheit, er ist vielleicht die beste Rückversicherung für ein langes Leben. Aber konnte er tatsächlich für die Erfahrungen meiner Teilnehmer verantwortlich sein, die so intensive Veränderungen in ihren Beziehungen, vor allem zu Fremden, erfahren hatten? Um dies herauszufinden, musste ich in Erfahrung bringen, was es grundlegend bedeutet, wenn ein Mensch sich nicht an die erste Stelle setzt. Was ich brauchte, waren also Informationen über die Biologie der Güte.

19. KAPITEL

GEDANKEN FÜR ANDERE

Ich stellte 13 meiner Kraft-der-Acht-Gruppen vor eine unübliche Herausforderung, vor allem angesichts der Tatsache, dass es in diesen Gruppen ja um persönliches Wachstum ging: Lasst euch selbst los. Hört auf, Intentionen für Gruppenmitglieder zu machen oder für euch selbst. Konzentriert euch stattdessen auf »die anderen«. Und ich hatte dabei einen ganz besonderen »anderen« im Hinterkopf. Am 8. Dezember 2015 hatte der damals 14-jährige Luke mit seiner ersten Freundin Schluss gemacht und war in einem Anfall pubertärer Lebensangst von einem zwölf Meter hohen Gebäude gesprungen und unten auf dem Gehsteig aufgeprallt.

Wunderbarerweise hatte Luke überlebt, doch sein Körper war zerschmettert. Schädel, Augenhöhle, Becken, Knöchel, eine Ferse und ein Ellbogen waren gebrochen. Neben den Knochenbrüchen hatte er eine Gehirnverletzung erlitten. Seine rechte Lunge war durchbohrt und er sah auf einem Auge doppelt. Die Nerven in seinem Becken und in seinem Harntrakt hatten Schäden davongetragen, dazu kam eine Infektion in der Brust und eine Verletzung am unteren Ende der Wirbelsäule. Er hatte mehrere Notoperationen durchlitten und erholte sich gerade von den Eingriffen am Becken, an der Wirbelsäule und am Ellbogen. Und seine

Selbstmordtendenzen waren ja ebenfalls noch vorhanden. Er musste um sein Leben kämpfen, hatte aber nicht den geringsten Überlebenswillen. Es war sein Stiefvater Michael, der mich fragte, ob wir nicht eine Intention für Luke aussenden könnten.

Dieser Fall berührte mich mehr als jeder andere zuvor. Zu jener Zeit war auch meine Tochter im Teenie-Alter und lebte noch bei mir zu Hause. Es hätte auch sie treffen können oder einen ihrer Freunde. Und so machte ich Luke am Sonntag, den 10. Januar, zum Zielobjekt der Intention der Woche und zum Empfänger der Gruppenintentionen meiner Kraft-der-Acht-Aktivisten. Michael ließ uns wöchentlich Informationen über Lukes aktuelle Fortschritte zukommen.

Nach der Intention am Sonntagabend war Luke ziemlich aufgeregt – was seine Eltern als Nachwirkung der Gruppenheilung interpretierten. Einen Tag später begann die Infektion in seiner Brust abzuheilen. Man setzte die Antibiotika ab. Von da an schlief er auch besser. In der Folge war er öfter bei Bewusstsein und stellte Fragen über seinen Gesundheitszustand. Er versuchte, sich vorzustellen, wieder zu Hause sein und in die Schule zu gehen.

Am folgenden Sonntag bat ich meine Teilnehmer, Luke eine weitere Intention zu widmen. Wieder schickte uns Michael einen ausführlichen Bericht über seinen Zustand. Lukes Hirnschaden hatte sich stabilisiert. Sein gebrochener Ellbogen heilte, sodass er mit dem Arm leichte Gewichte heben konnte. Das galt auch für seinen linken Knöchel. Da alle Infektionen abgeheilt waren, wurden nach den Antibiotika auch die Schmerzmittel abgesetzt. Das Doppeltsehen auf dem rechten Auge ließ nach. Er kam vom Bett in den Rollstuhl, was auch seine Darmprobleme linderte. Nun konnte er es gar nicht mehr erwarten, sich zu erholen und wieder Sport treiben zu können.

Michael schickte uns ein Bild, wie Luke in seinem Rollstuhl durch die Krankenhausflure flitzte – »eine echte Verbesserung«. Ein weiteres Foto zeigte ihn, wie er im Kreis seiner drei besten Freunde, die ihn besucht hatten, die Hand zum High Five erhob, als wolle er mit uns einschlagen.

Es lief also schon alles recht gut, als Michael sich noch einmal meldete. Luke hatte immer noch kein Gefühl für seine Entleerungsbedürfnisse, was für ihn unangenehm war und auch Schmerzen verursachte. Er musste weiterhin einen Katheter tragen, und nun bestand auch noch die Gefahr, dass man ihm einen künstlichen Darmausgang legen musste. Dies war für den Jungen natürlich ein schwerer Schlag. Er hatte ja schon mehrfach gesagt, dass er so nicht mehr leben wolle. Am selben Abend informierte Michael uns, dass Luke »emotional nicht gut drauf« sei.

Und so führten wir am 24. Januar nochmals eine Intention für ihn durch. Michael meldete sich ein paar Tage später.

»Lukes Geist und Körper haben auf die Heilintention vom Sonntag um 18 Uhr stark angesprochen. Tatsächlich bemerkte seine Mutter einen plötzlichen Stimmungsumschwung, der sich tatsächlich um diese Uhrzeit einstellte, als wir die Intention sandten«, schrieb er.

In diesem Augenblick schlug Lukes Stimmung um. Er äußerte sich positiver seiner Mutter gegenüber, und kurz darauf löste sich der Darmverschluss auf. Die Schmerzen ließen nach. In den letzten vier Tagen hatte er sich geweigert, das Bett zu verlassen. Gleich nach der Intention eilte er in die krankenhauseigene Abteilung für Physiotherapie. Und er sprach mit seiner Mutter erneut darüber, wie es sein würde, wieder in die Schule zu gehen und mit der Familie in die Ferien zu fahren. »Das ist ein ungeheurer Fortschritt, hat er doch noch am Freitag geäußert, er würde sich am liebsten umbringen!«, schrieb Michael.

In der Folgewoche hatte Luke einen Kontrolltermin mit seinen Ärzten. Angesichts all dieser Verbesserungen würde man vermutlich versuchen, ihn wieder zum Gehen zu bringen. Doch die wohl beeindruckendste Veränderung war sein Stimmungswandel. Seine Mutter bemerkte, er sei nun »sehr zuversichtlich und positiv«, und Michael meinte, das sei ein Riesenschritt vorwärts.

Noch in derselben Woche bekam Luke ein anderes Kathetersystem, sodass er keinen Urinbeutel mehr mit sich tragen musste. Auch dies ließ ihn neue Hoffnung schöpfen. Nun schien er wieder ausgeglichen, ja optimistisch. Er sah sich im Herbst schon wieder in der Schule, und es machte ihm auch gar nichts aus, das Jahr wiederholen zu müssen.

War dies nur auf die gute Behandlung durch die Ärzte zurückzuführen oder hatten wir Luke irgendwie dazu gebracht, dass er wieder leben wollte? Sowohl Michael als auch seine Frau Clair waren überzeugt, dass der Wandel in Luke von der heilenden Intention ausging. »Die Verbesserungen stellten sich so plötzlich und unerwartet ein«, schrieb Michael. Ich konnte über diesen Umschwung in Lukes Situation nur eines sagen: Ein Placeboeffekt war das nicht. Luke glaubte keinen Millimeter an das, was wir da taten. Wie fast alle Teenager hielt er den Glauben seiner Eltern an heilende Intentionen schlicht für Blödsinn.

Andy gehörte zu denen, die für Luke die heilerische Mahnwache hielten. Sobald sie begann, sich auf einen anderen Menschen zu konzentrieren, veränderte sich auch ihr Leben massiv.

In den letzten sechs Monaten hatte sie alles versucht, um alte Denkmuster aufzulösen, die sie daran hinderten, sich ihren Lebensunterhalt auf unbeschwerte Weise zu verdienen. Als sie sich der Gruppe anschloss, hatte sie eine ganze besondere Absicht, die sie mit den anderen teilte: Sie wollte ihren Traumjob finden und davon auch gut leben können. »Ich erlaube leicht und freudig,

dass mir jeden Monat 20 000 Dollar und mehr auf tausend freud-
vollen Wegen zukommen«, war ihre Intention. »Ich werde reichlich belohnt für die Arbeit, die ich liebe und die sich für mich wie
Spiel anfühlt.« Ihre zweite Intention war: »in meinem neuen Ge-
schäftszweig besser zurechtzukommen, zu sprechen, zu lehren
und zu heilen«, nachdem sie ihren Geschenkeladen nach 18 Jahren 2013 plötzlich hatte schließen müssen.

Doch keine der Gruppenintentionen für sie zeigte Wirkung.
Sie hatte sogar versucht, zu ihrem »Schlüsselmoment« zurückzu-
gehen, wie ich vorgeschlagen hatte, also zu jenem Augenblick, in
dem sie zum ersten Mal begrenzende Vorstellungen über sich
selbst erfahren hatte. Und diesen auf irgendeine Weise zu ändern.
Andy erinnerte sich noch gut an einen solchen Augenblick in ihrer Kindheit, als sie ganz deutlich das Gefühl hatte, nicht genug
Geld zu haben. Doch auch dies änderte nichts an ihrer finanziellen Lage.

Schließlich begann sie, sich altruistische Ziele zu setzen – sie
konzentrierte sich ganz auf Luke und andere Menschen außerhalb
ihrer Gruppe. Und plötzlich kam es zu dem Durchbruch, den sie
brauchte. »Zwei Tage danach bekam ich das vollkommen unerwartete Angebot, für eine Onlineorganisation aus dem Bereich Ent-
wicklungshilfe Strategien und Produkte zu entwickeln. Das würde
mir Spaß machen, mir viel Geld bringen, und ich würde eine Arbeit
tun, die ich ganz spielerisch erledigen konnte!«, sagte Andy. Als sie
merkte, dass der Job doch nicht so ideal war, hatte sie den Mut, dem
Vorstandsvorsitzenden gegenüber Grenzen zu ziehen und das Angebot abzulehnen. Stattdessen nahm sie einen Job bei einem bekannten und hoch geachteten Coach an, »der ein hohes Maß an
Integrität besitzt und mit meinen Werten in Einklang steht«.

»Manchmal ist die Konzentration auf die eigenen Intentionen
sozusagen das metaphysische Gegenstück zum Warten darauf,

dass das Wasser im Topf endlich kocht«, schrieb Andy mir später. »Sich auf das Wohlergehen anderer zu konzentrieren und ihnen nützlich zu sein lässt uns den Blick von uns abwenden. Dann aber kommen die Dinge in Bewegung, ohne dass wir ständig auf die Uhr schielen. Vielleicht ist Altruismus ja der geheime Weg, um sowohl bewusst als auch unbewusst NICHT hinzugucken, damit das Gewünschte sich endlich einstellen kann.«

....

Dacher Keltner, Psychologe an der University of California in Berkeley, hat es zu seinem Lebenswerk gemacht, der simplen Vorstellung, der Mensch sei zum Egoismus geboren, etwas entgegenzusetzen.[130] Und das aus einem einfachen Grund: Wir sind glücklicher und gesünder, wenn wir uns nicht aufs Nehmen konzentrieren, sondern aufs Geben. In seinem Buch *Born to Be Good* zitiert Keltner Konfuzius. Auch der chinesische Weise sah den Höhepunkt menschlicher Entwicklung im *jen. Jen* bedeutet, dass jeder, der seinen Charakter stärken möchte, »das Glück der anderen zur Vollendung bringen« solle. Und auch hierbei handelt es sich im Wesentlichen um einen Rückkopplungseffekt: Ihr allgemeines Wohlbefinden, Ihre innerste Natur definiert sich darüber, was Sie für andere und deren Gedeihen tun.

Keltner zeigt dies sehr schön am Beispiel des Vagusnervs. Dieser ist einer der längsten Nerven im Körper. Er entspringt ganz oben an der Wirbelsäule und innerviert dann das Herz, die Lungen, die Gesichtsmuskeln, die Leber und den Verdauungstrakt. Keltner schreibt, der Vagusnerv habe im Wesentlichen drei Funktionen: Er steuert sämtliche Kommunikationssysteme, die wir zur Fürsorge brauchen. Er beruhigt den Herzschlag und reduziert die Auswirkungen des Kampf-Flucht-Impulses, der Stressreaktion des Körpers. Und er setzt Oxytocin frei, einen Neurotransmitter, der für Gefühle wie Liebe, Vertrauen, Nähe und Hingabe verantwortlich ist. Wenn Oxytocin das »Liebeshormon« ist, wie man so häufig liest, dann ist der Vagusnerv, laut Keltner, der »Liebesnerv«. Diese Hypothese unterstreicht auch Chris Oveis, einer von Keltners Doktoranden. Chris wollte wissen, ob die Aktivierung des Liebesnervs dazu führt, dass ein Mensch universelle Liebe empfindet und offener wird für Unterschiede zwischen ihm selbst und anderen Menschen. Zu diesem Zweck entwickelte er einen Versuch, den er an einigen Mitstudenten durchführte.

Chris zeigte den studentischen Versuchsteilnehmern Fotos von unterernährten Kindern – den hilflosesten Opfern der Welt. Sobald die Probanden die Fotos erblickten, fuhr der Vagusnerv seine Aktivitäten hoch. Demgegenüber zeigte man anderen Versuchsteilnehmern Fotos, die den Stolz auf die eigene Universität steigern sollten, also Bilder von der Sportmannschaft der Uni oder Inschriften, die an erfolgreiche Studenten erinnerten. Doch bei diesen Bildern sprang der Vagusnerv nicht an.

Der interessanteste Effekt aber stellte sich ein, als die Studenten danach Fotos von 20 anderen Gruppierungen gezeigt bekamen, die offensichtlich anders waren als sie: Demokraten, Republikaner, Betende, verurteilte Verbrecher, Terroristen, Obdachlose und Studenten von der Universität, die mit der ihren im Wettbewerb stand, nämlich der Stanford University.[131] Die Studenten, bei denen der Vagusnerv durch den Anblick hungernder Kinder aktiviert war, gaben an, sich weniger »anders« zu erleben als die unterschiedlichen Gruppen auf den Fotos. Für die Studenten, die nur Fotos zur Anregung ihres Stolzes gezeigt bekommen hatten, galt dies nicht. Die Aktivität des Vagusnervs half also, die Grenzen zu verwischen. Die Studenten konzentrierten sich viel stärker auf die Ähnlichkeiten statt auf die Unterschiede. Das Gefühl der

Gleichheit stieg an, je aktiver der Vagusnerv war. Selbst Studenten, die sich eindeutig zur Demokratischen Partei bekannten, erkannten Ähnlichkeiten zwischen sich und den Republikanern.

Eine genauere Analyse der Angaben zeigte eine weitere faszinierende Tatsache: Diese Gruppe der Studenten fühlte sich jenen Menschen am stärksten verbunden, die besonders bedürftig waren: den Obdachlosen, Kranken und Älteren. Jene hingegen, deren Stolz wachgekitzelt worden war, identifizierten sich in erster Linie mit den Starken und Wohlhabenden, zum Beispiel mit Anwälten oder Studenten an privaten Universitäten. Wenn der Vagusnerv aktiv ist, fühlen wir uns also nicht mit den Menschen verbunden, die uns am ähnlichsten sind, sondern mit dem buchstäblich *anderen*, besonders mit Menschen, die unsere Hilfe brauchen. Vor allem aber sind wir auch bereit, ihnen die Hand zu reichen.

Forschungsarbeiten an der Stanford University konnten ähnliche Effekte bei freiwilligen Helfern zeigen, die eine einfache Form der buddhistischen Liebende-Güte-Meditation erlernt hatten.[132] Zunächst sollten sich die Teilnehmer zwei liebe Menschen zu ihrer Rechten bzw. Linken vorstellen und diesen Menschen ihre Liebe zukommen lassen. Dann sollten sie ebendieses Gefühl der liebenden Güte auf die Fotografie eines fremden Menschen lenken. Nach dieser einfachen Übung wurden die Probanden einer Reihe von Tests unterzogen. Diese zeigten, dass die Meditierenden eher bereit waren, auf Fremde zuzugehen als die Probanden der Vergleichsgruppe, die dieselben Tests durchliefen, vorher jedoch nicht in dieser Form über liebende Güte meditiert hatten. Selbst der einfache Wunsch »Mögen alle Wesen glücklich sein«, der zum buddhistischen Alltag gehört, aktiviert schon den Vagusnerv und bereitet uns darauf vor, unseren Wunsch in die Tat umzusetzen.

Das würde erklären, weshalb meine Teilnehmer nach den Experimenten angaben, Fremden gegenüber nun offener zu sein. Und warum nach dem Friedensexperiment zum Jahrestag des 11. September so viele Araber und Westler einander vergaben. Das Mitgefühl, das meine Teilnehmer während der Experimente und der Intentionsübungen entwickelten, hat unter Umständen einen Teil ihres Nervensystems aktiviert, der sie in Bereitschaft versetzte, sich auf den »Feind« einzulassen – und auf die ganze Menschheit.

Rein biologisch betrachtet üben die Aktivierung des Vagusnervs und die Oxytocinausschüttung, die sich einstellen, wenn wir anderen Mitgefühl und liebende Güte erweisen, einen eindeutig heilenden Effekt auf den Körper aus. Der Biochemiker und Motivationsforscher David Hamilton fasste in seinem Buch *Why Kindness Is Good for You* die Ergebnisse einer Studie über den Heilungseffekt erhöhter Oxytocinspiegel zusammen. Offensichtlich setzen diese Entzündungswerte herab, kurbeln das Immunsystem an, stärken die Verdauung, senken den Blutdruck, lassen Wunden schneller heilen und reparieren selbst nach einem Herzinfarkt Schäden an dem kostbaren Muskel.[133]

Oxytocin schützt uns selbst gegen den Ansturm von Bakterien. In einer bahnbrechenden österreichischen Studie an der medizinischen Fakultät der Universität Wien injizierte man zehn gesunden Männern zunächst krank machende Bakterien. Später verabreichte man ihnen dieselben Bakterien plus Oxytocin. Als man den Männern nur die Bakterien injizierte, zeigten sie einen schnellen Anstieg der entzündungsfördernden Cytokine. Als man dagegen gleichzeitig Oxytocin spritzte, zeigte sich der Cytokinspiegel deutlich reduziert.[134] Oxytocin spielt übrigens auch eine wichtige Rolle bei der Umwandlung undifferenzierter Stammzellen in reife Zellen, die für Reparatur und Erneuerung im Körper gebraucht werden.[135]

Auch der bloße Akt des Gebens ohne Hintergedanken, der in unserer modernen Gesellschaft so selten geworden ist, kann heilende Qualitäten entfalten. Dies stellte zumindest François Gauthier von der Universität Québec fest, als er Spontanheilungen beim Burning Man Festival untersuchte. Das Festival wird jeden Sommer in der Black Rock Wüste von Nevada abgehalten und basiert durch und durch auf Tauschhandel. Die Veranstalter stellen nichts zur Verfügung außer dem Platz, den Toiletten, Erste Hilfe und die Statue des Mannes, der am sechsten Tag verbrannt wird. Die Besucher müssen selbst für Nahrung, Wasser und eine Unterkunft sorgen. Alles Geld außer dem Eintrittsgeld ist auf dem Gelände verboten. Es wird also getauscht oder verschenkt, was man hat – auch »Heilkräfte«. »Sich auf die Heilung anderer zu konzentrieren« und der »Vorrang sozialer Beziehungen« erweist sich für viele Menschen, die zum Festival kommen, um Heilung von seelischen oder körperlichen Gebrechen zu suchen, als machtvolle Therapie. »Wenn die Burner von sich aus geben und an der Heilung und dem Wohlbefinden anderer teilhaben, dann arbeiten sie zusammen für ihr eigenes Wohlbefinden und ihre eigene Heilung«, meint Gauthier.[136]

....

Trotzdem überraschte mich das Ausmaß der Heilwirkung der Intentionsexperimente auf die Teilnehmer immer noch, und ich fragte mich, wieso dabei häufig auch chronische Probleme gelöst wurden. Am Ende aber fand ich ein weiteres Puzzlestück in der Forschungsliteratur zur Transformationskraft des Altruismus. Diese Studie war von Psychologen der University of North Carolina in Chapel Hill durchgeführt worden. Untersucht werden sollte die gesundheitliche Entwicklung fitter Menschen, die ein abwechslungsreiches Leben führten, in dem besonders Spaß haben im Vordergrund stand (also das, was wir häufig als »sorgloses Leben bezeichnen), im Vergleich zu der von Menschen, die ein hohes Maß an Lebenssinn für sich reklamierten.

Die Forscher untersuchen die Genexpression und den Seelenzustand von 80 gesunden Freiwilligen beider Gruppen. Obwohl die Probanden beider Gruppen sich als hochzufrieden und frei von Depressionen bezeichneten, hätte ihre Genexpression nicht unterschiedlicher ausfallen können. So stellten die Forscher bei der fitten Spaßgruppe trotzdem ein hohes Niveau an Entzündungswerten fest, die als Hinweis auf degenerative Erkrankungen gelten. Die Genexpression war gerade bei der Synthese von Antikörpern deutlich schwächer. Und Antikörper sind ein ganz wesentlicher Teil des Immunsystems. Hätte man ihre persönlichen Angaben nicht gekannt, hätte man aus diesem Untersuchungsergebnis eher geschlossen, dass es sich dabei um Menschen handelte, die ein schwieriges Leben hatten oder sich zumindest in einer schwierigen Phase befanden: Trauer um einen lieben Menschen, eine lebensbedrohliche Krankheit, ein niedriger sozioökonomischer Status, soziale Isolation. Auf jeden Fall waren sie Kandidaten für Herzinfarkte, Alzheimer-Erkrankungen, ja selbst Krebs.

Teilnehmer, die weniger wohlhabend waren und mehr Stress hatten, die ihr Leben jedoch als hochgradig sinnerfüllt betrachteten, hatten geringere Entzündungswerte, und die Genexpression des Immunsystems zeigte sich unvermindert stark – beides Anzeichen für gute Gesundheit. Wenn wir also die Wahl haben, meinen die Forscher, bringt es mehr, ein sinnerfülltes Leben zu führen.[137] Spaß allein ist offensichtlich nicht gesundheitsfördernd.

Uns im Westen leuchtet das nicht auf Anhieb ein, weil unsere Gesellschaft auf materiellen Erfolg um jeden Preis ausgerichtet ist. Letztlich aber geht es darum, was unserem Leben »Sinn« gibt. Der beste Weg, das herauszufinden, ist die Frage, was Kranken letztlich zur Genesung verhilft. Denn dies ist der Aspekt des Lebens, der das Steuer selbst bei einer schweren Erkrankung herumreißen kann. Wissenschaftler vom Boston College jedenfalls stellten fest, dass sich der Gesundheitszustand und die Stimmung von Menschen, die an Depressionen und chronischen Schmerzen litten, massiv besserten, nachdem sie anderen halfen, die im selben Boot saßen.[138] Sie erzählten den Forschern wiederholt, es gehe letztlich darum, »eine Verbindung zu schaffen« und dadurch »einen Lebenssinn« zu erhalten. Unser Bedürfnis, anderen Menschen zu helfen, ist vielleicht das Schlüsselelement, das unserem Leben den höchsten Sinn verleiht.

....

Doch es gab da noch ein Element, das in keiner dieser Studien abgedeckt wurde. Die altruistischen Handlungen meiner Teilnehmer wurden ja innerhalb einer gigantischen virtuellen Gebetsgruppe ausgeführt. Und dies schien die Heilkräfte noch zu verstärken. Sicher gibt es eine lange Tradition heiliger Schriften aller großen Religionen, die von der Heilwirkung des Glaubens und des Gebets in der Gruppe handeln. Wer sich regelmäßig zum Gebet mit anderen trifft, darf sich erwiesenermaßen über einen niedrigeren Blutdruck freuen[139] und über ein besseres Immunsystem.[140] Dementsprechend verbringt er weniger Zeit im Krankenhaus[141] und hat eine um ein Drittel reduzierte Wahrscheinlichkeit zu sterben, wenn alle anderen Faktoren der Vergleichsgruppe gleich bleiben.[142] Wissenschaftler erwarten, dass heute 20-Jährige, die nie in die Kirche gehen, sieben Jahre kürzer leben als Menschen, die mehr als einmal in der Woche dort gemeinsam beten.[143]

Und dabei geht es nicht nur um den religiösen Eifer bzw. die Erfahrung in der Gruppe. Die kollektive spirituelle Praxis ist mindestens genauso wichtig wie der Gemeinschaftseffekt. In einer

Studie stellte man fest, dass Menschen in einem religiösen Kibbuz, die regelmäßig zusammen beteten, eine um die Hälfte verringerte vorzeitige Sterblichkeit aufwiesen als die Mitglieder eines nicht-religiösen Kibbuz.[144] Wie jene Gruppierungen, denen ihr Lebenssinn am wichtigsten ist, haben auch fleißige Kirchgänger ein stärkeres Immunsystem als weniger eifrige. Man misst dies durch den Vergleich von Interleukin-6 (IL-6) im Plasma. Ein erhöhter IL-6-Spiegel zeigt sich bei degenerativen Erkrankungen wie Alzheimer, Diabetes, Osteoporose, Aids oder Rheuma.[145]

Der Glaube an sich ist schon stärkend, aber offensichtlich nicht so wie die Gebetserfahrung in der Gruppe.

Möglicherweise ist es die kollektive Erfahrung beim Beten, die für die heilende Wirkung verantwortlich ist. Rich Deem, der 1985 von einer unheilbaren Krankheit genas, widmete sich fortan dem Studium der Zusammenhänge von Gebet und Heilung, vor allem bei evangelistischen Treffen im ländlichen Mosambik. Die Gebetsführer wählten blinde und taube Menschen aus der Gemeinde aus, denen die Hand aufgelegt werden sollte. Es waren auch Ärzte anwesend, die die Sehschärfe und das Hörvermögen vor und unmittelbar nach dem Gebet messen sollten. All diese Veranstaltungen waren Gebetstreffen größerer Gruppen, allen Kranken wurde dabei die Hand aufgelegt. Von zehn Menschen verzeichneten neun Verbesserungen bei der Sehschärfe. Dasselbe Ergebnis ergab sich beim Hörvermögen. Die Wissenschaftler verglichen die durch die Gebetsgruppe erzielten Resultate mit der Wirkung von Suggestion und Hypnose auf Menschen mit den gleichen Leiden. Obwohl auch diese Methoden statistisch relevante Resultate erzielten, verblassten diese im Vergleich zu denen der Gebetsgruppe.[146]

Offensichtlich bringt der Altruismus unsere vornehmsten Gefühle zum Vorschein. Vielleicht ist dies die Gefühlslage, die uns Menschen am meisten prägt – weil sie uns das Gefühl eines guten, ja eines sinnvollen Lebens verleiht. Sie kann sogar darüber entscheiden, ob wir leben oder sterben. Doch die Transformationsmechanismen in meinen Kleingruppen schienen aus der Kombination der Kraft des Gebets mit der Konzentration auf etwas anderes als uns selbst zu erwachsen.

War das nicht schon in der frühchristlichen Kirche so gewesen? Klang das nicht in den Ermahnungen an, die so populär geworden sind, dass man denkt, man hat sie auf einer Postkarte gelesen: *Liebe deinen Nächsten wie dich selbst.* Und: *Was du nicht willst, dass man dir tu, das füg auch keinem andern zu.* Sich auf jemand anderen zu konzentrieren heilt den Heiler.

Alle Forschungsarbeiten hatten mich also zu einer geradezu ketzerischen Auffassung geführt: Vielleicht ist es ja die Haltung der Spaßgesellschaft von »Ich will« bzw. »Ich muss haben«, die uns letztlich umbringt. *Ich will haben* macht uns krank. Der Schlüssel zu einem langen und gesunden Leben ist, einen Sinn jenseits der eigenen Bedürfnisse zu finden. Letztlich könnten sich also die ehernen Prinzipien der Selbsterfahrungsbewegung als gefährlich erweisen. Die ewige Konzentration darauf, was für uns selbst gut ist, ist möglicherweise schädlich für unsere Gesundheit und auf jeden Fall unnötig. Der schnellste Weg, das Drehbuch des eigenen Lebens zu ändern, ist wohl, anderen eine helfende Hand hinzustrecken. Und wenn sich das als richtig erweisen sollte, dann sind die Vorstellungen der New-Age-Bewegung über die Kraft der Intention falsch. Denn das Universum ist kein Selbstbedienungsrestaurant, in dem man einfach eine Bestellung aufgeben kann, um zu erhalten, wonach es einen gerade gelüstet.

Um zu bekommen, was Sie sich wünschen, sollten Sie zunächst bereit sein zu geben.

Oder wie mein Mann einmal schrieb: Jean-Paul Sartre lag falsch. Die Hölle sind nicht die anderen. Die Hölle ist die Vorstellung, dass die Menschen um uns herum »die anderen« sind.[147] Da ging es Bryan um die Tatsache, dass uns ein Bewusstsein eint und dass die Idee des Getrenntseins schlicht falsch ist. Dem habe ich nur noch eines hinzuzufügen: Wenn wir uns selbst im anderen sehen, wenn wir zusammenkommen und eins werden, dann sind andere Menschen – vor allem, wenn es sich um eine kleine Gruppe handelt, die gemeinsam betet – tatsächlich unsere Rettung.

....

20. KAPITEL

EIN JAHR
DER INTENTIONEN

Patty Rutledge, eine attraktive Mittfünfzigerin mit tizianrotem Haar, hatte in jedem Bereich ihres Lebens zu kämpfen, bis auf einen – ihre Ehe. Ihr Mann Stephen und sie hatten sich schon bei ihrer ersten Begegnung als Seelenverwandte erkannt. Nach sechs Wochen wussten sie, dass sie heiraten würden. Stephen war damals Witwer und brachte vier vom Krebstod ihrer Mutter traumatisierte Kinder im Teenie-Alter mit in die Ehe. Jedes der Kinder war seither für Patty als Stiefmutter eine Herausforderung für sich. Und auch die Beziehung zu ihrer eigenen Stiefmutter, die ihr Vater nur ein Jahr nach dem Tod von Pattys Mutter geheiratet hatte, war nicht einfach.

Patty stand nun ihren Enkelkindern sehr nahe, hätte sich aber eine innigere Beziehung zu ihren drei Stieftöchtern und dem Stiefsohn gewünscht. Darüber hinaus hatte Patty auch gesundheitliche Probleme. Sie hatte das Epstein-Barr-Virus und litt seit über 13 Jahren unter chronischer Müdigkeit. »Ich habe einfach weitergemacht mit meinem Leben, bin sogar auf Reisen gegangen, aber die meiste Zeit bin ich einfach total erschöpft«, erzählte sie.

Und da waren noch 250 Menschen, ganz normale Leute, wie Sie und ich, deren Leben nicht so glattlief, wie sie sich das

wünschten. In der Hoffnung auf eine Verbesserung ihrer Lebens-
umstände hatten sie sich für ein radikales Experiment angemeldet: Ein Webinar, bei dem die Teilnehmer zu Kraft-der-
Acht-Gruppen aufgeteilt wurden, in denen sie ein Jahr lang
virtuell miteinander arbeiten würden. Bis dahin hatte ich die
Kraft der Acht nur in Wochenendseminaren getestet. Außerdem
hatten diese Gruppen sich ausschließlich auf körperliche Heil-
vorgänge konzentriert. Nun wollte ich wissen, ob die Zusammenarbeit in einer Gruppe über ein ganzes Jahr die Teilnehmer ebenfalls verändern würde. *Ob ihr Leben wohl ebenfalls Heilung finden
würde?*

Ich hatte die »Meisterklasse« Anfang 2015 angeboten. Sie sollte
mit einem Trainingsprogramm beginnen, das sich über mehrere
Monate erstreckte. Danach würden wir die Teilnehmer in Gruppen von ungefähr acht Leuten einteilen und uns in den nächsten
zwölf Monaten alle vier Wochen nach ihren Fortschritten erkun-
digen. So ließ sich die Kraft der Acht in einem Langzeitexperi-
ment als Feldstudie testen. Da hatte ich nun eine riesige Petrischa-
le ganz für mich, deren Inhalte ich ein Jahr lang jeden Monat
genauestens examinieren konnte.

Wir gaben jeder Gruppe einen griechischen Namen: Triton,
Chronos, Helios, Proteus, Morpheus und so weiter. Dann richteten wir ihnen einen Account auf Google Hangouts oder Skype ein
und baten sie, mindestens einmal die Woche virtuell zusammenzukommen. Jeden Freitag schickte ich eine Rundmail mit neuen
Aufgaben. Alle zehn Wochen trafen wir uns zur Telefonkonferenz,
bei der die Gruppen Fragen stellen und wir die Fortschritte überprüfen konnten. Sie sollten zunächst einmal der Reihe nach Intentionen für jedes einzelne Gruppenmitglied aussenden, um dann
mit Zielobjekten zu arbeiten, die sie nicht kannten. Gleichzeitig
sollte jedes Mitglied einmal monatlich einen Fragebogen ausfül-

len, ob die Intentionen mit merklichen Veränderungen in puncto Gesundheit, Beziehungen, Karriere, Finanzen oder Lebenssinn einhergingen. Ich machte sehr deutlich, dass keine Effekte erfunden werden sollten.

Wenige Wochen nachdem die Teilnehmer der einzelnen Kreise sich mit der Technik vertraut gemacht hatten, war schon eine enge Bindung unter den Teilnehmern entstanden: Innerhalb weniger Monate erhielt ich Rückmeldungen, die denen von Patty sehr ähnelten.

Als Patty mit dem Seminar anfing, hatte sie aufgehört, ins Fitnessstudio zu gehen, denn sie hatte nach dem Training immer ein Schläfchen machen oder sich damit abfinden müssen, dass sie sich den restlichen Tag scheußlich fühlte – »so als hätte ich meine Batterie in einer Stunde vollkommen entladen«. Am besten klappte noch das Gassigehen mit dem Hund – zweimal täglich zehn Minuten. Obwohl sie eine Ausbildung zur Lebensberaterin hatte, konnte sie kaum arbeiten, weil sie ständig so müde war. Und dann zeigte auch noch eine Magnetresonanztomografie zwei dunkle Knoten in ihrer Brust. Zwar ergab die Biopsie, dass es sich um keine bösartigen Wucherungen handelte, doch es konnte nicht ausgeschlossen werden, dass sie entarten könnten.

Weitere Tests ergaben eine starke Belastung mit Schwermetallen, die ihrem endokrinen System massiv zu schaffen machte. Darüber hinaus entdeckte man noch den Schimmelpilz *Stachybotrys chartarum* in Pattys Körper, in einer Konzentration, die gegenüber dem Normalwert um das 150-Fache erhöht war. Jahrelang hatte sie verschiedene alternative Behandlungen ausprobiert, doch auch diese konnten ihr nicht zu ihrer alten Form verhelfen.

Patty machte sich aber nicht nur Sorgen um ihre Gesundheit. Ihr Mann neigte zum Dickwerden und hatte die größten Schwierigkeiten, eine gesunde Ernährung durchzuhalten. Selbst Arzt, hatte er zwar nichts gegen Pattys alternativmedizinischen Versuche, glaubte jedoch kein bisschen daran.

Zu Beginn des virtuellen Seminars hatte Patty also eine ganze Reihe von Wünschen an ihre Triton-Gruppe: die Verbesserung ihrer Gesundheit und mehr Energie; eine engere Beziehung zu ihren Stiefkindern; Stephen dazu zu bringen, 40 Pfund abzunehmen, seine Ernährung umzustellen und regelmäßig Sport zu treiben; Klarheit über die Frage zu erlangen, wie sie ihre beruflichen Fähigkeiten am besten einsetzen konnte. Doch als sich dann die Knoten in der Brust zeigten, rückten diese an erste Stelle. Im August – im vierten Monat des Intentionsjahres – bat sie ihre Gruppe um die Intention, die Ursache für ihre Müdigkeit zu finden und zu heilen und um die Auflösung ihrer beiden Knoten.

Anfangs veränderte sich gesundheitlich bei Patty gar nichts. Nach einer Entgiftungsdiät im Sommer waren der Schwermetallspiegel und die Anzahl der Pilzsporen in ihrem Körper um 99 Prozent gesunken. Mehr Energie hatte sie trotzdem nicht. Wenn überhaupt, fühlte sie sich schlechter. Zwei Reisen – zur Hochzeit einer Nichte in Utah und der Besuch einer anderen Nichte in Washington – ließen sie vollkommen erschöpft zurückkehren.

Mit Unterstützung der Gruppe stürzte sich Patty auf andere alternative Heilweisen – eine Leberreinigung, ein Saftfasten, Qigong, Akupunktur und Biofeedback-Therapie. Dabei nahm sie weiter regelmäßig an den Intentionssitzungen teil und visualisierte, wie ihr Föhn die beiden Knoten in der Brust zum Schmelzen brachte. Der 26. August brachte den ersten Erfolg: Ein neues MRT zeigte, dass die Knoten in der Brust vollkommen verschwunden waren.

Trotz dieser positiven Entwicklung blieb ihr Energieniveau unverändert niedrig. Nach einer Reise nach Santa Fe war sie erschöpfter denn je. Sie kam kaum noch die Treppen hinauf. »Ich hätte schreien können«, schrieb sie. »Meine Beine fühlten sich an wie weich gekochte Nudeln.« Als sie wieder nach Hause, nach Virginia, kam, fing sie an nachzuforschen und fand heraus, dass die Höhenlage von Santa Fe bei ihr vermutlich zu einer Austrocknung geführt hatte. Diese aber hatte die Fähigkeit ihrer Leber beeinträchtigt, Glykogen zu speichern, das die Muskeln zur Energiegewinnung brauchen. Für Patty war dies ein Aha-Erlebnis. Tests beim Heilpraktiker bestätigten ihre Annahme: Ihre Leber konnte Glykogen entweder nicht in ausreichendem Maß herstellen oder freisetzen.

Im selben Monat machte sie eine weitere bahnbrechende Entdeckung, als sie nämlich dahinterkam, wieso sie Schimmelpilzsporen im Körper hatte. Das Ehepaar hatte einen Baubiologen gerufen, der Schimmel im Dachboden und hinter den Kacheln in der Dusche feststellte, außerdem in der Ankleide und im Schlafzimmer – durchweg Räume also, in denen sie jeden Tag mehrere Stunden verbrachte. Patty ließ die Feuchtigkeitsquellen und den Schimmel sofort beseitigen. »Endlich war ich zur Ursache vorgedrungen – zum Schimmelpilzbefall in unserem Haus«, sagte sie. Damit und mit der neuen Leberentgiftungskur ging es mit ihrer Gesundheit endlich aufwärts.

»Innerhalb einer Woche konnte ich wieder Gewichte stemmen!«, sagte sie. Das hatte sie über ein Jahr lang nicht geschafft. »Und ich kann mehrmals die Woche Sport treiben, OHNE zusammenzubrechen!«

Im Urlaub, noch im selben Monat, konnte Patty wandern, paddeln und Jetski fahren. Sie hielt extrem anstrengende Pilates-Work-outs durch und ging mit dem Hund stundenlang spazieren. Und sie konnte endlich wieder durchschlafen.

Ende Oktober war Patty so weit wiederhergestellt, dass ihr Zellalter bei einer Biofeedback-Sitzung auf 35 geschätzt wurde – »Nicht übel für eine Mittfünfzigerin, die eben noch eine erhebliche

Menge Schwermetalle, Epstein-Barr und dazu noch Schimmel-sporen im Körper hatte.«

Schon im Herbst konnte Patty wieder arbeiten und nahm neue Klienten an. Im siebten Monat des Intentionsjahres schrieb Stephen sich für den *Townsend Letter for Doctors* ein, einem alternativmedizinischen Newsletter speziell für Ärzte. Bald darauf führten er und Patty das erste wirklich ernsthafte Gespräch über seine Gesundheit. Das Ergebnis: »Er fühlte sich unterstützt und verstanden. Daher vereinbarte er einen Termin bei einem neuen Hausarzt, der auch ganzheitlich arbeitete, um sich künftig besser um seine Gesundheit zu kümmern, Das ist der Mann, der zu mir mal sagte: ›Ich glaube nicht an den ganzen Quatsch!‹«

Und auch in anderen Bereichen ihres Lebens hielt der Wandel Einzug. Patty lernte, ihrer fordernden Stiefmutter Grenzen zu setzen und den Rückzug anzutreten, wenn ihre Stiefkinder sie für irgendetwas zum Sündenbock machen wollten.

Im November begann die Triton-Gruppe die Intention zu senden, Pattys Familie möge besser miteinander auskommen. Patty selbst sandte die Intention, »das Drehbuch zu ändern« – womit die Beziehung zu zwei ihrer Stieftöchter gemeint war. Gegen Ende des Monats merkte sie, dass sie und Jessica, ihre jüngste Stieftochter, viel offenere Telefongespräche führten als je zuvor in den vergangenen zehn Jahren.

Im Dezember traf sich dann die ganze Familie, um ein gemeinsames Foto zu machen. Das war die beste Zeit, die sie in den letzten Jahren miteinander verbracht hatten. Während dieser Reise nach Santa Fe fanden sie und Stephen ein Haus, das nur ungefähr eine Autostunde vom Zuhause dreier der vier Stiefkinder in Albuquerque entfernt lag. Die beiden hatten schon jahrelang überlegt, ob sie nicht in eine Immobilie investieren sollten, hatten sich aber nie ernsthaft darum gekümmert. Das Haus hatte sechs

Schlafzimmer und drei Wohnzimmer – wie geschaffen für Familienbesuche.

»Da drei von uns in Albuquerque leben, könntet ihr euch doch hier zur Ruhe setzen«, meinte Jessica, als sie gemeinsam das Haus besichtigten. Und auch der restliche Anhang aus Albuquerque war begeistert. Stephen und Patty kauften dieses Haus nicht, aber ein anderes, recht ähnliches in der Nähe. »Es ist, als hätte meine Gruppe mir geholfen, das perfekte Haus für unsere Familie zu finden«, schrieb Patty.

War diese einschneidende Veränderung also auf die Intentionen der Triton-Gruppe zurückzuführen? Für Patty war der entscheidende Punkt, dass sie öffentlich diese Verpflichtung »zum Universum« eingegangen war, indem sie sich zur Gruppe anmeldete. Dies zwang sie, sehr viel beharrlicher als bisher nach der Ursache ihrer gesundheitlichen Probleme zu suchen und diese zu beseitigen.

»Ich merke vor allem, dass die Intentionen mich zu weiteren Schritten Richtung Heilung motivieren«, sagte sie. »Anders ausgedrückt: Ich habe mein Wort gegeben und meine Absicht durch die Intention öffentlich ausgedrückt – das motiviert mich nun zum Durchhalten. Ich weiß nicht, ob die Intention an sich wirkt oder ob sie mich einfach nur konzentriert meinen Heilungsplan verfolgen lässt«, meinte Patty. Aber die Intentionen halfen ihr auf jeden Fall, einen neuen Lebenssinn zu finden. »Ich habe mir das jahrelang gewünscht. Jetzt fühle ich mich bestätigt in meiner Verpflichtung, für die Welt etwas Gutes zu tun. Und ich muss gesund sein, um das zuwege zu bringen.«

Die Gruppenintention gab Patty zunächst den Antrieb, die Ursache ihrer gesundheitlichen Probleme zu finden. Dasselbe galt auch für Mitchell Dean, einen anderen Teilnehmer, der, seit er denken konnte, unter Depressionen zu leiden hatte. Der 44-jährige klinische Psychologe führte dies auf seine traumatische Geburt am Johns Hopkins Hospital zurück. Er kam als Kaiserschnittgeburt zur Welt und wurde drei Tage lang mit Zuckerwasser ernährt, bis seine Mutter sich von der Geburt erholt hatte. »Das hat wohl einen sehr starken Totstell-Reflex ausgelöst«, meinte Mitchell. »Wie sehr ich auch schreien mochte, ich bekam keine Hilfe und keine Nahrung. In so einer Situation macht ein Kind einfach zu.«

Mitchell wurde von seiner Familie geliebt und war ein fleißiger Schüler, der gute Noten bekam. Trotzdem fand er es schon als Kind und Jugendlicher schwierig, einfach nur auf der Welt zu sein. Manchmal verfiel er in tiefe Depressionen, dann dachte er den ganzen Tag an nichts anderes als Selbstmord. Er ließ diesen Gedanken keine Taten folgen, weil er seinen Eltern nicht wehtun wollte bzw. später – als Erwachsener – seiner Frau und seinem neunjährigen Sohn.

Aber wenn ein Bus an ihm vorüberfuhr, stellte er sich jedes Mal vor, wie dieser über den Bordstein rumpelte und ihn überfuhr. Als Psychologe unter Depressionen zu leiden war doppelt schwierig, und da er sich auch für alternative Heilweisen interessierte, probierte er über die Jahre alles Mögliche aus, von Nahrungsergänzungsmitteln über gesunde Ernährung bis hin zu chinesischen Kräutern und Sitzungen beim Chiropraktiker. Nichts schien zu helfen.

Bald nachdem Helios, seine Achtergruppe, eine Intention aussandte, um Mitchell zu helfen, fand er einen neuen Chiropraktiker, der ihn erst einmal insgesamt 46 Tests unterwarf. Als er die Resultate erhielt, fielen 45 davon gut aus. Der 46. aber zeigte, dass seine Leber ihre Filterfunktion nicht hundertprozentig ausüben konnte. Einige der Giftstoffe, die sie hätte unschädlich machen sollen, gelangten so direkt ins Hirn. Aus diesem Grund stellte Mitchell seine Ernährung um, ließ sich von einem traditionell-chinesischen Arzt behandeln und nahm Nahrungsergänzungsmittel ein. Und nun klappte es plötzlich.

Endlich hatte er einen Durchbruch erreicht. Obwohl die Depressionen auch jetzt noch regelmäßig für ein bis zwei Tage wiederkehrten, legten sie sich doch bald wieder. »Lieber Himmel«, meinte er an einem bestimmten Punkt seines neuen Lebens, »ich fühle mich so viel besser!« Doch die stärksten Effekte stellten sich immer dann ein, wenn er eine Intention für jemand anderen aussandte. »Es fühlt sich einfach so gut an«, sagte er. »Irgendetwas in mir fühlt sich geerdeter, mehr in der Mitte, mehr mit allem verbunden – als hätte ich eine Standleitung zum Geist.«

Alison Maving, eine 54-jährige Frau aus Belgien, litt seit 1991 unter Vitiligo, der Weißfleckenkrankheit. Als sie sich der Gruppe anschloss, hatte Alison überall am Körper, vor allem aber an den Armen, weiße Flecken auf der Haut. Sie hatte es mit einer alternativmedizinischen Behandlung versucht, die das Hautbild zwar verbessert hatte, doch nichts schien wirklich dauerhaft zu helfen. Alison hatte sich daher mit der Krankheit abgefunden, wollte aber wissen, warum sie sie überhaupt bekommen hatte. In den ersten sieben Wochen des Webinars hielt sie die Intention, mehr über die Ursachen ihrer Vitiligo wissen zu wollen. Dann stieß sie plötzlich auf Artikel und Bücher, in denen es hieß, dass ein Vitamin- und Mineralstoffmangel bei Autoimmunerkrankungen wie der ihren eine Rolle spielte. Das war Alison total neu.

Im vierten und fünften Monat des Intentionsjahres, nachdem Alison die Gruppe gebeten hatte, eine Intention auszusenden, die ihre Haut heilen sollte, stieß sie auf Informationen, dass ein Vitamin-D-Mangel Vitiligo negativ beeinflusst. Also ließ sie einen Test vornehmen, der ergab, dass ihre Werte »normal« waren. Der Arzt schien damit zufrieden, doch sie lagen weit unter denen, die im Artikel angegeben waren. Alison begann, zusätzlich Vitamin D einzunehmen, und fast sofort bekamen die weißen Flecken auf Alisons Haut mehr Farbe. Sie zeigte uns dies, indem sie jeden Monat ein Vorher-Nachher-Foto für mich und die Gruppe machte. Die Repigmentierung ging auch im Oktober weiter, und ihre Schwester, die ebenfalls unter Vitiligo litt, fing ebenfalls an, zusätzliches Vitamin D einzunehmen. Auch ihre Haut nahm bald wieder Farbe an. »Und da habe ich gut 20 Jahre lang nach einem Heilmittel gesucht«, schrieb sie.

Alison war Hausfrau und Mutter, hatte aber auch ein kleines kunsthandwerkliches Unternehmen, an dem sie jedoch mittlerweile das Interesse verloren hatte. Alison suchte nach einem neuen Lebenssinn und hoffte, er möge irgendetwas mit alternativer Medizin zu tun haben, die eine ihrer Leidenschaften war. Nachdem sie im November in Brüssel einen Kurs in Reconnective Healing gemacht hatte, eine Methode, bei der der Körper auf die Aktivierung seiner Selbstheilungskräfte programmiert wird, beschloss Alison, Heilerin zu werden. »Ich habe das Gefühl, nun meinen Lebenssinn gefunden zu haben«, schrieb sie in einem ihrer monatlichen Berichte. Zur selben Zeit verbesserten sich ihre familiären Beziehungen – was einer anderen von Alisons Intentionen entsprach: »Die Beziehung zu meiner Schwester ist besser als je zuvor«, berichtete sie.

Die Morpheus-Gruppe beschloss, sich nun auf einen Menschen außerhalb der Gruppe zu konzentrieren. Die Wahl fiel auf Laura, die Freundin eines Gruppenmitglieds, weil sie unter Ischias und Atemproblemen litt, was ihr eine chronische Schlaflosigkeit eingebracht hatte und einen ständigen Mangel an Vitalität. Ende September hatte Lauras Gesundheitszustand sich vollkommen zum Besseren gewandelt – so sehr, dass ihre Ärztin ihre Medikamente reduzierte. Ihre Schmerzen ließen nach, und sie konnte gut fünf Stunden am Stück durchschlafen. Im Dezember war sie schon in der Lage, wieder selbst einzukaufen, Botengänge zu erledigen und zu kochen – lauter Dinge, zu denen sie nicht mehr fähig gewesen war. Ihre Gesundheit und ihre Spannkraft verbesserten sich so, dass sie sogar eine Reise in einen Nationalpark unternahm, wo sie ein bisschen wandern ging.

Alison, Mitchell und Patty schenkten die Intentionen den Antrieb, zur grundlegenden Ursache ihrer gesundheitlichen Probleme vorzudringen und damit auch Heilung zu finden. Für Joanne Brockway waren die Intentionen eine Übung in Vertrauen auf allerhöchster Ebene. Joannes 22-jährige Tochter Jessye hatte sich dem Behindertensport verschrieben und sollte Kanada bei den Jugendweltmeisterschaften der International Wheelchair and Amputee Sports Federation vertreten, die im Juli 2015 in Stadskanaal in den Niederlanden stattfinden sollten. Jessye war mit einer beidseitigen Hüftdysplasie zur Welt gekommen, was ihre Beweglichkeit in den Beinen einschränkte. Zwei Jahre zuvor hatte sie an einem »Schnuppertag« Bekanntschaft mit dem Sport geschlossen. Danach hatte sie zwei Goldmedaillen geholt, den kanadischen Rekord der Frauen im Diskuswerfen gebrochen und war 2014 Juniorenweltmeisterin im Para-Diskus und Kugelstoßen geworden. Auch in der Disziplin Speerwerfen sollte sie in den Niederlanden antreten.

Joanne hatte vorgehabt, Jessye in die Niederlande zu begleiten und mit ihr danach ein wenig in Europa herumzureisen.

Während eines Webinars, das stattfand, nachdem die Teilnehmer in Gruppen aufgeteilt worden waren, hatte Joanne Iris und Lynette kennengelernt. Sie waren zwar nicht in der gleichen Intentionsgruppe, doch sie wurden sozusagen »Intentionsfreundinnen« über Telefon und E-Mail. Bevor Joanne sich auf die Reise machte, bat sie die beiden um eine Intention für Sicherheit und Wohlbefinden während des Mutter-Tochter-Trips nach Europa. Darum, dass sich jederzeit »auf nette und überraschende Weise«

Fahrgelegenheiten auftun sollten und die Reise erfüllt sein möge von »Überfluss und Synchronizität«. Iris und Lynette sandten darüber hinaus eine Intention aus, dass Joanne das Geld für ihr Ticket auftreiben möge. »Plötzlich taten sich völlig unerwartete Geldquellen auf«, schrieb Joanne. »Immer wieder floss mir auf ganz erstaunliche Weise Geld zu.« Joanne war so beeindruckt, dass sie beschloss, weiterhin auf die kraftvollen Intentionen ihrer Freundinnen zu vertrauen. Sie traf keinerlei Vorkehrungen für die Reisen in Europa, sondern buchte nur den Flug über den Atlantik.

Der erste Glücksfall war, dass Athletics Canada Jessyes Rückreiseticket kostenlos auf unbestimmte Zeit verlängerte. Für Jessyes Anreise vom Flughafen Amsterdam nach Stadskanaal war gesorgt, Joanne aber hatte kein Ticket. Natürlich hätte sie ein Auto mieten können, doch das hätte sie für eine dreistündige Fahrt gut 300 Dollar gekostet. Da sie Ausgaben vermeiden wollte, wo sie nur konnte, beschloss sie, nichts zu buchen. »Iris und Lynette machten ja für uns Intentionen, deshalb fühlte ich mich sicher. Ich vertraute darauf, dass uns etwas Interessantes passieren würde.«

Und prompt stellte sich heraus, dass die Mutter der einzigen anderen Athletin im Para-Team im selben Flugzeug nach Europa saß. Sie hatte ein Auto gebucht. Die beiden kamen ins Gespräch, und Joanne bot ihr an, mitzufahren und die Kosten zu teilen. So wurden die beiden Frauen schnell Freundinnen. Während der Spiele teilten sie sich die Kosten für die Anreise zum Veranstaltungsort, und wenn die Töchter keine Zeit hatten, gingen sie eben miteinander essen. Nach dem Training verwöhnten sie die Mädchen mit einem schönen Abendessen und ein bisschen Sightseeing.

Obwohl Joanne ihr Hotelzimmer von ihrem Punktekonto bei der Hotelkette *Best Western* bezahlte, bediente der Hotelmanager sie persönlich und gab ihr ein großes Zimmer der Luxusklasse mit einem riesigen Balkon und einem wunderbaren Panoramablick auf die Stadt – letztlich hatte Joanne eines der luxuriösesten Doppelzimmer im Hotel.

Lynette und Iris sandten während der ganzen Reise unabhängig von der Gruppe ihre Intentionen aus, und selbst Jessye schien davon zu profitieren. Sie holte eine Goldmedaille im Diskuswerfen und Bronze im Speerwurf. Außerdem war sie die meistfotografierte Sportlerin bei dem Ereignis.

Nach den Wettkämpfen und einigen Tagen in Amsterdam überraschte Joanne ihre Tochter mit einer Fahrt im Hochgeschwindigkeitszug Thalys nach Paris. Jessye hatte Paris immer schon sehen wollen. Obwohl sie ihre Tickets in letzter Minute kauften und der Zug überfüllt war, bekamen sie wunderbare Plätze in einem Aussichtswagen mit einem Tischchen ganz für sie allein. Nachdem sie im Hotel angekommen waren (wieder kamen die Punkte zum Einsatz), gab man ihnen ein schönes großes Zimmer mit Panoramablick auf die Seine.

Als sie den Eiffelturm besteigen wollten, entdeckten sie zu ihrem Entsetzen, dass die Warteschlange für den Aufzug schon fast einen Kilometer lang war. Da rief sie ein Wachmann an. Er führte sie zum rückwärtigen Aufzug, der sie ohne Verzögerung auf die Aussichtsplattform brachte. Und dieses Glück blieb ihnen erhalten, ob sie nun eine Bootsfahrt unternehmen, im Restaurant essen oder einen Ausflug machen wollten. Sie mussten nicht ein einziges Mal warten, obwohl die Stadt von Touristen förmlich überrannt wurde. Als sie sich eines Abends verlaufen hatten, kam plötzlich ein Taxi angefahren und erbot sich, sie zurück zu ihrem Hotel zu bringen. Am letzten Vormittag ihres Aufenthalts lud der Manager sie zu einem reichlichen Mittagessen ein.

»Das hört sich irgendwie ganz normal an, aber das ist nicht so«, erzählte Joanne. »Immer wieder kam es zu den unglaublichsten ›Zufällen‹. Wir bekamen genau, was wir brauchten, und zwar in dem Moment, in dem wir es brauchten. Und wir hatten zu allen Menschen, die wir trafen, eine richtig gute Verbindung. Wir fühlten uns sicher, selbst als wir uns verlaufen hatten.« Und das Beste war, dass die gesamte Reise am Ende nicht mehr kostete als zwei Hin- und Rückfahrscheine mit dem Zug, den täglichen Unterhalt und Joannes Flugticket.

Für Karen Hayhurst, 49, alleinerziehende Mutter zweier Töchter, war die Gruppenintention das Sprungbrett, das ihr den Mut gab, sich Schritt für Schritt von einem seelenlosen Job als Fahrlehrerin zu verabschieden und zu der Arbeit zurückzukehren, die sie wirklich liebte: »Ich hatte immer das Gefühl, Energiearbeit sei mein wahrer Lebenssinn, doch als Fahrlehrerin verdiente ich mir eben meine Brötchen.«

Als sie mit dem einjährigen Seminar begann, litt Karen unter Schmerzen im unteren Rücken und in den Knien wegen der langen Stunden, die sie jeden Tag im Auto verbrachte. Sie nahm auch ständig zu, weil sie viel zu wenig Bewegung hatte, und das, obwohl sie tagsüber kaum zum Essen kam. Sie hatte zwar viele Freunde, doch ihr langer Arbeitstag, die Hausarbeit und die Kinder ließen ihr kaum Raum für ein wirkliches Sozialleben.

Am Ende der ersten sieben Intentionswochen waren die Rücken- und Nackenschmerzen so schlimm, dass sie ihren Fahrlehrerjob vorübergehend aufgeben musste.

Während eines Webinars sandte sie Intentionen an eines der Gruppenmitglieder, als plötzlich eine warme Welle der Liebe sie umfloss. Als die Gruppensitzung beendet war, fiel Karens Blick nach unten. Vor ihren Füßen lag ein Prospekt, in dem es um energetische Heilung ging. Und schon waren die Worte in ihrem Kopf: *Wie konntest du das nur aufgeben?* »Tränen strömten mir über die Wangen«, schrieb sie. »Ich wusste, es war Zeit, wieder in diese Richtung zu gehen.«

Da Karen aufgrund ihrer Nackenschmerzen keine Fahrstunden geben konnte, hatte sie genügend Zeit, selbst »Energie-Recherchen« anzustellen. In dieser Phase entwickelte sie einen Onlinekurs zur Energiearbeit. »Ich lernte viel über die Produktion von Videos, über die Bild- und Tonqualität und über den Schnitt. Nebenher recherchierte ich zum Thema Energiearbeit. Ich war total gut drauf.«

Während ihres Krankenstandes konnte Karen sich endlich mal wieder mit Freunden treffen und neue Menschen kennenlernen. Sie machte sogar einen Tagesausflug, um eine gute Freundin zu besuchen, die sie schon jahrelang nicht mehr gesehen hatte. Zum ersten Mal hatte sie richtig Zeit für ihre Töchter und fing sogar wieder an, täglich ihre Mutter anzurufen. Auch dies war ihr aufgrund der langen Arbeitstage meist nicht möglich gewesen. Im Sommer war Karens Nacken wieder in Ordnung. Sie machte täglich einen kleinen Morgenspaziergang und verlor beträchtlich an Gewicht.

Problematisch war nur, dass sie kein Einkommen hatte und von ihren Ersparnissen lebte. Als ihr Vater jedoch von Karens Lage hörte, schickte er ihr Geld, obwohl sie seit sieben Jahren keinen Kontakt hatten. Karen war nicht nur dankbar für seine Hilfe. Durch den Kontakt »glätteten sich die Wogen zwischen uns«.

Als der Herbst anbrach, waren Karens Beziehungen zu ihrer Mutter, ihren Töchtern und Freunden enger geworden. Immer öfter meldeten sich auch alte Bekannte und berichteten von interessanten Büchern oder Webseiten. »Mittlerweile bin ich zum Umschlagplatz für Informationen zum Thema ganzheitliche Heilung geworden. Viele meiner Kollegen melden sich deshalb bei mir«, schrieb sie. »Ich habe eine Webseite online gestellt, und die Abonnenten meines regelmäßigen Blogs werden auch immer mehr.« Am Ende gab sie zwar immer noch da und dort ein paar

Fahrstunden, um ihre Rechnungen zu bezahlen, aber sie ließ nicht mehr zu, dass die Arbeit sie ganz vereinnahmte. Sie machte einen Bachelor-Abschluss in ganzheitlicher Gesundheitswissenschaft und sitzt nun an ihrer Masterarbeit mit dem Thema »Alternativmedizin«. Auch über eine Doktorarbeit denkt sie bereits nach.

Melissa Fundanish aus Tega Cay in South Carolina war 55 Jahre alt, als sie sich der Meisterklasse mit der spezifischen Absicht anschloss, sich neue berufliche Möglichkeiten zu erschließen. Bei der Tätigkeit, die sie zu Beginn des Intentionsjahres ausübte, empfand sie das Verhältnis zu ihrem Vorgesetzten als äußerst unerfreulich. Außerdem saß sie zwischen den Stühlen, weil sie für zwei Teams arbeitete, die es nicht schafften, gemeinsam zum Besten der Kunden zu arbeiten. Und das Produkt, das ihre Firma verkaufte, hatte sozusagen seine glanzvollen Tage hinter sich und würde wohl in den nächsten Jahren nicht mehr nachgefragt werden. »Ich habe Schwierigkeiten herauszufinden, welche Art von Arbeit ich machen möchte und wie ich die passende Stelle finde. Ich sitze einfach fest«, schrieb sie in einem ihrer Monatsberichte zu Beginn des Sommers.

Melissa bat die Gruppe um eine Intention, dass sie eine sinnvolle Arbeit finden möge. Im Juli erhielt sie dann eine E-Mail von einer Kollegin. Melissa wusste, dass die Frau in der Personalentwicklung tätig war, und bat sie um ein privates Gespräch. Als sie sich trafen, vertraute Melissa ihr an, dass sie sich beruflich verändern wolle. Glücklicherweise suchte die Frau gerade nach einer Mitarbeiterin für eine Stellung, die perfekt zu Melissa passte. »Ich bat um eine genaue Beschreibung der Position, dachte einen Tag darüber nach und bewarb mich am nächsten Morgen«, schrieb Melissa im nächsten Monatsbericht. »Sie gab mir Tipps, sodass ich die vier Vorstellungsgespräche und die Probe-Präsentation innerhalb einer Woche hinter mich brachte. In der Woche darauf erhielt ich ein Jobangebot, das auch noch ein höheres Gehalt beinhaltete, als ich eigentlich erwartet hatte.«

Im August trat Melissa die neue Stelle an. »Mein neuer Job ist einfach super«, schrieb sie. »Nach zwei Monaten bin ich immer noch glücklich mit meinem Manager, meinen Kollegen, meinen Mitarbeitern, mit der ganzen Unternehmenskultur und meinem Aufgabenbereich. Ich hatte wirklich nicht geglaubt, dass es möglich wäre, eine Aufgabe zu finden, die mir Spaß macht und gleichzeitig eine echte Herausforderung darstellt.«

Melissas Proteus-Gruppe konzentrierte sich noch auf eine weitere, sehr spezifische Anfrage: den Verkauf von Melissas altem BMW M3 für 5000 Dollar. Dazu musste ein echter BMW-Liebhaber gefunden werden. »Da rief mich urplötzlich ein Herr aus Colorado an. Wir hatten ein nettes Gespräch, und am Ende sagte er: ›Okay, ich kaufe das Auto!‹ Und ich: ›Super! Was wollen Sie denn dafür bezahlen?‹ Und er meinte: ›5000 Dollar!‹ Ich war so glücklich, dass der alte Wagen an einen echten Liebhaber ging.«

Angesichts dieser Erfahrung machte sich Melissa mithilfe der Gruppe an eine weitere Intention, die ein Auto betraf: Sie wollte den BMW ihrer Schwester verkaufen. Dieser stand seit drei Monaten zum Verkauf, ohne dass sich ein Interessent gemeldet hätte. Drei Wochen danach verkaufte die Schwester den Wagen für 10 000 Dollar an einen anderen BMW-Fan.

Melissa meinte, die Gruppe habe ihr geholfen, sich erneut ins Leben zu verlieben. »Ich habe das Gefühl, dass mein Leben einfach im Fluss ist. Alles passiert mit größerer Leichtigkeit, und ich genieße es in vollen Zügen.« Sie und ihre Schwester haben nun eine engere Bindung als je zuvor. Irgendwann bat sie um eine Intention, die ihr helfen sollte, einen Partner zu finden. »Innerhalb von ein oder zwei Wochen lud ein Kollege meine Schwester zum

Essen ein und meinte, er würde seinen WG-Genossen mitbringen, ob sie nicht eine weibliche Begleitung wüsste. Ich ging mit und stellte fest, dass ich mich mit dem Mann erstaunlich gut verstand. Wir vereinbarten ein erstes Date, und seitdem genießen wir unsere gemeinsame Zeit.«

Robert Morales, 67, aus Beaumont in Kalifornien erfreut sich dank seiner Helios-Gruppe ebenfalls einer besseren Gesundheit. Zu Beginn des Jahresseminars hatte er Probleme mit dem Herzen, der Prostata, der Bauchspeicheldrüse, dem linken Knie, dem Harntrakt und einer ausgeprägten Schlaflosigkeit. Außerdem hatte man bei ihm Diabetes Typ 2 festgestellt. Er bat die Gruppe um die Intention, sein Gesundheitszustand möge sich allgemein verbessern. Im Oktober bat er noch einmal um spezifische Unterstützung, damit die Schmerzen in seinem Knie verschwinden sollten. Innerhalb von acht bis zehn Tagen ließ der Schmerz im Knie nach. »Ich habe bis heute keine Knieprobleme mehr«, schrieb er mir.

Am 9. Dezember fing er sich eine Grippe ein – auch, so dachte er, weil er ständig müde war und lange arbeiten musste. Aufgrund der Grippe verpasste er seine Donnerstagssitzung mit der Helios-Gruppe, bat jedoch um eine Intention, dass es ihm besser gehen möge.

Am 11. Dezember wachte er auf und fühlte sich so viel besser, dass er gleich zur Arbeit ging. Ihm fiel ein Stein vom Herzen. Er schlief besser, sein Herz schlug nicht mehr unregelmäßig, wie es das nachts manchmal tat. Selbst seine Prostata meldete sich nicht mehr – er wachte höchstens einmal pro Nacht auf. Und zum ersten Mal seit langer Zeit konnte er wieder Fleisch essen, ohne Beschwerden fürchten zu müssen. »Ich fühlte mich total normal, als hätte ich gar keine gesundheitlichen Probleme. Ich fühlte mich geheilt und energiegeladen. Das war einer der besten Tage, die ich seit Langem hatte.«

Robert und seine Frau steckten in finanziellen Schwierigkeiten, also bat er die Gruppe um eine Intention, die sie da herausbrachte. Innerhalb eines Monats erhielt er einen Scheck seiner Bank über 2.475,00 Dollar. »Wir wussten, dass wir etwas von der Bank zurückbekommen würden, weil wir uns ja erst dieses Jahr ein Haus gekauft haben, doch wie viel es sein würde und wann wir damit rechnen konnten, war uns nicht klar.«

Auch Beverley Sky Fulker bat die Gruppe um Unterstützung bei finanziellen Problemen, als sie nur noch zweihundert Dollar besaß. Und siehe da, sie traf einen Bekannten, der ihr sagte, dass jeder, der schon mal für das Versicherungsunternehmen Lloyds of London gearbeitet hätte, dort um Hilfe nachsuchen konnte, wenn er in schweres Fahrwasser geriet. Das traf auf Beverley zu, also versuchte sie es. Und obwohl die Bedingungen für die Aufnahme in das Hilfsprogramm sehr streng sind, gelang es ihr. »Und sie schickten mir einen wunderbaren Scheck«, sagte sie.

Da Bev mit einem Feuermal im Gesicht zur Welt kam, war sie als Kind schwer gemobbt worden und hatte jahrelang versucht, es mit Make-up zu überdecken, ja sich sogar nach Möglichkeiten erkundigt, es chirurgisch entfernen zu lassen. Als Erwachsene lancierte sie stattdessen eine Webseite, die anderen Menschen mit Narben oder Muttermalen helfen sollte, mehr Selbstvertrauen zu entwickeln. Mit dem Geld von Lloyds konnte sie nun diese Seite (LoveYourMark.com) endlich neu gestalten. »Das kam gerade rechtzeitig«, schrieb sie. »Genau in dem Moment, als ich es brauchte.«

Mitchell Dean fand, dass die Gruppe ihm nicht nur geholfen hatte, seine lebenslange Depression zu überwinden, sondern auch die »extrem schmerzlichen« Erfahrungen, die sie verursacht hatten: »Ich habe im letzten Jahr mehr Fortschritte gemacht als in den 44 Jahren davor. Sehr viel mehr«, meinte er in einem Interview.

»So viel mehr, dass ich auch andere schwierige Lebensbereiche mittlerweile anpacke. Und auch dort tut sich etwas.« Er hatte jahrelang vorgehabt, ein Buch zu schreiben. Nun konnte er seine Schreibblockade überwinden. Er nahm 15 Pfund ab, hatte am Ende sogar wieder sein Highschool-Gewicht und war besser in Form als je zuvor in seinem Leben. Dann fing er wieder mit Singen und Gitarrespielen an, was er seit Jahrzehnten nicht mehr getan hatte. Und schließlich »entdeckte« eine sehr prominente Schauspielerin plötzlich die Achtsamkeitsübung, die Michael seinen Patienten beibrachte, für sich und sorgte dafür, dass diese bekannt wurde.

Andys Gruppe half ihr, sich nahezu schmerzlos und ohne viel Streit von ihrem Mann zu trennen. Sie kamen überein, sich scheiden zu lassen, hatten aber noch keine konkreten Maßnahmen getroffen. Innerhalb der ersten Monate des Intentionsjahres kontaktierte Andy einen Scheidungsanwalt per E-Mail. Die Scheidung sollte einvernehmlich geregelt werden. Nach dem Treffen mit dem Anwalt ihres Mannes kam Andy dahinter, dass dieser schon seit einiger Zeit eine Geliebte hatte. Das gab den Ausschlag. Die beiden teilten ihren Kindern mit, dass sie sich nun endlich scheiden lassen würden, und Andys Mann zog aus. Die Gruppe half ihr, stark zu bleiben, obwohl es einige wenig einfühlsame Kommentare von anderen Familienmitgliedern gab. »Unsere Kommunikation ist jetzt besser, tiefer und offener, als das in den Jahren unserer Ehe der Fall war«, sagte Andy. Sie schafften es tatsächlich, eine einvernehmliche Scheidung hinzubekommen, und stritten nicht vor Gericht. Ihre Anwälte waren so beeindruckt von den gemeinsam aufgesetzten, für beide Seiten vorteilhaften Vereinbarungen, dass sie darum baten, diese Vereinbarung als Muster für andere Paare verwenden zu dürfen, die ebenfalls eine einvernehmliche Trennung anstrebten.

Margaret war Bewährungshelferin in Kalifornien, wo das Drogenproblem immer noch ungelöst ist, sodass ihre Klienten häufig bei Rückfällen ertappt wurden. Sie bat ihre Gruppe um die Intention, die positiven Urinanalysen um 50 Prozent zu senken – und bekam genau das Resultat, das sie sich gewünscht hatte.

Trudy konnte nach dem Intentionsjahr besser hören.

Nachdem die Achelous-Gruppe Intentionen geschickt hatte, wurde Amandas Tochter, die bei den beiden vorangegangenen Geburten enorme Probleme gehabt hatte, 15 Minuten nachdem sie im Krankenhaus ankam, ohne Komplikationen von ihrem dritten Kind entbunden.

Rose White verkaufte ihr Haus innerhalb von zwei Wochen und fand danach ihre Traumwohnung.

Und die Liste der wunderbaren Wandlungen wurde Monat für Monat länger. Nun blieb mir nur noch ein Experiment, um einen Blick ins Innerste der Mechanik werfen zu können und herauszufinden, welcher Mechanismus für alle diese großartigen Erfahrungen verantwortlich war.

21. KAPITEL

······························

DIE STUDIE
ZUR KRAFT DER ACHT

Dr. Guy Riekeman, der Präsident der Life University, rüttelt die Menschen gern wach. Das zeigt schon die Webseite der Universität, auf der er den Lehrkörper vorstellt: »Visionäre, die unermüdlich an der Umsetzung revolutionärer sozialer Innovationen arbeiten.« Er und seine Kollegen wollen nichts weniger als eine Revolution im Gesundheitswesen anzetteln. Sie wollen ihre Studenten von der rein schulmedizinischen Behandlung von Krankheiten wegführen und ihnen stattdessen ein ganzheitliches Konzept von Wohlbefinden nahebringen. Riekeman und seine Kollegen sind Chiropraktiker und glauben, dass das Leben aus chemisch-physikalischen Vorgängen allein nicht zu erklären ist, sondern jedem Organismus eine nichtmaterielle Lebenskraft oder Seele innewohnt. Sie sind davon überzeugt – wie es auf der Webseite der Life University heißt –, dass alle Systeme im Universum »bewusst, selbstorganisiert, selbstentwickelnd und selbstheilend sind«. Der am Vitalismus orientierte Heiler sieht seine Aufgabe darin, Blockaden zu beseitigen, zum Beispiel verschobene Wirbel, die den Energiefluss im Körper behindern wie Äste auf einem Gleis.

Riekeman ist gut 70 Jahre alt, sein Gesicht wettergegerbt. Selbst unter studierten Chiropraktikern wie er selbst ist er ein Star.

Nachdem er 2004 die Präsidentschaft übernahm, legte er enga-
giert Hand an und verwandelte die Universität innerhalb eines
Jahrzehnts von ein paar Betonbauten in den Wäldern von Mariet-
ta in Georgia zum größten chiropraktischen College der Welt, an
dem ich im April 2015 einen Vortrag hielt. Danach unterhielt ich
mich mit Guy bei einer Flasche seines bestens Rotweins. Er bot
mir die Ressourcen der Life University an, um zu erforschen, was
da in meinen Kraft-der-Acht-Gruppen vor sich ging. Das hieß,
dass ich über die Fakultät für Biologie und Psychologie mit all ihrer technischen Ausrüstung verfügen konnte.

Ich fand Riekemans Großzügigkeit überwältigend. Schließlich
war ich schon seit 2007 auf der Suche nach einer solchen Möglichkeit: einer angesehenen Universität, die bereit war, eine Studie
über meine Achtergruppen durchzuführen.

Der Punkt, auf den es mir dabei ankam, waren aber nicht die
Effekte, die wir an den Zielobjekten beobachten konnten, sondern
die Rückkopplungseffekte bei den Sendern. Und so machte Guy
mich mit Dr. Stephanie Sullivan bekannt, einer Neurowissen-
schaftlerin und Direktorin des Sid E. Williams Center for Chiro-
practic Research. Dieses Institut verfügte über viel Erfahrung in
wissenschaftlicher Forschung. Mit Dr. Sullivans Unterstützung
planten wir eine einfache Studie an den Teilnehmern einer Achtergruppe, die sich aus studentischen Freiwilligen rekrutierte. Ich
würde mehreren Gruppen nacheinander einfache Anweisungen
über Skype oder ein YouTube-Video geben. Eines der Gruppenmitglieder würde sich freiwillig als Zielobjekt zur Verfügung stellen. Die anderen würden ihm eine Intention senden, wie wir es in
meinen Seminaren machten. Stephanie und ihr Team würden an
einem der Intentionssender vor, während und nach der Übung
quantitative EEG-Messungen vornehmen und Abweichungen in
den Gehirnwellen statistisch auswerten. Am Ende würden die

Teilnehmer einen Fragebogen ausfüllen, der ihre Stimmung vor und nach der Übung erfassen sollte, um Veränderungen festzuhalten.

Damit unsere Studie wissenschaftliche Glaubwürdigkeit beanspruchen konnte, wollte Stephanie den Versuch sieben Mal durchführen und dabei jedes Mal eine andere Achtergruppe mit anderen Teilnehmern testen. Die Person, an der die Gehirnwellenmessungen vorgenommen wurden, sollte dabei jeweils ein Erst-Teilnehmer sein. Dann würde sie die Ergebnisse des quantitativen EEG mit denen anderer Studien vergleichen, die an Einzelpersonen (zum Beispiel von Andrew Newberg und Richard Davidson) vorgenommen wurden, um herauszufinden, ob meine Art, mit gerichteten Intentionen zu arbeiten, andere Resultate zeitigte. Wir hatten zwar keine Kontrollgruppen, doch es gab eine Reihe von Vorgängerstudien, die uns möglicherweise Hinweise geben konnten, weshalb meine Teilnehmer so massive Veränderungen in ihrem Leben erfuhren. Später würden wir sowohl bei den Sendern als auch bei den Empfängern einzelne Marker für die Immunfunktion und andere wichtige Systeme messen, um auch hier eventuelle Veränderungen festzustellen.

Stephanie übermittelte mir die ersten Resultate Anfang Februar 2016. »Bislang sind die Ergebnisse ziemlich beeindruckend«, schrieb sie. Unsere Teilnehmer zeigten Anzeichen unmittelbarer und weitreichender Veränderungen im Gehirn, das sich anders präsentierte als sonst.

Einige Monate später, nachdem sechs der sieben Studien (eine war leider unbrauchbar) ausgewertet worden waren, vermeldete das Forscherteam von der Life University einen statistisch signifikanten Abfall der Aktivität im rechten Schläfenlappen, in den Stirnlappen und im rechten Scheitellappen unserer Teilnehmer. Dazu kam eine beinahe übergreifende Beruhigung der Aktivität in einigen (Gehirnwellen-)Frequenzbereichen. Unsere Resultate waren also gegenläufig zu dem, was gewöhnlich bei Meditierenden gemessen wird: Bei diesen zeigt sich eine Zunahme der Alpha- und Thetawellen für den größten Teil des Kortex. Bei unseren Teilnehmern verzeichneten die Alphawellen eine *Abnahme*. Die größten Veränderungen fanden über den gesamten rechten Scheitellappen statt (der ermöglicht, dass wir uns selbst von anderen unterscheiden können), des Weiteren im Schläfenlappen und im Hinterhauptsbereich (verbunden mit dem Sehprozess) sowie in den Stirnlappen (zuständig für Gedächtnisbildung, visuelle Repräsentation und die Verarbeitung akustischer Signale). Die Tatsache, dass unsere Resultate statistisch signifikant waren und sich auf gleiche Weise bei allen Teilnehmern zeigten, legte nahe, dass es sich nicht um Zufallsergebnisse handelte, wie Stephanie erläuterte. Dafür sprach auch die Tatsache, dass die genannten Effekte unmittelbar aufgetreten waren, nach nur zehn Minuten heilender Intention und bei Personen, die vorher noch nie an einer Kraft-der-Acht-Gruppe teilgenommen hatten.

Nach Erleuchtung zu streben, indem man sich auf eine bestimmte kontemplative Übung stützt, ist letztlich eine auf das Selbst gerichtete Handlung, was die vermehrte Aktivität in den Gehirnregionen erklärt, die mit dem Selbst assoziiert sind. »Wenn ein Mensch mithilfe einer bestimmten Praxis – sei sie nun östlich oder westlich, religiös oder weltlich orientiert – nach Erleuchtung strebt, dann steigt die Aktivität in den Stirnlappen, wann immer diese Person zu meditieren beginnt oder sich in Kontemplation begibt«, schreibt Andrew Newberg.[148] »Unsere Gehirnscans zeigen auch, dass anfangs die Aktivität in den Scheitellappen ansteigt. Das Gewahrsein unser selbst im Kontakt mit der Welt bzw. dem Meditationsobjekt steigt. Die Aktivität im Scheitellappen hilft uns, ein Ziel zu formulieren und darauf zuzugehen.«

In unseren Gruppen zur Kraft der Acht und den Intentionsexperimenten aber führte die Abkehr von der Ich-Perspektive und
die Konzentration auf den »anderen« dazu, dass die Aktivität in
den Gehirnregionen, die man mit dem Selbstgefühl in Verbindung bringt, sofort abnahm. Dies gilt vor allem für die rechte Gehirnhälfte, die zwar für Kreativität verantwortlich ist, aber auch
aktiv wird, wenn wir Sorgen und Ängste haben, uns zu viele Gedanken machen oder depressiv werden. »Wir stellten fest, dass die
Aktivität im präfrontalen Kortex abnahm, was für eine Abwen-
dung von Stress und Angstzuständen und eine Stimmungsaufhel-
lung spricht«, schrieb Stephanie. Sie ließ die Teilnehmer vor und
nach der Intention den Fragenkatalog zur *Brief Mood Introspec-
tion Scale* ausfüllen, einem international anerkannten psychologi-
schen Test, der helfen soll, Stimmungswerte vergleichbar zu machen. Dabei stellte man deutliche Verbesserungen sowohl bei der
psychischen Grundstimmung als auch bei den Werten für Ruhe
und Entspannung fest. Stephanie ließ die Teilnehmer noch einen
Standardfragebogen zum Schmerzerleben ausfüllen. Obwohl wir
hier keine signifikanten Trends erkennen konnten und unsere
Testgruppe sich relativ homogen aus jungen Studenten zusam-
mensetzte, klagten doch einige von ihnen über Schmerzen im Rücken, in den Gelenken und über Migräne. Diese Schmerzen verschwanden während der Übung spontan.

Die Gehirnwellen unserer Teilnehmer erinnerten eher an die
Gruppen, die Andrew Newberg studiert hatte. Menschen, die
zwar auch nach Erleuchtung strebten, deren wesentliches
Übungsziel aber das Loslassen war – Nonnen und Mönche, Medien, chantende Sufimeister und in gewisser Weise auch die
Pfingstkirchenanhänger, die in Zungen redeten. Wenn das Streben nach Erleuchtung nicht auf das Selbst abzielt, wie das bei obi-
gen Gruppen und in unseren Achtergruppen der Fall ist, dann

fällt die Aktivität im Stirnlappen quasi sofort weg, da die Person gleichsam mit dem Objekt der Kontemplation verschmilzt. Unsere Studie zeigte darüber hinaus, dass bei unseren Versuchsteilnehmern eine größere Kohärenz zwischen Scheitel- und Stirnlappen zu verzeichnen war. In Bezug auf das menschliche Gehirn meint »Kohärenz« die Kommunikation zwischen den verschiedenen Gehirnrealen. In unserem Fall war die allgemeine Gehirnaktivität zwar deutlich reduziert, doch das Gehirn schien mehr als Ganzheit zu agieren. Die Teilnehmer zeigten auch reduzierte Aktivität in jenen Gehirnregionen, die für die Verarbeitung sensorischer und motorischer Informationen verantwortlich sind, also dem Gehirnteil, der unsere Sinneseindrücke interpretiert, wenn wir zum Beispiel Musik hören. Dies lässt annehmen, dass die Teilnehmer der Achtergruppen in einen Zustand eintauchen, in dem sie sich ihrer unmittelbaren Umgebung weniger bewusst sind.

Das wiederum konnte als Beleg dafür gewertet werden, dass die stattfindenden Veränderungen nicht auf die Reiki-Chants zurückgingen, da alle Teilnehmer die gleiche reduzierte Aktivität in jenen Gehirnregionen zeigten, die Musik erkennen und verarbeiten. Dass auch der fürs Sehen zuständige Hinterhauptlappen verringerte Aktivität aufwies, hatte vermutlich damit zu tun, dass die Teilnehmer ihren Fokus nach innen richteten, um die Person zu visualisieren, die Heilung finden sollte.

Unsere Teilnehmer erlebten anscheinend einen veränderten Bewusstseinszustand, so ähnlich wie Andrew Newbergs Nonnen. Doch die Mitglieder der Achtergruppen befanden sich nicht in heiliger Einheit mit Gott. Sie waren in heiliger Einheit miteinander und dem Menschen bzw. der Situation, die sie zu heilen versuchten. Die Studie an der Life University legte nahe, dass die Teilnehmer unserer globalen Experimente und Achtergruppen eine

Art Ekstase erlebten, die ihr ganzes Leben verändert hatte. Aber anders als Newbergs Mönche, Nonnen und Sufis war unser Ansatz voraussetzungslos. Unsere Teilnehmer mussten weder eine Stunde lang chanten oder kontemplieren und sie mussten auch nicht jahrelang geübt haben, um diesen Zustand zu erreichen. Bei diesen Menschen und anscheinend bei jeder Form des kontemplativen Gebets brauchte es laut Newberg »üblicherweise 50 bis 60 Minuten, um diese neurologischen Veränderungen herbeizuführen«.[149]

Meinen Teilnehmern war es ganz anders ergangen. Sie waren schon wenige Minuten nach Beginn der Übung in diesen Zustand eingetreten und ihre Erleuchtungserfahrung war nicht nur unmittelbar, sondern auch unerwartet, ja noch nicht einmal angestrebt. Anders als in anderen Religionen oder bei indigenen Völkern hatten wir kein Mantra rezitiert, nicht gefastet, keine asketischen Übungen vollzogen, wir hatten nicht in der Schwitzhütte gelitten, kein Yoga und keine Niederwerfungen gemacht. Wir hatten nicht in Zungen geredet, kein Ayahuasca getrunken, keine Bilder angebetet und keine »große Anstrengung des Geistes« unternommen, wie der heilige Augustinus dies einmal formuliert hatte. Eigentlich hatte es gar keine Anstrengung gegeben. Die Erfahrung hatte sich jeglicher Kontrolle entzogen. Sie wurde nicht »eingeschaltet«, sondern geschah einfach, als die Mitglieder Teil der Gruppe wurden. Die einzige Hinführung war das »In-die-Kraft-Gehen« – das kurze Achtsamkeitsritual, das wir vor all unseren Intentionsübungen machen. Bei der Studie an der Life University war jeder einzelne der Teilnehmer Anfänger, was das In-die-Kraft-Gehen anging. Außer dieser kurzen Meditation hatten sie keinerlei Erfahrung. Die einzige Anleitung, die sie erhielten, war ein kurzes YouTube-Video, in dem ich das weitere Vorgehen beschrieb. Bei unseren Intentionsexperimenten und in meinen Seminaren hat der

Großteil der Teilnehmer noch nie mein Ritual zum In-die-Kraft-Gehen praktiziert. Da die meisten dieser Leute jedoch erfahrene Meditierende waren, wie die danach erfolgten Umfragen zeigten, stellten sie fest, dass diese Übung sich ganz anders anfühlte als ihre übliche Meditation. In jedem einzelnen Fall waren unsere Teilnehmer quasi ohne Zeitverzug in diesen Zustand eingetreten.

Das ließ nur einen Schluss zu: In einer Gruppe anderen Menschen heilende Intentionen zu senden war die Überholspur zur Welt der Wunder.

. . . .

Ulman Lindenberger und seine Kollegen am Max-Planck-Institut für menschliche Entwicklung in Berlin machten Gitarristen, die gemeinsam musizierten, zum Gegenstand ihrer Forschung. Und fanden Folgendes heraus: Wenn zwei Menschen miteinander »im Einklang« Musik machen, dann harmonisiert dies ihre Gehirnwellen.[150] Die Gehirnwellen synchronisieren sich, werden »phasengleich« – das heißt, dass die Wellengipfel und -täler nahezu deckungsgleich verlaufen. In einzelnen Gehirnregionen entstehen synchrone Muster – vor allem im vorderen und zentralen Bereich, aber auch im Schläfen- und Scheitellappen, dort, wo die Verortung unseres Selbst im Raum angesiedelt ist. Die Synchronie heißt letztlich, dass der Gitarrist sich mit den anderen Musikern eins fühlt.

Dasselbe Team untersuchte auch Gitarristen, die zusammen improvisieren.[151] Dabei entdeckte man ein sogenanntes Hyperbrain-Muster. Damit ist die Neigung des menschlichen Gehirns gemeint, sich so auf ein anderes Gehirn einzustellen, dass beide wie ein einziges großes Gehirn arbeiten. Dies gilt vor allem für Musiker, die gemeinsam musizieren. Andere Forscherteams, zum Beispiel von der University of Lancaster in England und von der

Università Gabriele d'Annunzio im italienischen Chieti, haben dieselbe Neigung bei Jongleuren festgestellt und dies »Team Mental Models«, Mentale Teambildung, genannt. Wenn zwei Jongleure gemeinsam agieren, entwickelt sich nicht nur ein Hyperbrain-Muster, auch Herz- und Atemfrequenz gleichen sich an.[152]

Meine Kraft-der-Acht-Gruppen waren keine Individuen mehr. Die Grenzen zwischen ihnen waren ausgelöscht. Hier handelte es sich um einen Schwarm, eine Supergroup. Diese Leute arbeiteten nicht etwa zusammen, sie verschmolzen zu einem großen Ganzen.

Die Erfahrungen, die sie dabei machten, entwickelten eine gewisse Strahlkraft. Konstantin Korotkov hatte ein hochsensibles Gerät entwickelt, das er liebevoll »Sputnik« nannte, nach der ersten sowjetischen Raumkapsel, die 1957 ins All geschossen worden war. Es ähnelte ein bisschen Roger Nelsons Global Consciousness Project, nur dass es sich hierbei lediglich um eine Maschine handelte. Konstantin meinte, sie sei in der Lage, Umwelteinflüsse auf menschliche Emotionen zu messen.

Sputnik war eigentlich als Messsensor für Korotkovs Gerät zur Gas Discharge Visualization (GDV) entwickelt worden. Konstantin nannte ihn gerne seinen »integralen Umweltanalysator«. Zusammen mit den Informationen seines GDV sollte der Sputnik Veränderungen in der Atmosphäre eines Raumes messen, die auf Veränderungen bei den Personen zurückgingen, die sich in diesem Raum aufhielten. Konstantin meinte, sein kleines Gerät könne die elektrische Kapazität messen, also die Fähigkeit eines Systems, Ladungen aufzunehmen, da es extrem sensibel auf Veränderungen auch schwächster elektromagnetischer Felder in der Umgebung reagierte.

Menschliche Emotionen werden häufig vom Parasympathikus vermittelt. Das heißt, dass sie einhergehen mit Veränderungen im Blutfluss, in der Schweißbildung und in anderen Körperfunktionen, die die elektrische Leitfähigkeit des Körpers beeinflussen. Konstantin kannte natürlich die Menge der Forschungsergebnisse, die zeigten, dass Sonnenaktivität, tektonische Spannungen und das elektromagnetische Feld der unmittelbaren Umgebung Einfluss auf die menschliche Gesundheit hatten. Aber er war der Ansicht, das müsse auch umgekehrt funktionieren: Wenn ein Mensch einen Stimmungsumschwung erlebe, dann würde sich dies in der elektrischen Ladung der Umgebung zeigen. Diese wiederum würde der Sputnik aufnehmen.

»Veränderungen im funktionellen Status des menschlichen Körpers führen zu Veränderungen der Feldanordnung um den Körper, der chemischen Zusammensetzung der Umgebungsluft aufgrund der ausgeatmeten Luft und der Abgabe von Hormonen über die Haut«, schrieb Konstantin in einem Artikel, in dem er seine Erfindung vorstellte.[153] Seiner Ansicht nach konnte der Sputnik auch feinste Veränderungen dieser Art messen.

Konstantin hatte den Sputnik jahrelang getestet während seiner Expeditionen nach Peru, Kolumbien, Ecuador, Indien, Myanmar, Sibirien und anderswo. Schließlich war er davon überzeugt, dass das Gerät in der Lage war, lokale Umweltbedingungen und ihre Veränderungen zu messen. So hatte er beispielsweise vor Sonnenauf- oder -untergängen und vor Gewittern deutliche Veränderungen im Signal des Sensors festgestellt. 2008 hatte er an einigen Orten in Russland – Novosibirsk, Berdsk, Irkutsk und Abakan – während einer totalen Sonnenfinsternis Messungen mit sieben verschiedenen Sputnikgeräten angestellt. Alle sieben Geräte zeigten unmittelbar vor der Sonnenfinsternis die gleichen Veränderungen ihres Outputs, und alle sieben stabilisierten sich wieder, nachdem sie vorüber war.

Am interessantesten aber war seine These, er könne mit dem Gerät die subliminalen, also an der Grenze zur Bewusstseinsschwelle befindlichen psychischen und emotionalen Reaktionen von Menschengruppen sichtbar machen. Er hatte dies bei einer Reihe von Gruppenveranstaltungen getestet – religiösen Zeremonien, Yoga-Übungen, Gruppenmeditation, musikalischen Veranstaltungen und öffentlichen Vorträgen. Dabei hatte er statistisch signifikante Veränderungen im Signal des Sputnik festgestellt, die mit der Dauer der jeweiligen Veranstaltung sowie mit der vorherrschenden Gruppen-Emotion korrelierten. Je stärker die Ausschläge des Sputnik waren, umso größer war die emotionale »Aufladung« im Raum. In einer Studie stellte er (wie Roger Nelson mit seinen Zufallsgeneratoren) fest, dass sich der Output des Geräts massiv veränderte, wenn die betreffende Gruppe intensiv meditiert. Dann machte sich Konstantin daran, die Auswirkungen subliminaler Emotionen auf die elektrische Ladung eines Raumes zu erforschen. Er bat eine Gruppe studentischer Freiwilliger, sich in einem Raum vor einen Computer zu setzen und eine beliebige Tätigkeit auszuführen. Gleichzeitig beschallte er den Raum mit einem Tonsignal von ungefähr 20 Hertz – das vom menschlichen Ohr nicht klar wahrgenommen werden kann, aber unbewusst doch störend wirkt.

Danach mussten die Studenten einen Fragebogen ausfüllen, der Aufschluss über ihren mentalen und emotionalen Zustand geben sollte. Die Antworten zeigten eindeutig, dass die Versuchspersonen sich gestresst gefühlt hatten. Der Wandel in der emotionalen Gestimmtheit spiegelte sich in den Signalen des Sputnik wider. Umgekehrt ließen sich bei der Kontrollgruppe, die unter denselben Bedingungen, nur ohne die Beschallung, arbeitete, keinerlei Stimmungsschwankungen und keine Ausschläge beim Sputnik feststellen. Die dritte Kontrollgruppe diente nur der Kontrolle des Geräts: Ein dritter Sputnik in einem leeren Raum zeigte ebenfalls keine Ausschläge.

Im März 2017 führte ich mit Konstantin ein weiteres Wasserexperiment in Miami durch: Wir baten das Publikum (1000 Menschen), eine Intention an eine mit Wasser gefüllte Flasche zu schicken, die in Konstantins Labor in St. Petersburg stand und mit einem Computer verbunden war. Obwohl wir mehr als 8600 Kilometer von dem Gerät entfernt waren, zeigten die Messungen des Sputnik einen klaren Effekt: Die elektrische Ladung rund um das Wasser verringerte sich.

Konstantin stellte mit dem Sputnik auch zweimal Messungen bei meinen Seminaren an. Er vermaß Personen vor und nach einer Kraft-der-Acht-Gruppe. In beiden Fällen zeigten die Messungen, dass das Stressniveau der Beteiligten gesunken war und dass sich die elektrische Ladung des Raumes verändert hatte. Die Wirkung, die wir in den Kraft-der-Acht-Gruppen erzielten, betraf nicht nur die Teilnehmer, sondern strahlte aus. Wir sandten quasi Wellen guten Willens aus.

Dasselbe Ergebnis zeigte sich, als Roger Nelson während unserer Gruppensitzungen in Italien einen Zufallsgenerator anstellte. Roger hatte mich zu zwei Konferenzen, einer in Bologna, der anderen in Rom, begleitet. Während ich die Kraft-der-Acht-Gruppen leitete, stellte er einen Zufallsgenerator am Computer an. Und es zeigte sich ein Effekt, der mit Fortschreiten der Gruppe immer stärker wurde: eine überraschend eindeutige Bewegung weg von der Zufälligkeit hin zu mehr Ordnung.

Senden und empfangen. Senden und empfangen.

....

Meine Meisterklasse-Gruppen trafen sich immer noch wöchentlich, auch als das Intentionsjahr längst vorbei war. Sie wurden zu Zirkeln, in denen sich mit schöner Regelmäßigkeit das Wunder des Wandels vollzog. Teri erhielt einen Anruf von einem Makler, der ihr Kunde gewesen war, und wurde sozusagen in letzter Sekunde vor der Pleite gerettet: »Da stand ich einen Schritt davor, obdachlos zu werden, und jetzt habe ich ein regelmäßiges Einkommen als Maklerin.« Lindas »Grow Food, Earn Money«-Unternehmen erhielt die Förderung, die ihre Triton-Gruppe intendiert hatte: Ein großes College meldete sich unerwarteterweise und übernahm ihre Methoden für die Gemüsezucht in Kleingärten. Melissas Vater, zu dem sie keinerlei Kontakt gehabt hatte, schickte ihr aus heiterem Himmel einen Scheck über 10 000 Dollar. Weitere 10 000 Dollar kamen, als ein ehemaliger Arbeitgeber ihr ihre Pensionsansprüche auszahlte. Yolys Beziehung zu ihrem Mann verbesserte sich grundlegend, als er sich bereit erklärte, sie bei ihrem Wunsch, sich selbstständig zu machen, zu unterstützen, da sie nicht nur Hausfrau und Mutter sein wollte. Laureen hatte in DynaCERT investiert, ein Unternehmen, das die Abgase von Dieselfahrzeugen und Nutzfahrzeugen senken wollte. Nach der Gruppenintention legte die Aktie 558 Prozent zu, die Marktkapitalisierung stieg um 677 Prozent, und das Unternehmen stieg unter die Top-Performer aus fünf verschiedenen Industriezweigen auf. Neben diesen großen Erfolgen gab es auch eine Reihe kleinerer. Außerdem stellten sich die Wunder mit größerer Regelmäßigkeit ein, als ich die Anweisung gab, die Intentionen auf andere Menschen zu richten. Julie gelang es zum ersten Mal in ihrem Leben, regelmäßig zu meditieren. Nancy nahm zwölf Pfund ab, wie sie es sich vorgenommen hatte. Andrea überstand die Weihnachtsferien erstmals ohne größere Auseinandersetzungen mit ihrer Mutter. Kristis Verdauungsprobleme verschwanden. Marie bekam plötzlich neue Klienten, die sich von ihr die Steuer machen ließen. Bev versöhnte sich mit ihrem Bruder, mit dem sie im Streit gelegen hatte. Marthas Schlaflosigkeit hörte auf. Angehörige, Freunde, ja sogar Haustiere profitierten von den Gruppenintentionen. Barbaras Mann begann, an einem neuen Projekt zu arbeiten, das er schon jahrelang in Angriff nehmen wollte. Das Mietshaus von Laureens Mann konnte zum geforderten Preis verkauft werden. Elaines Schwägerin brauchte entgegen allen Erwartungen doch keine Lebertransplantation und erholte sich von ihrem Leberversagen. Ihr Schwager musste den Tumor an der Speiseröhre dann doch nicht operativ entfernen lassen. Die Diabeteserkrankung von Karens Mutter kam unter Kontrolle. Melissas Kätzchen, das mit unterentwickelten Lungen zur Welt kam, überlebte und ist nun ein ganz normales Tier. Janes Pferd Calypso konnte mehrfach davor bewahrt werden, eingeschläfert zu werden. Marnie konnte viele geschäftliche Chancen nutzen, hatte aber noch eine Besonderheit zu vermelden: »Eine gewaltige Veränderung. Ein Gefühl, das sich kaum erklären lässt. Einfach, dass alles in Ordnung ist. Ich bin zufrieden mit meinem Leben und seinem Verlauf. Echte Freude und Dankbarkeit.«

Von den 150 regelmäßigen Gruppenteilnehmern hat fast jeder einen Durchbruch erzielt. Viele fanden ihren Lebenssinn. Ihre Beziehungen verbesserten sich, oder sie erkannten, wie sie sich ständig selbst sabotiert hatten. »Ich übernehme nun die Verantwortung für meinen Part in sozialen Beziehungen. Und ich versuche mich daran zu erinnern, dass ich immer bewusst aus problematischen Interaktionen aussteigen kann«, schrieb Joan Johnson.

Meine Meisterklasse-Gruppen führten schließlich eigene Experimente durch, neben den Herausforderungen, vor die ich sie stellte. Die Proteus-Gruppe nahm sich vor, die Regenmengen in Charlotte in North Carolina und Umgebung zu steigern, damit die Pflanzen besser wuchsen. Melissa nahm es auf sich, die Niederschlagsmenge ein ganzes Jahr lang aufzuschreiben und den Unterschied zu der Durchschnittsmenge zu berechnen. Als die Gruppe begann, entsprechende Intentionen zu senden, litten Charlotte und Umgebung unter einer schweren Dürre. Die Regenmenge hatte aufs Jahr gerechnet um 365 Millimeter abgenommen. Nachdem man im September mit der Intention angefangen hatte, begann ein steter, leichter Regen zu fallen. Im zweiten Monat überstieg die Regenmenge erstmals den Durchschnitt. Im Dezember, also nach dreieinhalb Monaten Intentionsarbeit, durfte sich die Region über mehr als 300 Millimeter Regen freuen, was das sommerliche Defizit wieder ausglich.

Als Maries Schwager zu Weihnachten zu Besuch kam, hatte die Morpheus-Gruppe ohne sein Wissen positive Intentionen auf Wasser gerichtet. Marie gab davon ein bisschen ins Wasserglas ihres Schwagers, der die ganzen Weihnachtsferien über keinerlei Schmerzen wegen seines offenen Beines mehr hatte.

Was ist an den Gruppen denn nun dran, dass fast 100 Prozent der 150 Teilnehmer im Intentionsjahr all diese persönlichen Wunder erfuhren? Und wie hoch ist die Chance, dass dies auf reinen Zufall zurückgeht, auf den unvermeidlichen Wandel der Verhältnisse im Laufe der Zeit?

Ich stelle mir diese Frage mittlerweile nicht mehr. Ich bin zufrieden, dass ich hier Botschafterin sein darf, der zögerliche Apostel dieser geheimnisvollen Alchemie der Gruppe.

Viele unserer Teilnehmer berichten von der unschätzbaren Unterstützung durch die Gruppe, die ihnen in allen möglichen Lebensbereichen half, eine Veränderung zu erzielen. Viele fangen an zu weinen, wenn sie darüber sprechen, wie viel die Gruppe ihnen bedeutet: »Meine Intentionsfamilie« nennt Ellen Bernfeld sie. Die Kraft-der-Acht-Gruppe ist da, sagt Ellen, um ihr zu helfen »immer wieder aufs Pferd zu steigen, wenn ich runterfalle«.

»Die Intentionen führen mich an einen Ort in mir selbst, an dem ich empfänglich werde, an dem mein ständiges ›Ja, aber‹

endlich aufhört«, sagte Lissa Wheeler. »Mein Geist wird ruhig, und das ›Vertrauen‹ ist eher ein Bauchgefühl, das mir sagt, dass die Intention ihre Wirkung entfaltet. Die Verbindung zur Gruppe trägt mich in diesen inneren Raum. Manchmal verspüre ich Widerstände, mich hinzusetzen und zu konzentrieren. Dann sitze ich da wie ein schmollendes Kind, aber nach fünf Minuten bin ich bereit, mich auf den Gruppenfokus einzulassen. Mein Gehirn fühlt sich buchstäblich so an, als hätte ich ein Medikament eingenommen, das mich in einen höheren Bewusstseinszustand versetzt hat. Es ist, als würden wir ein Gehirn. Der Gruppenfokus fühlt sich an wie ein Elixier, das langsam mein Gehirn verändert.«

»Irgendetwas an diesem Akt, Intentionen für andere zu senden und dabei in eine Gemeinschaft mit völlig Fremden eingebunden zu sein, hat wirklich tief greifende Wirkung«, fügt Mitchell Dean hinzu. Wie die meisten Meisterklassen-Teilnehmer hat Mitchell die anderen Gruppenmitglieder nie kennengelernt, fühlt sich ihnen aber trotzdem innig verbunden. Dies gilt ganz besonders für Robert Morales, zu dem er weiterhin engen Kontakt pflegt, obwohl das Intentionsjahr schon zu Ende ist. Mitchell und Robert kontaktieren sich fast täglich, um sich bei den unterschiedlichsten Dingen zu helfen. Mitchell schickt eine E-Mail. Zum Beispiel damals eines Nachts, als er nicht einschlafen konnte. Und wie immer antwortet Robert am folgenden Tag: »Keine Sorge. Um 4:30 Uhr hatte ich dich auf dem Radar.« Mitchell meint, wann immer er höre, dass jemand ein Problem habe, reagiere er immer gleich: »Ich arbeite für dich daran.«

»Letztlich geht es um den Prozess des Gebens«, sagt Mitchell. »Ich fühle mich selbst viel besser, wenn ich für andere arbeite. Und es ist nicht nur sehr befriedigend, wenn man sieht, dass jemand anderer glücklich ist. Ich habe ja als Psychologe das Glück, dass mir das immer wieder passiert. Aber hier geht etwas anderes vor, das ich selbst nicht ganz begreife. Mein eigenes System und mein Leben funktionieren einfach besser, wenn ich auf diese Weise dienlich sein kann.«

Elaine Ryan, 61 Jahre alt, stammt aus Katonah im Staat New York. Sie fand dafür vielleicht die treffendsten Worte: »Eines Abends sah ich unsere Helios-Gruppe als viele Einzelteile. Dann verschmolzen die Stücke miteinander zu einem Kern, wuchsen und wurden völlig eins. Helios war dieser Kern. Wir bauen also jede Woche auf der vorangegangenen Woche auf und werden einiger, stärker und immer besser auf unsere Intention fokussiert. Wenn ich an die Gruppe und die einzelnen Mitglieder denke, erlebe ich uns als Einheit und als Teil meines Lebens. Eine Art einheitliches Energiefeld und gleichzeitig als Individuen mit einem je eigenen Weg.«

Vor einigen Jahren hatte ich im September 2012 ein drittes großes Friedensexperiment durchgeführt, mitten in der Schlammschlacht des Präsidentschaftswahlkampfes. Ich hatte ein Friedensexperiment zur Heilung Amerikas im Sinn. Das Zielobjekt sollte der Ort in den USA sein, in dem gerade höchste Gewaltbereitschaft herrschte: der US-Kongress. Ich hatte die Idee in einer Radio-Talkshow des Senders *Coast to Coast AM Radio* vorgestellt. Im September sandten wir dann über die Internet-Fernsehstation *Gaiam* unsere Intention aus. Tausende von Zuschauern schickten die Intention, dass die Gewalt abnehmen möge, in die beiden Stadtbezirke rund um das Kapitol, denn in dieser Gegend war die Kriminalitätsrate in letzter Zeit enorm gestiegen. Dann lehnten wir uns zurück und warteten ein ganzes Jahr lang, bevor wir die Zahlen der Polizei in den 24 Monaten vor der Intention mit denen in den zwölf Monaten danach vergleichen konnten.

Im folgenden September analysierten wir die Daten: Gewalttaten – die das Ziel unserer Intention waren – hatten um 33 Prozent abgenommen, wodurch der Trend der beiden vorangegangenen Jahre durchbrochen war. Eigentumsdelikte jedoch stiegen weiter. Am Tag nach unserer Coast-to-Coast-Sendung hatten sich jedoch im Parlament der Sprecher des Repräsentantenhauses John Boehner und die frühere Sprecherin der Demokraten Nancy Pelosi zum ersten Mal umarmt.

Waren wir das?

Hatten »wir« das irgendwie verursacht?

Kurze Antwort: Wen interessiert das schon?

Ich habe mehr als meine üblichen Quellen – die Zeugnisse Tausender Teilnehmer und sogar eine wissenschaftliche Studie – zur Verfügung, die beweisen, dass Gruppenintentionen eine außerordentliche Wirkung sowohl auf Sender wie auch auf Empfänger entfalten. Doch was das Warum angeht, den genauen Grund für all diese Wunder, bin ich immer noch nicht zu einem endgültigen Schluss gelangt. Ist es die Intention selbst, die verstärkte Kraft des Gebets in der Gruppe oder einfach nur die Tatsache, dass man eine Intention öffentlich erklärt, wie Patty Rutledge meinte?

Ein Versprechen, das wir anderen gegenüber ablegen, entwickelt gewöhnlich mehr Kraft als eines, das wir nur uns selbst geben. Es verleiht uns, wie die Vitalisten um Guy Riekeman meinen, die Energie, unsere Gleise von blockierenden Ästen zu befreien. Eine Erklärung vor einer kleinen Gruppe kommt einem Vertrag mit dem Universum gleich – der darauf hinausläuft, dass wir besser handeln und besser werden, als wir es im Augenblick tun bzw. sind. Dann fließt uns die Kraft der Unterstützung zu, der Verbundenheit, die der menschliche Geist so nötig hat wie der menschliche Körper den Sauerstoff. Eines der grundlegendsten Versprechen, das wir anderen geben können, der fundamentalste Gesellschaftsvertrag überhaupt ist doch der, dass wir anderen in

Schwierigkeiten beistehen. *Ich werde dein Zeuge sein.* Jeder gelangt im Leben einmal an einen Punkt, an dem es gut ist zu wissen, dass andere Menschen hinter ihm stehen. Dieses Wissen wird zur absoluten Gewissheit, wenn eine Gruppe Fremder sich zusammentut, um uns zu helfen.

In meiner Arbeit weiß ich es zu schätzen, wenn ich eindeutige Beweise habe. Doch als ich mich mit diesem Phänomen beschäftigte, habe ich meine skeptische Grundeinstellung verloren, mein Bedürfnis, für alles und jedes eine wissenschaftliche Grundlage zu finden. Einige Dinge im Leben entziehen sich nun mal der Erklärung oder dem Verständnis. Und wenn Menschen zusammenkommen, geschehen Wunder. Wunder, die man nicht auf die Summe einzelner Fakten reduzieren kann, auf beobachtbare Daten, auf die Funktion des Vagusnervs oder des Gehirns. Ich bin zu der Einsicht gelangt, dass Wunder nichts Individuelles sind, sondern das Resultat kollektiver Kräfte, die wirksam werden, wenn wir unser enges Selbst hinter uns lassen. Ich habe es aufgegeben, diese Magie erklären zu wollen. Es genügt ja zu zeigen, dass sie da ist, selbst wenn sie nur in kurzen Augenblicken sichtbar wird.

Bei diesem Projekt bin ich Zeugin vieler Wunder geworden: Belege, dass unsere Welt und unsere angeborenen Fähigkeiten weit größer sind, als Newton dies sah oder die moderne Wissenschaft. Ich wurde persönlich Zeugin der Tatsache, dass das Bewusstsein eine kollektive Aktivität ist, die Zeit und Raum hinter sich lassen kann, dass der Geist der Menschen sich über Tausende von Kilometern verbinden kann, wenn man sich gemeinsam auf einen Punkt konzentriert. Verbundenheit hat nichts mit räumlicher Nähe zu tun, sondern mit unserer kollektiven Fähigkeit, kreativ Dinge zu erschaffen. Alles, was dazu nötig ist, ist eine Intention, die *homothumadon* geäußert wird – mit einer einzigen, leidenschaftlichen Stimme.

Ich habe die unglaubliche Kraft kleiner Gruppen erlebt, die Hoffnung und Heilung bei allen Mitgliedern schafft. Ich habe begriffen, dass das mächtigste Werkzeug des Wandels der Altruismus ist. Die stärkste Heilkraft entsteht, wenn wir den Blick von uns selbst weg richten. Ich glaube mittlerweile, dass Gruppenintentionen tatsächlich die Welt heilen können, aber nicht so, wie ich mir das ursprünglich vorgestellt hatte. Das Zielobjekt ist nicht von Bedeutung. Was für Mitchell Dean und viele andere funktionierte, war die Tatsache, dass sie sich nicht mehr an ein bestimmtes Ergebnis klammerten. Die Heilung ist eine Frage der Teilhabe, des Wunsches, mit einer Stimme zu beten.

Intentionen sind die weltliche Version des Gebets. Der Unterschied liegt in der Detailgenauigkeit und im Glauben an die Macht des Individuums, Dinge zu erschaffen. Statt alles Gott zu überlassen (»Dein Wille geschehe«), erkennen wir die schöpferische Kraft in uns selbst und versuchen, Verantwortung für unser eigenes Schicksal zu übernehmen.

In unserer Erziehung hat man uns das Gebet als höchst individuelle Angelegenheit präsentiert: Man redet unter vier Augen mit seinem Schöpfer. Meiner Ansicht nach steht nun fest, dass wir die Wirkung dieser privaten Unterhaltung verstärken, wenn wir gemeinsam beten. Wenn ein Mensch für sich Heilung erbittet, beginnt unser persönliches Heilverlangen tief in uns mitzuschwingen. Und wir verpflichten uns öffentlich, den anderen gegenüber, es am nächsten Tag mit neuer Kraft zu versuchen. Jedes Mal, wenn wir an einer Heilung teilhaben, heilt auch ein kleiner Teil unser selbst.

Der französische Anthropologe Laurent Denizeau lehrt an der Katholischen Universität Lyon und hat sich mit Heilritualen der International Association of Healing Ministries beschäftigt. Er nennt diese rituellen Heilungspraktiken in der Gruppe »Wunderabende«, denn seiner Ansicht nach ist es das Zusammenkommen der Menschen, das die Wunderheilungen auslöst. Obwohl der Pastor die Menge entsprechend vorbereitet und den Heiligen Geist anruft, ist es laut Denizeau »nicht dieser Akt selbst, der die Heilung hervorruft, sondern die Tatsache, dass er in einer Versammlung von Betenden geschieht«.

En ce sens, la maladie est une épreuve de soi mais aussi une épreuve relationnelle, que ces assemblées prennent en charge. Prendre soin du corps, c'est prendre soin du lien qui le construit comme sujet. Le corps malade, espace de rupture dans la définition de soi (marquée par sa relation aux autres), s'inscrit ici dans un corps plus vaste où la maladie n'est plus l'unique espace commun. Cette sociabilité autour de la guérison agit comme issue de secours du sens.[154]

In diesem Sinne ist Krankheit eine persönliche Prüfung, aber auch eine Prüfung der Beziehungen, die diese Gruppe übernimmt. Sich um den Körper zu kümmern heißt gleichzeitig, sich um die Verbindung zu kümmern, die ihn überhaupt erst zum Subjekt werden lässt. Der kranke Körper, in dem es zum Bruch mit der Selbstidentität gekommen ist (die sich auch in der Beziehung zum anderen zeigt), geht auf in einem größeren Körper, in dem die Krankheit den gemeinsamen Raum nicht mehr bestimmt. Dieses mit dem Heilprozess verbundene Aufgehen in der Gemeinschaft führt letztlich auch zum Sinn der Krankheit.

Laurent Denizeau sagt, dass Krankheit eine Frage des kleinen Selbst ist, das sich als eigenständige und isolierte Einheit erlebt. In der Gruppe aber erkennt das Individuum sich als Teil eines großen Ganzen. Die Krankheit wird hier zum Fremdkörper, wie ein Splitter, den man sich eingezogen hat, und die Gruppe zur Pinzette, die ihn sanft herauszieht.

Eines Tages hörte ich den Song »One« von U2, und die Worte schienen nur zu mir zu sprechen: »We get to carry each other.« Natürlich geht es in dem Lied eher darum, dass wir immer noch »eins« sind, auch wenn wir verschieden sind. Aber die Tatsache, dass wir einander tragen, ist keine Verpflichtung, sondern ein Privileg. Durch die Möglichkeit, uns gegenseitig zu tragen, erhalten wir das Geschenk der Heilung.

Wenn ich an alle meine Intentionen denke, muss ich an Jesus und seine Botschaft denken. Ganz egal, ob man gläubig ist oder wie ich einen eher säkularen Sinn für Spiritualität hat, seine Worte klingen immer noch in mir nach. Wir sollten uns nicht beschränken, wenn es um die Heilung unseres Selbst und der Welt geht. Das ist ein viel zu großes Unterfangen, um es allein anzugehen. Also tauchen Sie ein in Ihr wahres Selbst und Ihre größte Macht – mitten unter Ihren Mitmenschen.

....

TEIL II

WIE SIE IHRE EIGENE KRAFT-DER-ACHT-GRUPPE GRÜNDEN

22. KAPITEL

....

DIE ACHT VERSAMMELN

Nun ist es an der Zeit, dass Sie die Kraft der Acht in Ihrem eigenen Leben testen. Im Folgenden finden Sie Anleitungen, die Ihnen zeigen, wie Sie eine Gruppe von acht Leuten um sich versammeln, die sich regelmäßig trifft – ob nun virtuell oder im wirklichen Leben. Es ist nicht nötig, dass die Mitglieder der Gruppe physisch anwesend sind. Eine virtuelle Verbindung funktioniert meiner Ansicht nach genauso gut.

Es müssen auch nicht genau acht Leute sein, doch die Acht hat sich als recht wirksam herausgestellt. Ich würde daher vorschlagen, dass Ihre Gruppe nicht weniger als sechs und nicht mehr als zwölf Mitglieder umfasst. Das ist genug, damit Sie sich wie eine Gruppe fühlen, aber nicht so viel, dass man überhaupt nicht mehr weiß, wer wer ist.

Suchen Sie sich eine Gruppe von acht Gleichgesinnten, die offen sind für die Chancen der Heilung und der Intention. Das können ein Lesezirkel sein, eine Gebetsgruppe oder einfach Nachbarn.

1. Fragen Sie, ob eines der Gruppenmitglieder gesundheitliche (emotionale oder körperliche) Probleme hat, die es zum Zielobjekt der Intention machen möchte. Ist dies der Fall, wird diese Person offiziell zum Zielobjekt erklärt.

2. Sprechen Sie dann miteinander über den Wortlaut der Intention, die Sie am Ende alle miteinander im Geist halten.

3. Stellen Sie sich im Kreis auf. Sie können sich an den Händen nehmen oder das Zielobjekt in der Mitte platzieren, sodass alle Mitglieder des Kreises ihm die Hand auflegen können. Das sieht dann ein bisschen aus wie die Speichen eines Rades.

4. Zu Beginn schließen die Gruppenmitglieder die Augen und konzentrieren sich auf das Fließen ihres Atems. Machen Sie Ihren Kopf frei von Ablenkungen. Dann halten Sie den Wortlaut der Intention im Geist, während Sie sich mit allen Sinnen vorstellen, dass es dem Zielobjekt gut geht und es vollkommen gesund ist. Alle Teilnehmer sollten die Intention vom Herzen aus senden. Und der Empfänger sollte sich für den Empfang öffnen. (Die Technik des In-die-Kraft-Gehens wird ab Seite 316 beschrieben. Mehr dazu finden Sie in Kapitel 13 meines Buches *Intention*.)

5. Nach zehn Minuten lassen Sie die Intentionssitzung allmählich ausklingen. Lassen Sie den Teilnehmern einige Minuten Zeit, um »zurück« in den Raum zu kommen. Dann bitten Sie den Empfänger der Intention zu beschreiben, wie er sich fühlt und ob er Veränderungen bemerkt hat. Danach berichten auch die anderen Mitglieder von ihren Erfahrungen während der Intention. Notieren Sie sich, ob es vielleicht zum Gefühl des Einswerdens gekommen ist und ob sich der Zustand von Sendern und Empfänger verändert hat.

6. Nach einiger Zeit können Sie auch Zielobjekte außerhalb der Gruppe auswählen.

7. Schreiben Sie jeden Monat auf, was sich in Ihrem Leben verändert hat: Gesundheit, Beziehungen, Beruf, Lebenssinn.

Eine virtuelle Achtergruppe

Hier ein paar Tipps für den Anfang:

1. *Legen Sie den Zeitpunkt und die Häufigkeit Ihrer virtuellen Treffen genau fest und halten Sie sich daran.*
   Entscheiden Sie gemeinsam, ob Sie sich täglich oder wöchentlich zusammentun wollen (ich empfehle mindestens einmal wöchentlich) und halten Sie sich daran. Dann überlegen Sie, welchen Weg Sie für Ihre Treffen wählen. Wollen Sie sich nur schreiben oder auch hören (Audiogruppe) bzw. sehen (Videogruppe). Skype, Google Hangouts oder WhatsApp bieten alle drei Möglichkeiten.
2. *Suchen Sie sich eine Person, die sich mit der Webtechnologie auskennt und an die Sie sich wenden können, wenn Sie Probleme mit dem von Ihnen gewählten Messengerdienst haben.*
3. *Notieren Sie sich vor dem ersten Treffen Ihre wichtigste Intention für den Monat oder das Jahr.* Reden Sie in der Gruppe darüber.
4. Zu Beginn des ersten Treffens erzählen Sie, wer Sie sind und was Sie durch die Teilnahme an der Gruppe im Laufe des Jahres für sich erreichen wollen.
5. *Sprechen Sie auch über Fragen zum Buch. Teilen Sie den anderen mit, welche Erfahrungen Sie mit den Intentionen oder mit anderen Büchern wie* Intention *oder* The Bond *gemacht haben.*
   Auf diese Weise werden Sie sich Ihrer gedanklichen Prozesse bewusst und merken, dass wir in jeder Sekunde Informationen aussenden und empfangen. Was heißt das genau für Sie? Wie wirken sich Erfolge oder Fehlschläge damit auf Ihr Leben aus?
6. *Lassen Sie Raum für Fragen.* Richten Sie diese Fragen an die Gruppe.
7. *Lassen Sie Raum für praktische Übungen.*

Teilen Sie sich für die ersten beiden Sitzungen in Zweiergruppen auf und üben Sie, sich gegenseitig ein geistiges Bild von einem einfachen Objekt zu schicken, das für Sie eine besondere – positive oder negative – Bedeutung hat. Für den Empfänger: Versuchen Sie, intuitiv nicht nur das Objekt zu erfassen, sondern auch die Emotion, die für den Sender damit verbunden ist. (Es ist ganz lustig, hin und wieder das Bild eines Objekts zu schicken, das Sie tatsächlich verabscheuen.)

8. *Beschreiben Sie genau und detailgetreu, was Sie ausgesandt und was Ihr Partner empfangen hat.*
   Dann wechseln Sie und werden selbst zum Empfänger.

9. *Beschreiben Sie genau, was Sie empfangen und was Ihr Partner ausgesandt hat.*
   Halten Sie diese Information anschließend in Ihrem Tagebuch fest.

Wie Sie in Ihre Kraft gehen

Im Folgenden finden Sie eine kurze Beschreibung der Technik, die ich entwickelt habe, damit Sie Ihre Intention maximal nutzen können.

Obwohl die Kraft der Intention mit jeder Form von Konzentration klappt, zeigen wissenschaftliche Erkenntnisse doch, dass Sie ein effektiverer »Intender« sind, wenn Sie an den Prozess glauben, lernen, wie Sie sich am besten konzentrieren, Ihren Geist zur Ruhe bringen, eine Verbindung zum Zielobjekt aufbauen, das Ergebnis visualisieren, es noch einmal im Geist halten und dann im Vertrauen auf die Wirksamkeit der Intention loslassen.

1. Schaffen Sie sich Ihren »Intentionsraum«
Eine Reihe wissenschaftlicher Studien zeigt, dass Ihre Intentionen besser und schneller funktionieren, wenn Sie die Übung jedes Mal im selben Umfeld machen. Suchen Sie sich also einen Ort, an dem Sie sich wohlfühlen, wo Sie allein vor dem Computer oder real gemeinsam mit Ihrer Gruppe ruhig dasitzen, meditieren und visualisieren können.

2. Konzentrieren Sie sich
In die eigene Kraft gehen heißt, dass Sie die Fähigkeit entwickeln, sich jeden Augenblick voll zu konzentrieren. Einer der besten Wege dazu ist, Ihre Konzentration (Achtsamkeit) im Alltag aufrechtzuerhalten. Lernen Sie, das innere Geschnatter Ihres Geistes abzuschalten, indem Sie sich auf Ihre alltäglichen sinnlichen Erfahrungen konzentrieren: das Kauen der Cornflakes, das Stehen in der Warteschlange, das Überziehen des Mantels, das Gehen auf dem Weg zur Arbeit. Um Ihren Geist ganz in den gegenwärtigen Moment zu bringen, können Sie üben, »in Ihren Körper zu gehen«, also mit Ihren Sinnen Ihre körperlichen Empfindungen wahrzunehmen. Mit der Zeit werden Sie Ihre Intentionssitzungen mit der Gruppe mit voller Intensität erfahren.

Setzen Sie sich bequem hin. Atmen Sie langsam und rhythmisch durch die Nase ein und durch den Mund aus (wobei Sie alle Luft aus den Lungen drücken). Dann gleichen sich der Vorgang des Einatmens und der des Ausatmens bald einander an. Lassen Sie den Bauch locker, bis er leicht vorfällt. Dann ziehen Sie ihn wieder ein, als müsse die Bauchdecke die Wirbelsäule berühren. So stellen Sie sicher, dass Sie mit dem Zwerchfell atmen.

Wiederholen Sie dies alle fünfzehn Sekunden. Achten Sie darauf, dass Sie diese Prozesse nicht forcieren, sondern sie in ihrem eigenen Rhythmus ablaufen lassen. Fahren Sie drei Minuten damit fort und beobachten Sie dabei Ihren Atem. Steigern Sie die Zeit auf fünf bis zehn Minuten. Richten Sie die Konzentration zuerst nur auf den Atem, erst allmählich nehmen Sie die fünf Sinne mit auf: Wie sieht der gegenwärtige Augenblick aus? Wie hört er sich an? Wie schmeckt er? Wie fühlt er sich an? Wie riecht er? Wiederholen Sie diese Übung regelmäßig.

3. Stellen Sie eine Verbindung her

Berührung oder Konzentration auf das Herz bzw. das Mitgefühl für den anderen ist ein kraftvolles Mittel, um eine »Hyperbrain«-Verbindung zwischen Menschen herzustellen, bei der die Gehirnwellen der Beteiligten im Einklang schwingen. Wenn Sie eine Intention für ein Gruppenmitglied aussenden, stellen Sie zuerst eine mitfühlende Verbindung zu diesem Menschen her. Erzählen Sie sich in der Gruppe voneinander. Zeigen Sie Gegenstände oder Fotografien, die Ihnen wichtig sind. Bei einem realen Treffen halten Sie sich an den Händen. Virtuell können Sie ein paar Minuten gemeinsam meditieren.

4. Seien Sie mitfühlend

So erwecken Sie während der Übungen zur Kraft der Acht das Gefühl allumfassenden Mitgefühls:

> Richten Sie Ihre Aufmerksamkeit auf Ihr Herz, als würden Sie ihm Licht senden. Spüren Sie nach, wie das Licht vom Herzen in den Rest Ihres Körpers fließt und ihn ganz erfüllt. Schicken Sie sich selbst eine liebevolle Botschaft wie: »Möge es mir wohlergehen. Möge ich frei von Leid sein.«
> Stellen Sie sich vor, wie beim Ausatmen ein weißes Licht von Ihrem Herzen ausstrahlt. Denken Sie dabei: »Ich schätze die Güte und Liebe aller Lebewesen. Möge es allen Wesen gut

gehen.« Die buddhistische Tradition empfiehlt dabei, zuerst an alle Menschen zu denken, die wir lieben, dann an unsere guten Freunde, schließlich an Bekannte und erst dann an Menschen, die wir weniger gern haben. Denken Sie bei jedem Schritt: »Möge es ihnen gut gehen. Mögen sie frei sein von Leid.«

5. Sagen Sie dem Universum genau, was Sie wollen
Formulieren Sie Ihre Intention so klar und eindeutig wie möglich, je detaillierter, umso besser. Wenn Sie also versuchen, den Ringfinger Ihrer linken Hand zu heilen, benennen Sie den Finger und das Problem, das Sie mit ihm haben.

Formulieren Sie Ihre Intention vollständig und nehmen Sie auf, was Sie verändert sehen möchten – an wem, wann und wo. Verwenden Sie die klassische Checkliste eines Journalisten, um auch alle Details zu erfassen: wer, was, wann, wo, warum und wie. Zeichnen Sie das gewünschte Ergebnis der Intention oder machen Sie eine Collage aus Fotos und Abbildungen in Zeitschriften. Hängen Sie das Bild an einen Ort, an dem Sie es häufig sehen.

Seien Sie nicht schüchtern: Teilen Sie Ihre Intention der Gruppe offen mit und erlauben Sie den Teilnehmern, Ihre Intention eine Zeit lang im Geist zu halten. Machen Sie dasselbe für die anderen Gruppenmitglieder. *Und dann geloben Sie vor der Gruppe laut und deutlich, dass Sie alles in Ihrer Macht Stehende tun werden, um diese Intention Wirklichkeit werden zu lassen.* Viele Teilnehmer meiner »Meisterklassen« haben mir mitgeteilt, dass dieses »Gelöbnis« vor der Gruppe sie angehalten habe, härter an der Verwirklichung ihrer Intention zu arbeiten und sie so zu erreichen.

Wenn Sie versuchen, Ihrer Karriere einen Schub zu verpassen, sagen Sie nicht einfach: »Ich möchte, dass ich ohne Anstrengung Geld verdiene.« Das ist viel zu allgemein.

> Wenn Sie Leute brauchen, die sich für eines Ihrer Angebote anmelden, machen Sie deutlich, wie viele.
> Wenn irgendetwas an Ihrem Arbeitsleben nicht stimmt, überlegen Sie genau, woran es liegt. An den Leuten? Dem Marketing? Ihrer Stellung? Finden Sie heraus, was nicht stimmt, und überlegen Sie, wie sich das genau ändern lässt.
> Wenn Sie einen ganz bestimmten Job wollen, dann erstellen Sie eine detaillierte Beschreibung.
> Wenn Sie ein unregelmäßiges Einkommen haben, bitten Sie um einen Job oder eine Verbesserung, die einen steten Geldfluss gewährleistet.
> Wenn Sie Ihren Traumpartner kennenlernen wollen, beschreiben Sie ihn so detailgetreu wie möglich. Malen Sie ein geistiges Bild von ihm oder ihr.

6. Halten Sie das Resultat kurz im Geist fest

Der beste Weg, eine Intention zu schaffen, ist es, sich das Ergebnis mit allen fünf Sinnen vorzustellen. Sie können geistige Bilder für alles schaffen: ein neues Haus, eine neue Arbeitsstelle, eine neue Beziehung, einen gesünderen Körper, einen gesünderen Geist. Stellen Sie sich vor, wie Sie selbst (oder das Zielobjekt der Intention) bereits mit dem neuen Aspekt im Alltag zu tun haben.

Solche »Visualisierungen« müssen nicht wirklich Bilder sein. Manche Menschen denken in Bildern, andere spüren Dinge eher oder können sich Klänge besser vorstellen. Ihre geistige »Wiederholung« hängt ganz davon ab, welche Sinne in Ihrem Gehirn am stärksten repräsentiert sind.

7. Glauben Sie an den Erfolg

Lassen Sie nicht zu, dass Ihr »Verstand« Ihnen sagt, dass so etwas nie im Leben funktioniert. Konzentrieren Sie sich einfach auf das gewünschte Ergebnis und erlauben Sie sich nicht, an einen möglichen Fehlschlag zu denken. Es gibt genug wissenschaftliche Studien, die beweisen, dass der Glaube Berge versetzt.

8. Achten Sie auf das Timing

Meiner Erfahrung nach funktionieren Intentionen besser an Tagen, wenn Sie glücklich sind und sich wohlfühlen. Natürlich kann man das nicht immer abwarten. Manchmal braucht man die Intention ja auch, um sich danach besser zu fühlen. Aber wenn Sie die Wahl haben: Warten Sie, bis Sie wieder auf der Höhe sind.

9. Treten Sie zur Seite

Wenn Sie mit der Gruppe meditieren, lassen Sie Ihr Ichgefühl los. Erlauben Sie sich, mit dem Zielobjekt zu verschmelzen. Formulieren Sie klar Ihre Intention, sprechen Sie sie laut aus und lassen Sie sie dann los. Denken Sie nicht mehr ans Resultat. Die Kraft der gerichteten Intention ist nicht die Ihre – Sie sind nur das Instrument zu ihrer Verwirklichung.

Kurz und gut:

> Tauchen Sie ein in Ihren Intentionsraum.
> Gehen Sie durch Meditation in Ihre Kraft.
> Richten Sie Ihre Achtsamkeit auf den gegenwärtigen Moment und erreichen Sie dadurch höchste Konzentration.
> Gehen Sie mit der Gruppe auf eine Wellenlänge, indem Sie das Mitgefühl in Ihrem Herzen wecken und eine Verbindung herstellen.
> Formulieren Sie Ihre Intention klar und eindeutig.
> Erleben Sie im Geist das Ergebnis mit allen Sinnen.
> Erleben Sie so detailgenau wie möglich die Intention als bereits vorhandene Tatsache.

> Achten Sie aufs Timing: Entscheiden Sie sich für Tage, an denen es Ihnen gut geht.
> Treten Sie beiseite – überlassen Sie sich der Kraft des Universums und lassen Sie das Ergebnis los.

Die Experimente zur Kraft der Acht

Trommeln Sie eine Gruppe Gleichgesinnter zusammen, die Interesse an den Intentionsexperimenten haben. Wählen Sie gemeinsam einen Ort aus, an dem Sie die Intentionen dauerhaft durchführen können. Entscheiden Sie sich für ein Zielobjekt, das Ihre Gruppe in Angriff nimmt.

Flaschenpost

Bitten Sie eines der Gruppenmitglieder, eine Flasche mit Leitungswasser zu füllen und dem Wasser in einer zehnminütigen Intentionsmeditation ein Zielobjekt einzuprägen. (Bei der Meditation konzentriert sich die Person nur auf das Objekt und stellt sich dieses mit allen Sinnen geistig vor.) Schreiben Sie den Namen dieses Objekts auf ein Stück Papier, falten Sie dieses so, dass der Begriff nicht sichtbar ist. Dann befestigen Sie es mit einem Gummiband an der Flasche.

Lassen Sie den Sender der Intention die Flasche halten und der Gruppe zeigen (wenn Sie auf einer Plattform wie Skype oder Google Hangouts zugange sind). Handelt es sich um eine Facebook-Gruppe, machen Sie ein Foto von der Flasche und stellen es auf die Seite Ihrer Gruppe.

Nun konzentrieren sich die anderen Gruppenmitglieder auf die Flasche und versuchen, den eingeprägten Begriff intuitiv zu erfassen.

Liebevolle Gedanken für Pflanzen
Führen Sie Ihre eigenen Intentionsexperimente mit Keimlingen durch, um festzustellen, ob diese durch die Kraft der gerichteten Intention schneller wachsen und gesünder sind.

1. Kaufen Sie zwei Sätze Samenkörner.
2. Pflanzen Sie beide Sätze getrennt in Blumentöpfe.
3. Senden Sie einem Satz Samen regelmäßig die liebevolle Intention, er möge bis zu einem gewissen Datum um eine bestimmte Millimeterzahl wachsen.
4. Nach zwei Wochen messen Sie beide Sätze Keimlinge. Bei welchem Satz sind die Keimlinge höher geworden?

Wenn Sie mit einer Gruppe arbeiten: Bitten Sie ein Mitglied Ihrer Gruppe, die Samen zu kaufen, sie einzupflanzen und zu messen. Oder laufend Fotos zu machen und sie auf Facebook zu stellen. Entscheiden Sie sich für den Zeitpunkt, an dem Sie alle gemeinsam den Setzlingen Ihre Intention schicken. Nach zwei Wochen misst das ausgewählte Gruppenmitglied das Längenwachstum der Keimlinge.

Die Reinigung von Wasser
Der einfachste Weg, die Reinigung von Wasser zu zeigen, ist die Messung des pH-Werts. Dabei steht 7 für einen neutralen Wert. Alles darunter macht das Wasser sauer, alles darüber macht es alkalisch (Lauge).

So lässt sich das in der Gruppe handhaben:
1. Bestimmen Sie ein Mitglied, welches das Intentionsexperiment durchführt.
2. Dieses sollte in einer Apotheke Messstreifen für den pH-Wert erwerben. Dann nehmen Sie zwei Gläser mit Leitungswasser

aus derselben Quelle. Bezeichnen Sie diese Gläser jeweils als A oder B. Eines der beiden Gläser wird das Zielobjekt der Gruppe, das andere stellt das Kontrollglas dar.

3. Lassen Sie zu Beginn den pH-Wert beider Gläser messen.
4. Fotografieren Sie das Zielobjekt-Glas und stellen Sie das Foto auf Facebook oder Google Hangouts.
5. Bitten Sie dann Ihre Gruppe, dem Glas zu einem festgesetzten Zeitpunkt die Intention auszusenden, der pH-Wert des Wassers möge um den Wert 1 steigen. Stellen Sie sich vor, wie Sie einen Regler von links nach rechts verschieben und so den pH-Wert steigern.
6. Warten Sie ein paar Minuten, bis die Intention abgeschlossen ist. Dann lassen Sie das Wasser noch einmal messen. Hat sich der pH-Wert verändert? (Machen Sie sich keine Gedanken, wenn es nicht danach aussieht. Die Streifen, die man in der Apotheke kaufen kann, sind leider nicht besonders genau. Wir hatten wissenschaftlich genormte Ausrüstungsgegenstände zur Verfügung, die auch kleine Veränderungen registrieren.)

Ich wünsche Ihnen viel Spaß und Erfolg bei Ihren Experimenten!

Werden Sie Teil von Lynne McTaggarts Community!

Lynne McTaggart veranstaltet regelmäßig live Intentionsexperimente, an denen Zehntausende Menschen in vielen verschiedenen Ländern teilnehmen, um Intentionen für Frieden und die Beendigung von Konflikten und Leid in bestimmten Gegenden der Welt auszusenden. Wie in *Die Kraft der Acht* beschrieben, erfahren durch diese Experimente nicht nur die Zielobjekte Heilung, sondern auch die Teilnehmer selbst.

Diese Events sind kostenlos und alles, was Sie tun müssen, ist, sich dafür anzumelden. Um ein Teil des nächsten lebensverändernden Live-Events zu werden, schließen Sie sich Lynnes Community an unter: www.lynnemctaggart.com. Sie erhalten dann einen Verweis auf das nächste Intentionsexperiment und eine detaillierte Anleitung, wie Sie daran teilnehmen können. Sie können außerdem die Berichte von den letzten Experimenten auf ihrer Webseite lesen (auf Englisch).

Als Mitglied von Lynnes Community sind Sie darüber hinaus berechtigt, an den wöchentlichen Intentionen teilzunehmen, die die Gemeinschaft an einzelne Menschen schickt, die mit Gesundheitsproblemen kämpfen. Außerdem erhalten Sie Berichte über Aktivitäten und Erfolge der »Kraft-der-Acht-Gruppen« auf der ganzen Welt.

Sie erfahren auch mehr über Lynnes Kurse zur Kraft der Acht – zu Intentions-Workshops, Meisterklassen, Retreats – und erhalten Informationsmaterial zum Downloaden.

Wenn Sie keine sieben Freunde bzw. Freundinnen finden, mit denen Sie sich regelmäßig zu einer Intention treffen können, gibt es die Möglichkeit, sich einer virtuellen Gruppe anzuschließen unter: www.lynnemctaggart.com/forum.

....

NACHWORT

Vom richtigen Umgang mit der Kraft der Acht

Seit rund einem Jahrzehnt bin ich bereits die (leicht angespannte) Wächterin der Kraft der Acht, als handelte es sich dabei um eine Art heiliges Amulett, das sorgfältig davor geschützt werden muss, in die falschen Hände zu gelangen. Im Laufe der Jahre gab es immer wieder Leute, die darüber nachdachten, die Kraft der Acht rein für ihre persönlichen Zwecke zu nutzen, nachdem sie ihre wundersamen Auswirkungen erlebt hatten. Ich gab mir jedes Mal Mühe, sie davon abzuhalten, da es mir wichtig ist, dass diese Gruppeneffekte aus den richtigen Motiven heraus zum Einsatz kommen und nicht, um schlicht von einem Wunder zu profitieren. Ich wollte auch sehen, wie wir den gesamten Prozess noch ausweiten können, um ihn zur Heilung der Welt zu nutzen. Aber vor allem wollte ich erst mehr über die Kraft der Acht herausfinden, ich wollte das Phänomen verstehen, begreifen, was sich da jedes Mal vor meinen Augen abspielte, eine plausible rationale Erklärung finden für das, was wir in die Welt gebracht hatten.

Im Sommer 2017 hatte ich erstmals das Gefühl, dass ich Gruppen die eigenständige Leitung innerhalb eines sorgfältig geschützten Rahmens überlassen konnte. Die erste Gelegenheit dazu ergab sich im August 2017, als ich eine Sendung zur Kraft der Acht für Gaia-TV drehte, in dem auch ein großes amerikanisches Friedens-

Intentionsexperiment vorkommen sollte, und ich fand dafür eine bereitwillige Gemeinschaft in der Mile-Hi-Kirche in Denver.

Ich hatte beschlossen, ein paar »Kraft der Acht«-Gruppen einzurichten, sie zu filmen, während sie ihre Intention auf ein Gruppenmitglied richteten, um dann alle Veränderungen, die sich bei den Empfängern zeigen würden, genau zu dokumentieren. Reverend Kay Johnson von der Mile-Hi-Kirche war sofort bereit, 16 Freiwillige zusammenzutrommeln, und wir hielten unsere erste Gruppe am Montag, den 28. August, in einem kleinen Konferenzraum in einem Hyatt Hotel in Boulder ab. Die zweite Gruppe versammelte sich später um ein Steinlabyrinth im Hauptsitz von Gaia-TV.

Im Hyatt Hotel konzentrierte sich die achtköpfige Gruppe auf Linda Wilkinson, eine Frau, bei der 2013 ein inoperabler Lungenkrebs im 4. Stadium diagnostiziert worden war. Die Ärzte hatten ihr noch ein Jahr gegeben, doch Linda war entgegen aller Prognosen am Leben – größtenteils durch eine ganzheitliche Behandlung mit sehr niedrig dosierter Chemotherapie, durch eine Umstellung ihrer Ernährung und diverse Nahrungsergänzungsmittel sowie mithilfe von viel geistiger und spiritueller Arbeit. Kurz nachdem sich die Gruppe getroffen hatte, entwickelte sich der Krebs im Lymphsystem ihrer Brust zurück und ihr Tumormarker, der bei 6,2 Prozent gelegen hatte, als der Krebs zum ersten Mal diagnostiziert worden war, lag bei knapp unter drei.

Innerhalb weniger Wochen nach der Zusammenkunft der »Kraft der Acht«-Gruppe waren die Marker auf zwei gesunken und es waren lediglich zwei kleine aktive Spots auf der Vorderseite ihrer Lunge übrig geblieben. »Während des Kreises«, so sagte sie, »konnte ich eine Veränderung spüren. Ich konnte deutlich fühlen, dass die Menschen um mich herum wirklich wollten, dass es mir gut geht. Es war nicht nur mein Wunsch, es war der Wunsch, aller um mich herum. Ich fühlte mich getragen und unterstützt durch die höhere Schwingung, die die Gruppe erzeugte.«

Eine der Empfängerinnen, die um das Labyrinth von Gaia-TV herumsaßen, war Connie Wiggins. Sie bat ihre Gruppe um Hilfe bei der Heilung ihres Kiefergelenkproblems, das zu heftigen chronischen Schmerzen im ganzen Kopfbereich, aber auch im Rücken und Nacken führte. Auf einer Schmerzskala von eins bis zehn gab sie an, im Bereich zwischen sieben und acht zu liegen.

Während ihre Gruppe sich auf Connies Heilung konzentrierte, spürte diese, wie sich ihr Geist auf eine Weise beruhigte, wie es ihr normalerweise während der Meditation nie gelang. Ein außergewöhnliches Gefühl von Frieden und Liebe breitete sich in ihrem Körper aus. Unmittelbar danach sank Connies Schmerzniveau auf den Level von eins bis zwei. Und nur zwei Tage später berichtete sie, dass ihre Schmerzen fast verschwunden seien.

Aber das Interessanteste war, dass sie auch nachdem der Kreis beendet war, weiterhin die Energie in ihrem ganzen Körper spürte. »Ich habe den Frieden nicht nur in diesen zehn Minuten gespürt«, sagte sie ein paar Stunden später. »Es scheint so, als würde der Zustand andauern. Etwas ist in dieser Gruppe passiert.«

In beiden Kreisen veränderte sich auch bei den meisten Absendern der Intention etwas zum Positiven, zum Beispiel bei Melinda Jacobs. Obwohl erfahren in Meditation und mit Intuition und Empathie begabt, empfand sie diese Gruppenerfahrung dennoch völlig anders als eine gewöhnliche Meditation. Dieses Gefühl von Expansion und Verbundenheit – in der sie das Gefühl für ihre eigene Individualität verlor und Teil von etwas Größerem wurde – hatte sie in dieser Intensität nur wenige Male zuvor erlebt. »Was ich in dieser Gruppe erfuhr, würde ich fast mit ›Glückseligkeit‹ beschreiben. Ich wollte definitiv nicht, dass es wieder aufhört.« Sie fühlte, dass von jedem Teilnehmer im Kreis eine außerordentlich intensive Energie ausging, aber da war noch mehr: »Da war dieses Licht, eine Lichtkugel – eine Art Lichtwesen, das seine Energie durch uns ausdrückte. Es war sehr berührend zu spüren, dass wir mit einem universellen Lichtkreis, der uns umgab, verbunden waren.«

Zwei Tage später berichtete Melinda, dass sie in all ihren Familienbeziehungen große positive Veränderungen erlebt habe. Bevor sie zur Gruppe gestoßen sei, habe sie ein äußerst schwieriges Gespräch mit einem Familienmitglied geführt. Die Diskussion habe sie sehr wütend gemacht, ja, geradezu erschüttert. Nachdem sie von der Gruppe nach Hause zurückgekehrt sei, habe sie jedoch einen erstaunlichen Anruf von dieser Person erhalten. »Dieser Mensch hatte sich immer sehr defensiv verhalten, unzugänglich gezeigt und gern hinter Mauern verschanzt. Das war nun völlig weg. Wir sprachen jetzt ganz offen und konstruktiv miteinander, und ich fühlte mich ruhig, obwohl das Thema an sich sehr ärgerlich war.

Später am Nachmittag bekam Melinda einen Anruf von einem anderen Familienmitglied, das sie um Hilfe bat – ein Verhalten, das völlig untypisch für ihre Familie war. Kurz darauf kam dann der Anruf von einem weiteren Familienmitglied, das ihr erzählte, dass es sich Sorgen um seine Gesundheit und wegen seiner Arbeitslosigkeit mache. Beide Anrufe waren unglaublich. Verletzlichkeit und Emotionen zeigen? Das war bisher nie eine Option gewesen. »›Ich brauche Hilfe‹ – diese drei Worte habe ich noch nie zuvor aus dem Mund von Familienmitglied Nummer zwei gehört. Und die Tatsache, dass Familienmitglied Nummer drei über seine Gefühle mit mir gesprochen hat, haute mich um, denn das war in meinen 51 Lebensjahren noch nie passiert. Es war absolut erstaunlich. Ich fühlte mich durch die ›Kraft der Acht‹-Gruppe wie ein Kieselstein, der ins Wasser geworfen worden war. Die Welle, die er erzeugte, wirbelte gerade meine ganze Familie in die Luft, um sie aus ihrer normalen Dynamik zu reißen. Es ist einfach unfassbar.«

In den folgenden Monaten stellte Melinda fest, dass sich die größte Veränderung in ihr selbst vollzogen hatte, und sie fand den Mut, aus Denver wegzuziehen. »Durch die ›Kraft der Acht‹-Gruppe ist es mir gelungen, mich aus sehr tiefen Familienmustern zu lösen. Und ich habe jetzt eine so viel liebevollere Beziehung zu allen Familienmitgliedern, als ich es je zuvor erlebt habe! Wir haben in einer viel stärkeren, gesünderen Version von uns selbst wieder zueinander gefunden. Wir leben jetzt gemeinsam in einer neuen Stadt, einem neuen Zuhause und einem neuen Leben. Ich habe nicht einmal Worte für das Ausmaß der Veränderung, die in meinem Leben seit der Teilnahme an der Gruppe stattgefunden hat!«

Sechs Wochen später kehrte ich zur Mile-Hi-Kirche zurück, um dabei zu helfen, »Kraft der Acht«-Gruppen aus rund 500 Teilnehmern zu bilden. Wieder einmal war ich Zeuge, wie Dutzende von Menschen sofortige, außergewöhnliche Heilungen erlebten. Die 63-jährige Sande Cournoyer hatte ihr ganzes Leben lang aktiv Sport getrieben. Doch nun ließen starke Gelenkprobleme im Knie jede Bewegung zur Qual werden. »Ich kann kaum mehr gehen und habe ständig Schmerzen.« Im nächsten Monat sollte sie ein künstliches Kniegelenk erhalten. Während der Intention rollten Tränen über ihre Wangen, als sie auf beiden Seiten einen Druck um ihr Knie spürte, als ob jemand mit großen Handschuhen ihr Bein halten würde. »Es war warm, nicht heiß. Ich habe das noch nie zuvor gefühlt. Die Wärme floss durch mein ganzes Bein, bis zu meinem Knöchel. Als wir die Augen öffneten, zitterten jedem von uns die Hände, und viele weinten.«

Als alle Gruppen mit ihren Intentionen fertig waren, fragte ich ins Publikum, wer bereit sei, seine Erfahrungen mit uns zu teilen. Sande war die Erste, die ihre Hand hob. »Schau«, sagte sie, »ich kann mein Knie beugen.« Sie ging in die Hocke. »Das konnte ich vorher nicht.« Drei Tage später berichtete sie: »Ich kann ohne Schmerzen laufen und Treppen steigen.« Die Besserung dauerte an und so konnte sie schließlich sogar ihre Operation absagen.

Und in dieser Nacht gab es noch viele andere: Joan, die zwei leichte Schlaganfälle hinter sich hatte und ihre Augen seitdem nicht mehr auf einen Punkt fokussieren konnte, war plötzlich wieder fähig, normal zu sehen; ein Mann mit einer Schleimbeutelentzündung konnte plötzlich seinen Arm wieder ganz nach oben heben, als sei nie etwas gewesen; eine andere Frau, die mit einer heftigen Migräne zum Experiment gekommen war, erzählte, dass diese sich nach dem Kreis vollständig aufgelöst hatte; einer der Sender in den Gruppen hatte einen Gehstock gebraucht und konnte hinterher ohne Gehhilfe heimgehen.

Vom 30. September bis 5. Oktober 2017 leitete ich täglich ein amerikanisches Friedens-Intentionsexperiment, das bei Gaia-TV zu sehen war. Ich hatte mich entschieden, ein Gebiet mit hohem Gewaltaufkommen zu wählen und mich auf einen Abschnitt rund um die Natural Bridge Avenue im Norden von St. Louis, Missouri, zu konzentrieren, der vom Wall Street Journal als die gefährlichste Ecke Amerikas bezeichnet wurde. Die Mordrate lag gegenüber Chicago um ein Dreifaches höher und war sogar fünfzehnfach höher als in New York City. Eine Brücke durchquert die gesamte Stadt von Osten nach Westen, und eines der schlimmsten Viertel entlang dieser Strecke ist Fairground, das von der West Florissant Avenue im Norden und der Natural Bridge Avenue im Süden begrenzt wird. Fairground hat eine der höchsten Raten an Gewaltverbrechen pro Kopf im Land und steht auch, was die Qualität von

Schulen, Wohnungen und den Beschäftigungsmarkt anbelangt, katastrophal da. Fairground weist eine ganze Reihe negativer Superlative auf, vor allem hat es ein niedrigeres Pro-Kopf-Einkommen als 99 Prozent des restlichen Landes. Die Natural Bridge Avenue, nach einer natürlichen Kalksteinbrücke benannt, die es früher Pferdewagen ermöglichte, den nun ausgetrockneten Rock Branch Creek zu überqueren, kommt gelegentlich in Rap-Songs vor: »Meet me on the bridge« – verbunden mit der Aufforderung, die Angelegenheit mit einer Waffe zu regeln. Es ist die Art von Ort, an dem Brandon Ellington, ein 35-jähriger Vater von sechs Kindern, kurz in die Apotheke ging, um eine Besorgung zu machen, und nie wieder nach Hause kam. Er war von einem Bekannten erschossen worden, nachdem dieser entdeckt hatte, dass Brandon eine größere Summe Bargeld bei sich trug.

In unserem Intentionsexperiment hatten wir beschlossen, uns allein auf Gewaltkriminalität zu konzentrieren – einschließlich Vergewaltigung, Raub, schwerer Körperverletzung und Mord. Und wie bei den anderen Friedensexperimenten hatte ich unsere Absicht quantifiziert: Wir wollten die Gewaltkriminalität um mindestens zehn Prozent senken.

Dr. Jessica Utts, die Statistikprofessorin, die auch die Ergebnisse unseres ersten Friedens-Intentionsexperimentes analysiert hatte, untersuchte vier Datensätze aus dem Zeitraum September 2014 bis März 2018, die die Anzahl der in St. Louis begangenen Verbrechen dokumentierten: die monatlichen Gewalt- und Eigentumsdelikte in Fairground und in St. Louis insgesamt. Sie nutzte all diese Daten aus den Monaten und Jahren vor unserem Intentionsexperiment, um vorherzusagen, was in den Monaten unmittelbar nach unserer Intervention passieren müsste, wenn sich durch uns nichts ändern würde, und verglich sie mit dem, was tatsächlich in den sechs Monaten nach unserem Experiment passiert ist. Sie fand heraus, dass die Verbrechensrate für Eigentums- und Gewaltverbrechen in der gesamten Stadt höher lag, als sie es laut Prognose hätte sein dürfen. Dasselbe galt für Eigentumsdelikte in Fairground. Auch diese lagen über der Prognose. Allerdings hatte sich die Anzahl der Gewaltverbrechen in dieser Gegend – das Ziel unserer Absicht – im Vergleich zur Prognose verringert. Als Dr. Utts die historischen Trends der Kriminalität in der Region aufzeichnete, stellte sie fest, dass die Gewaltverbrechen in Fairground zwar stetig zugenommen hatten, dieser allgemeine Trend sich aber unmittelbar nach unserem Absichtsexperiment umgekehrt hatte.

Laut der offiziellen Polizeistatistiken der Stadt und des Statistischen Bundesamts der USA war die Kriminalität in Fairground von Oktober 2017 bis März 2018 im Vergleich zu den sechs Monaten im Vorjahr um 7,14 Prozent gestiegen. Diese Zunahme der Kriminalität war jedoch allein auf eine Zunahme der Eigentumsdelikte zurückzuführen, denn die Gewaltverbrechen – das Ziel unserer Absicht – waren im gleichen Zeitraum tatsächlich um 43 Prozent gesunken. Im Jahr zuvor, von Oktober 2016 bis März 2017, hatte die Polizei 44 Gewaltverbrechen registriert. Diese Zahl war nach unserem Experiment auf 25 gesunken. Fairground war eines der wenigen Viertel entlang der Natural Bridge Avenue, das diesen starken Rückgang der Gewaltkriminalität vorzuweisen hatte.

Hatten wir das verursacht? Ich habe keine Ahnung, obwohl mit jedem Friedens-Intentionsexperiment der Beweis, dass Gruppenbewusstsein die Kraft hat, Gewalt zu beeinflussen, ein wenig überzeugender wird. Und wieder einmal zeigte eine Umfrage unter meinen Teilnehmern einen tief greifenden Spiegeleffekt auf alle Beteiligten:

»Meine Teenager-Stieftochter und ich verstehen uns seit dem Experiment plötzlich blendend – nachdem wir sieben lange Jahre nur Schwierigkeiten miteinander gehabt hatten!«

»Ein wahres Wunder ist geschehen. Das Experiment heilte die Beziehung zwischen uns allen, meiner Mutter, meinen Schwestern und mir.«

»Mein Cousin, der lange nichts mehr mit mir zu tun haben wollte, meldet sich wieder regelmäßig.«

»Mein Vater hat sich bei mir entschuldigt, dass er sich vor anderthalb Jahren von mir abgewendet hatte.«

»Ich hatte eine sehr schwierige Zeit mit einem neuen Chef. In der Woche, nachdem ich das Intentionsexperiment gemacht hatte, ging es plötzlich bergauf. Es ist jetzt ein Unterschied wie Tag und Nacht in der Arbeit.«

»Mein Mann hat sich völlig verändert! Er ist freundlich, rücksichtsvoll und behandelt mich mit Respekt – was für eine lang ersehnte Wende! Sogar meine Freunde haben bemerkt, dass er anders ist!«

»Mein von mir entfremdeter Sohn hat plötzlich mehr Zeit für mich, ruft mich an und kommt mich besuchen. 20 Jahre lang waren wir praktisch wie Fremde, aber unsere Beziehung hat sich nun entscheidend verbessert.«

Drei Viertel der Teilnehmer berichteten von außergewöhnlichen Veränderungen: Sie empfanden mehr Lebensfreude, mehr Toleranz gegenüber Menschen, die sie nicht mochten, eine stärkere Sehnsucht danach, sich für den Frieden einzusetzen.

»Seitdem nehme ich an einem Projekt teil, wo ich mit dem Kleinbus zu verschiedenen Treffpunkten von Obdachlosen fahre, um warme Mahlzeiten zu servieren und Toilettenartikel, Kleidung, Decken und Tiernahrung zu verteilen. Ich habe so etwas noch nie zuvor getan.«

»Ich habe einen neuen Job bei einer naturheilkundlichen Klinik angefangen. Ich hatte bis jetzt nicht die Absicht gehabt, mich auf diesem Feld zu bewegen.«

Ein noch größerer Effekt war bei den Teilnehmern des »Middle Eastern Peace Intention Experiments« zu erkennen, das ich einen Monat später, am 9. November 2017, durchführte.

Ich hatte mich mit Tsipi Raz, einer israelischen Dokumentarfilmerin, über die Durchführung eines Intentionsexperiments für Jerusalem in Verbindung gesetzt. Durch eine erstaunliche Synchronizität fiel das Datum, das wir für das Experiment vorgeschlagen hatten, genau auf den Tag, an dem Dr. Salah Al-Rashed vorhatte, in einem kürzlich erworbenen Studio einen Nahost-Gipfel durchzuführen. Er und Tsipi begannen, sich mit mir über Skype zu verabreden, um ein Friedens-Intentionsexperiment mit arabischen und israelischen Teilnehmern zu planen. Salah hatte in einem kleinen ehemaligen Warenhaus in Südengland sein »Smarts-Way Studio« eingerichtet. Es besaß die technische Ausstattung, die man benötigte, damit ein im Studio sitzender Moderator sich mit einem Publikum austauschen konnte, das sich an neun verschiedenen Orten auf der ganzen Welt befand. Für diesen speziellen Gipfel hatte Salah dafür gesorgt, dass Kameras und Monitore in Hotelkonferenzräumen in verschiedenen Städten in Saudi-Arabien, Kuwait, Abu Dhabi, Oman, Bahrain, Jordanien und Tunesien aufgestellt wurden. Mit seiner Erlaubnis platzierte ich mit Tsipi die neunte Kamera und den neunten Monitor im Gerard Bechar Center in Jerusalem, wo Hunderte von Israeli zu einer speziellen eintägigen Friedensveranstaltung zusammenkommen würden, die in unserem Experiment gipfelte. Alle neun Räume wurden auf meinem Bildschirm angezeigt, und auch alle anderen Teilnehmer hatten sämtliche Räume auf dem Bildschirm, einschließlich mich, damit sie mich bei der Durchführung des Experiments beobachten konnten. Das gesamte Experiment und seine Folgen wurden auch über meinen YouTube-Kanal live an Teilnehmer aus aller Welt übertragen.

Wir alle kamen zusammen, um unsere Intention in die Altstadt von Jerusalem zu senden. Wir haben den Ort als Symbol des ersehnten Friedens gewählt, weil er das religiöse Zentrum des Judentums, des Christentums und des Islam ist – ein Ort, der zur ganzen Welt gehört, ohne einen einzigen Glauben zu bevorzugen. Wir hatten das Damaskustor ins Visier genommen, weil es dort zunehmend zu Gewalt kam, nachdem neue Sicherheitsmaßnahmen eingeführt worden waren.

Durch den Einfallsreichtum des technischen Teams von Salah war die Technologie interaktiv. Ich konnte also Menschen aus jeder der neun Zielgruppen ansprechen, und jede Gruppe konnte mit mir und den Menschen in den anderen acht Gruppen sprechen.

»Ihr habt ja keine Vorstellung davon, wie revolutionär das alles ist«, richtete eine saudi-arabische Frau das Wort an mich. »Wir haben noch nie einen Israeli zu Gesicht bekommen. Uns wurde beigebracht, dass ihnen Hörner auf der Stirn wachsen.«

Sowohl Araber als auch Juden weinten und lachten, als sie die Menschlichkeit ineinander erkannten. Eine Frau aus Abu Dhabi sagte, sie habe während der Intention in ihrer Vorstellung Israelis gesehen, die mit Palästinensern tanzten. Eine Frau aus Jerusalem beschrieb ihre Visionen von israelischen Soldaten, die Araber umarmen, und eine andere stellte sich eine Hochzeit vor, auf der ein arabischer Mann mit einer jüdischen Frau tanzt.

»Ich liebe euch, ich liebe euch so sehr«, sagte Fatima aus Jeddah in Saudi-Arabien zu den Juden in Jerusalem und warf ihnen Kusshände zu. »Euer Gott ist mein Gott.«

»Wir lieben dich, Schwester«, riefen die Leute aus dem israelischen Publikum.

»Es ist so überwältigend, die Möglichkeit zu haben, mit unseren Schwestern in Amman, Damaskus, im Iran und überall verbunden zu sein«, sagte Lily und sprach für mehrere israelische

Friedensgruppen von Frauen. »Wir sind hier Hunderttausende von Frauen und sagen: ›Genug! Jetzt ist die Zeit des Mitgefühls gekommen, die Zeit der Heilung.

Danke, liebe Schwestern, wir sind eins.‹«

Salah und ich konnten kaum glauben, was wir gerade erlebten. Hier wurde vor unseren Augen Geschichte geschrieben.

Die Nachricht von diesem Experiment verbreitete sich sofort im gesamten Nahen Osten. In jener Nacht zeigte mir Salah den Twitter-Feed eines prominenten Parlamentsmitglieds in Kuwait, welches das Experiment als eine wunderbare Maßnahme zur Förderung friedlicher Beziehungen anerkannte.

Und dann war da noch die Reaktion von Tausenden von Teilnehmern auf YouTube. Sie kamen aus allen Teilen der Vereinigten Staaten, von Brooklyn bis Los Angeles, aus dem größten Teil Europas, den arabischen Ländern und Jerusalem, aber auch aus Ländern wie Australien, Brasilien, Japan, Thailand, Ungarn, Finnland, Kolumbien und Südafrika.

»Während ich auf YouTube zusah, wie alle Leute im Chatfenster Nachrichten über Liebe, Frieden, Heilung usw. schickten, konnte ich sofort die Energie spüren«, schrieb ein Teilnehmer. »Und allein diese Anzahl an Leuten zu sehen, die sich in aller Welt beteiligten, war überwältigend. Und so weinte ich schon, bevor wir überhaupt zur Live-Übertragung kamen.«

»Ich habe 1975 zum ersten Mal in dieser Region in Saudi-Arabien gearbeitet, also hat mich die Nachricht, dass Araber aus Saudi-Arabien Juden in Israel Liebe schicken, einfach umgehauen«, schrieb ein anderer.

»Ich bin mir auch der restriktiven Kulturen im Nahen Osten bewusst und damit des Mutes der Araber, die sich öffentlich an dieser Friedensintention beteiligt haben – auch das hat mich tief berührt.«

»Wenn du diese Gelegenheit bekommst, dich nicht nur wie ein kollektives Teilchen zu fühlen, sondern auf irgendeiner Ebene zu wissen, dass du ein Teilchen von Billionen bist, ändert das deine Perspektive auf dich selbst und andere.«

Haben wir die Gewalt in Jerusalem reduziert? Um ehrlich zu sein, stellte ich mir die Frage nicht. Da ich dieses Experiment nur an einem einzigen Tag machen, und es nicht wie üblich mindestens an sechs weiteren Tagen erneut durchführen konnte, beschlossen wir, nicht zu überprüfen, ob sich in der Gewaltstatistik etwas geändert hatte. Dennoch fand Dr. Roger Nelson bei seinen anschließenden Untersuchungen heraus, dass die Zufallsgeneratoren, die er bei seinem Global Consciousness Projekt einsetzt, während des Experiments stark reagiert hatten – genau wie bei jedem früheren Friedens-Intentionsexperiment. Das darf als eine weitere winzige Annäherung an ein kohärenteres Weltbewusstsein angesehen werden.

Ich bin wie immer zuversichtlich, dass wir die Zahl der Toten und Verletzten verringern können, aber es steht nicht mehr das ursprüngliche Ziel unserer Intention im Mittelpunkt, sondern das, was automatisch mit den Menschen passiert, die sich an den Gruppen beteiligen. Denn der Frieden in den Herzen der Teilnehmer könnte sich schließlich auf die ganze Welt erstrecken.

Vielleicht steckt in diesen Experimenten eine einfache Binsenweisheit: In einer schwierigen politischen Situation kommt die schnellste und effektivste Lösung in einem Kriegsgebiet nicht durch das Militär, die Politik, die Diplomatie oder wirtschaftliche Initiativen zustande. Alles, was du brauchst, sind Menschen, die sich als Gruppe zusammenfinden und wie eine einzige Person beten.

Die »Kraft der Acht«-Gruppen treffen sich weiterhin in der Mile-Hi-Kirche, um zu heilen. Ken hat keine Probleme mehr mit seinem Knie; Diane, die mehrere Wochen lang Schmerzen in ihrer

Brust hatte und für eine Mammographie vorgesehen war, bekam kürzlich die Nachricht, dass alles in bester Ordnung ist; Reverend Kay, der die Gruppe leitet und nie Empfänger ist, ist dennoch von seinem hartnäckigen Reizdarm genesen.

Nachdem ich Denver verlassen hatte, war es an der Zeit, dieses Tool der Welt zur Verfügung zu stellen. Für diejenigen, die keine sieben Freunde in der Nähe für ihre eigene »Kraft der Acht«-Gruppe haben, habe ich auf meiner Website (www.lynnemctaggart. com/forum) einen Platz eingerichtet, an dem man Leute dafür suchen oder virtuellen Gruppen in der jeweiligen Zeitzone beitreten kann. Ich arbeite daran, die Kraft der Acht in Kirchen, Organisationen, Gemeinschaften aller Überzeugungen und Unternehmen einzubringen. Ich bitte unsere Gemeinschaft weiterhin, jeden Sonntag Intentionen der Woche zu senden. Obwohl bei vielen Empfängern, die wir auswählen, die Erkrankung schon weit fortgeschritten ist, erleben einige von ihnen eine Verbesserung, ja, sogar Heilung. Anni aus Österreich, die Brustkrebs im fortgeschrittenen Stadium hatte, stellte kürzlich fest, dass der Krebs verschwunden ist; Liana Grace Palermos Becken- und Beinschmerzen, die sie seit einem Steißbeinbruch quälten, haben sich um 90 Prozent verringert; Steven Pacheco, der nach mehreren Verletzungen an Rücken und Knien nicht länger als ein paar Minuten stehen konnte, geht wieder seiner Arbeit nach.

Und selbst die Absender der Intentionen erleben Heilung. Christina Wolff, eine Künstlerin, die vor Schmerzen kaum mehr hatte malen können, hat unsere Absichten der Woche an den meisten Sonntagen treu umgesetzt. Immer ging es dabei um die Heilung der anderen, obwohl sich eine lähmende Arthritis in ihren eigenen Händen entwickelte. »Meine Finger fingen an, schief zu werden. Sie taten weh, waren geschwollen. Und wenn ich sie bewegte, rieb Knochen an Knochen.« Vor ein paar Monaten schrieb sie mir, dass ihre Arthritis verschwunden sei, dank ihrer Beteiligung an den wöchentlichen Intentionen. »Ja, ich bin geheilt«, schrieb sie. Jetzt ist sie wieder fleißig am Malen und Kochen – alles Dinge, die sie vorher nicht mehr hatte tun können.

Ich habe diesen Weg nicht bewusst gewählt. Ich habe diesen Prozess größtenteils zufällig entdeckt, aber meistens fühlt es sich an, als wäre ich eine Art Sekretärin, die verlässlich das Diktat des Universums aufnimmt. Ich vermesse, dokumentiere und verfeinere unser Verständnis für die Nuancen und Grenzen dieses uralten Wunders und biete die wissenschaftlichen Beweise, die für den modernen westlichen Geist annehmbar sind. Jetzt, da wir die Fähigkeit haben, die Menschen rund um den Globus zu verbinden und sie interagieren zu lassen, planen Salah und ich größere Friedensexperimente, die alle Kontinente des Planeten einbeziehen.

Ab und zu erinnert mich ein Leser daran, warum ich das tue. »Weißt du, du betreibst mehr als nur Forschung«, schrieb ein Teilnehmer nach dem Nahost-Experiment, »du öffnest die Herzen der Menschen.« Ich bleibe die Wächterin der Kraft der Acht, deren Aufgabe es ist, die Rechtschaffenheit der Intentionen zu schützen. Aber der Schatz, der dieser Kraft innewohnt, gehört letztlich der Welt. Er gehört Ihnen und mir. Die Heilung in einer Gruppe ist ein natürlicher Teil Ihres Geburtsrechts, eine Fähigkeit, mit der Sie geboren wurden und die schon immer darauf wartete, dass Sie sie nutzen. Verschwenden Sie dieses Geschenk nicht. Gründen oder finden Sie Ihre Achtergruppe und entdecken Sie all die Wunder am eigenen Leib.

....

DANK

Dieses Projekt hätte nie das Licht der Welt erblickt, wenn sich nicht eine ganze Reihe renommierter Wissenschaftler und Zehntausende von meinen Lesern bereit erklärt hätten, an einem für den normalen Beobachter doch recht verrückten Experiment teilzuhaben.

Die Geschichten in diesem Buch sind alle wohldokumentiert. Sie haben ihre Wurzeln in Umfragen oder persönlichen Berichten der Teilnehmer. Zum weitaus größten Teil habe ich die echten Namen genannt, außer die Betroffenen selbst haben mich aus dem ein oder anderen Grund gebeten, für sie ein Pseudonym zu verwenden.

Ich bin über die Maßen dankbar für die Bereitschaft der Teilnehmer meiner Intentionsexperimente, Seminare, Webinare und meiner E-Community-Mitglieder, mir ihre Geschichten zu erzählen. Ganz besonders danken möchte ich Todd Voss, der an unserem ersten Intentionsexperiment für einen Menschen teilnahm. Auch meiner Intentions-Meisterklasse von 2015 möchte ich besonderen Dank aussprechen, weil sie sich als erste Versuchskaninchen zur Verfügung gestellt haben. Das Gleiche gilt für die Studenten der Life University, die sich für unsere Experimente gemeldet haben.

Dr. Gary Schwartz und seinem damaligen Laborassistenten Mark Boccuzzi bin ich ebenso zu Dank verpflichtet wie Dr. Melinda O'Connor, Dr. Konstantin Korotkov, dem mittlerweile verstorbenen Dr. Rustum Roy, Dr. Jessica Utts, Dr. Robert Jahn und Brenda Dunne, Dr. Roger Nelson, dem mittlerweile verstorbenen Dr. Fritz-Albert Popp, Dr. Manju Rao, Dr. Tania Slawecki, Dr. Stephanie Sullivan und Dr. Jeffrey Fannin, die mir so großzügig ihre Zeit und Energie zur Verfügung gestellt und unsere Experimente durchgeführt haben. Der mittlerweile verstorbene Dr. Masaru Emoto hat gerade für dieses Projekt eine besondere Bedeutung, hat er doch als Erster den kühnen Vorschlag gemacht, dass wir die Experimente nicht nur im Labor, sondern auch draußen in der realen Welt durchführen sollten.

Unter den vielen Engeln, die dieses Projekt möglich gemacht haben, verdient Dr. Guy Riekeman besondere Erwähnung, weil er mir die Fakultät für Psychologie der Life University zur Verfügung gestellt hat. Und auch Jim Walsh, der mit seiner großzügigen Spende das Friedens-Intentionsexperiment in Gang gebracht hat.

Danke an Tani Dhamija, Joy Banerjee und Sameer Mehta, die uns Zeit, Geräte und Webspace für unser erstes Friedens-Intentionsexperiment geschenkt haben. An Dr. Paul Drouin und Alexi Drouin von der Quantum University sowie Jirka Rysavy von Gaia-TV für die Möglichkeit, mehrere Intentionsexperimente im Internetfernsehen auszustrahlen. An Dr. Salah Al-Rashed, Dr. Kumar Rupesinghe, Tadzik Greenberg und Carsten Jacobsen, die bei den beiden großen Friedensexperimenten unschätzbare Hilfe boten. Caitlin und Kyle Whelan halfen bei der statistischen Auswertung. Anya Hubbard half dabei, die richtigen Zielobjekte ausfindig zu machen. Dafür sei ihnen gedankt.

Ich danke des Weiteren Dr. Jeff Levin, Klaas-Jan Bakker, Dr. Larry Dossey und Professor Timothy Darvill, die mich über die heilenden Auswirkungen des Gebets in den verschiedenen spirituellen Traditionen informiert haben. Dr. Andrew Newberg, Dr. Fred Travis und Dr. Mario Beauregard haben mir wertvolle Erkenntnisse über die neurowissenschaftliche Seite der Meditation und die verschiedenen Stufen der Erleuchtung bzw. Ekstase beschert.

Dankenswerte verlegerische und rechtliche Beratung kam von Leslie Meredith, Peter Borland, Daniella Wexler, Mark LaFlaur und Elisa Rivlin bei Atria Books. Sie haben das Buch in jeglicher Hinsicht verbessert. Und wie immer bin ich auch meinem Agenten Russell Galen dankbar, dessen Hingabe an meine Arbeit und dieses Projekt mich wieder und wieder erstaunt hat. Drew Gerber und die anderen Mitarbeiter der Wasabi-Publicity-Agentur seien bedankt, denn sie haben mir geholfen, der Welt alles über die Kraft der Acht zu erzählen.

Auch den Mitarbeitern meines Unternehmens WDDTY Publishing möchte ich für die Unterstützung bei diesem Projekt danken. Und schließlich wäre dieses Buch nie entstanden ohne meinen Mann Bryan Hubbard und seine liebevolle Unterstützung – vor allem aber ohne sein sanftes Drängen, dass diese Geschichte unbedingt erzählt werden muss.

Literaturverzeichnis

Aknin, L., et al., »Prosocial Spending and Well-Being: Cross-Cultural Evidence for a Psychological Universal«, in: *Journal of Personality and Social Psychology* 104, Nr. 4 (2013), S. 635–652.

Allen, K. N., Wozniak D. F., »The Integration of Healing Rituals in Group Treatment for Women Survivors of Domestic Violence«, in: *Social Work in Mental Health* 12, Nr. 12 (2014), S. 52–68.

Alspach, J. G., »Harnessing the Therapeutic Power of Volunteering«, in: *Critical Care Nurse* 34, Nr. 6 (2014), S. 11–14.

Aranda, M. P., »Relationship Between Religious Involvement and Psychological Well? Being: A Social Justice Perspective«, in: *Health and Social Work*, 33, Nr. 1 (2008), S. 9–21.

Aranda, M. P. et al., »The Protective Effect of Neighborhood Composition on Increasing Frailty Among Older Mexican Americans: A Barrio Advantage?«, in: *Journal of Aging and Health* 23, Nr. 7 (2011), S. 1189–1217.

Arnstein, P., et al., »From Chronic Pain Patient to Peer: Benefits and Risks of Volunteering«, in: *Pain Management in Nursing* 3, Nr. 3 (2002), S. 94–103.

Aspect, A., »Bell's Inequality Test: More Ideal Than Ever«, in: *Nature* 398 (1999), S. 189–190.

Aspect, A., et al., »Experimental Tests of Bell's Inequalities Using Time-Varying Analyzers«, in: *Physical Review Letters* 49 (1982), S. 1804–1807.

Atkinson Q. D., Whitehouse, H., »The Cultural Morphospace of Ritual Form«, in: *Evolution and Human Behavior* 32, Nr. 1 (2011), S. 50–62.

Barnes, A., *Acts and Romans*, Bd. 10 der *Notes on the New Testament*, Grand Rapids 2001.

Barnes, L. L., Starr Sered, Susan (Hrsg.), *Religion and Healing in America*, New York 2005.

Beauregard, M., O'Leary, D., *The Spiritual Brain: A Neuroscientist's Case for the Existence of the Soul*, London 2007, S. 284.

Beischel, J., et al., »Anomalous Information Reception by Research Mediums Demonstrated Using a Novel Triple-Blind Protocol«, in: *Explore* 3 (2007), S. 23–27.

Bhat, R. K., et al., »Correlation of Electrophotonic Imaging Parameters With Fasting Blood Sugar in Normal, Prediabetic, and Diabetic Study Participants«, in: *Journal of Evidence-Based Complementary & Alternative Medicine*, 6. November 2016, S. 1–8.

Bibelkommentare: Siehe http://www.studylight.org/commentaries

Bittman, B., et al., »Composite Effects of Group Drumming Music Therapy on Modulation of Neuroendocrine-Immune Parameters in Normal Subjects«, in: *Alternative Therapies in Health and Medicine* 7, Nr. 1 (2001), S. 38–47.

Black, Matthew, *An Aramaic Approach to the Gospels and Acts,* Peabody 1967.

Bono, L., et al., »Emergence of the Coherent Structure of Liquid Water«, in: *Water* 4 (2012), S. 510–532.

Braud, W., Schlitz, M., »A Methodology for the Objective Study of Transpersonal Imagery«, in: *Journal of Scientific Exploration* 3, Nr. 1 (1989), S. 43–63.

Braud, W., et al., »Further Studies of Autonomie Detection of Remote Staring: Replication, New Control Procedures, and Personality Correlates«, in: *Journal of Parapsychology* 57 (1993), S. 391–409.

Braunstein, R., et al., »The Role of Bridging Cultural Practices in Racially and Socioeconomically Diverse Civic Organizations«, in: *American Sociological Review* 79, Nr. 4 (August 2014), S. 705–725.

Brown, C. G., et al. »Study of the Therapeutic Effects of Proximal Intercessory Prayer (STEPP) on Auditory and Visual Impairments in Rural Mozambique«, in: *Southern Medical Journal* 103 (2010), S. 864–869.

Brown, C. G., *Testing Prayer: Science and Healing*, Cambridge 2012.

Brown, W. M., et al., »Altruism Relates to Health in an Ethnically Diverse Sample of Older Adults«, in: *Journal of Gerontology Series B: Psychological Sciences and Social Sciences* 60, Nr. 3 (2005), S. PI43–52.

Bundzen, P. V., et al., »Psychophysiological Correlates of Athletic Success in Athletes Training for the Olympics«, in: *Human Physiology* 31, Nr. 3 (2005), S. 316–323.

Bundzen, P., et al., »New Technology of the Athletes' Psycho-Physical Readiness Evaluation Based on the Gas-Discharge Visualisation Method in Comparison with Battery of Tests«, in: SIS-99 – Proceedings vom International Congress in St. Petersburg, Russland 1999, S. 19–22.

Burkert, W., *Ancient Mystery Cults*, Cambridge 1987.

Burl, A., *A Guide to the Stone Circles of Britain, Ireland and Brittany*, New Haven 2005.

Butler-Bowden, T., *50 Spiritual Classics: Timeless Wisdom from 50 Great Books of Inner Discovery, Enlightenment and Purpose*, London 2015, S. 255.

Cardella, C., et al., »Permanent Changes in the Physico-Chemical Properties of Water Following Exposure to Resonant Circuits«, in: *Journal of Scientific Exploration* 15, Nr. 4 (2001), S. 501–518.

Chaplin, M., »Water Structure and Science«, abrufbar unter: www.lsbu.ac.uk/water.

Cialdini, R. B., et al. »Reinterpreting the Empathy-Altruism Relationship: When One into One Equals Oneness«, in: *Journal of Personality and Social Psychology* 73, Nr. 93 (1997), S. 481–494.

Clark, R., *Changed in a Moment*, Mechanicsburg 2010.

Clodi, M., et al., »Oxytocin Alleviates the Neuroendocrine and Cytokine Response to Bacterial Endotoxin in Healthy Men«, in: *American Journal of Physiology? Endocrinology and Metabolism* 295 (2008), S. W686–91.

Coruh, B., et al., »Does Religious Activity Improve Health Outcomes? A Critical Review of the Recent Literature«, in: *Explore* 1, Nr. 3 (2005), S. 186–191.

Course in Miracles, London, Arkana 1985.

Crisis Group, »Sri Lankas Return to War: Limiting the Damage«, in: *Asia Report* Nr. 146 vom 20. Februar 2008, abrufbar unter: http://www.refurorld.org/pdfid/47bc2e5c2.pdf.

Crone, N. E., et al., »High-Frequency Gamma Oscillations and Human Brain Mapping with Electrocorticography«, in: *Progress in Brain Research* 159 (2006), S. 275–295.

Davidson, R. J., Harrington, A., *Visions of Compassion: Stern Scientists and Tibetan Buddhists Examine Human Nature*, New York 2002.

Davis-Floyd, R., »Research Paper on Rituals«, unveröffentlicht, zitiert nach: Eugene G. d'Aquili et al., *The Spectrum of Ritual: A Biogenetic Structural Analysis*, New York 1979.

Del Giudice, E., et al., »Water as a Free Electric Dipole Laser«, in: *Physical Review Letters* 61, Nr. 9 (1988), S. 1085–1088.

Denizeau, L., »Soirées miracles et guérisons«, in: *Ethnologies* 33, Nr. 1 (2011), S. 75–93.

Dienstfrey, H., »Disclosure and Health: An Interview with James W. Pennebaker«, in: *Advances in Mind Body Medicine* 15 (1999), S. 161–163.

Dillbeck, M. C., et al., »The Transcendental Meditation Program and Crime Rate Change in a Sample of 48 Cities«, in: *Journal of Crime and Justice* 4 (1981), S. 25–45.

Dossey, L., »Healing Research: What We Know and Don't Know«, in: *Explore* 4, Nr. 6 (2008), S. 341–352.

Durkheim, E., *Die elementaren Formen des religiösen Lebens*, Frankfurt a. M. 1981.

Easterling, D., et al., »Social Capital Community Benchmark Report«, hrsg. von S. Winston-Salem, Wake Forest University School of Medicine, Department of Social Sciences & Health Policy, 2006.

Ehrenreich, B., *Dancing in the Streets: A History of Collective Joy*, London, 2007.

Eicher, D. J., et al., »Effects of a Prayer Circle on a Moribund Premature Infant«, in: *Alternative Therapies in Health and Medicine* 5, Nr. 3 (1999), S. 115–120.

Emoto, M., Die Botschaft des Wassers, Dorfen 2010.

Feather, R., *The Secret Initiation of Jesus at Qumran: The Essene Mysteries of John the Baptist*, London 2006.

Filho, E., »The Juggling Paradigm: A Novel Social Neuroscience Approach to Identify Neuropsychophysiological Markers of Team Mental Models«, in: *Frontiers in Psychology* 8 (2015), S. 799.

Fischer, R., et al., »The Fire-Walker's High: Affect and Physiological Responses in an Extreme Collective Ritual«, in: *PLoS One* 2, Nr. 9 (2014), S. e88355.

Fjorback, L. O., et al., »Meditation Based Therapies-A Systematic Review and Sorne Critical Observations«, in: *Religions* 3 (2012), S. 1–18.

Francomano, C. A., et al., *Proceedings: Measuring the Human Energy Field: State of the Science*, hrsg. von Ronald A. Chez, The Gerontology Research

Center, National Institute of Aging, National Institutes of Health, Baltimore April 2002.

Fredrickson, B. L., et al., »A Functional Genomic Perspective on Human Well-Being«, in: *Proceedings of the National Academy of Science* 110, Nr. 33 (2013), S. 13684–13689.

Full, G. E., et al., »Meditation-Induced Changes in Perception: An Interview Study with Expert Meditators (Sotapannas) in Burma«, in: *Mindfulness* 4, Nr. 1 (2013), S. 55–63.

Gallese, V., et al., »Action Recognition in the Premotor Cortex«, in: *Brain* 119, Nr. 2 (1996), S. 593–609.

Gauthier, F., »Les HeeBeeGeeBee Healers au Festival Burning Man. Trois Récits de Guérison«, in: *Ethnologies* 33, Nr. 1 (2011), S. 191–217.

Glik, D. C., »Symbolic, Ritual and Social Dynamics of Spiritual Healing«, in: *Social Science and Medicine* 27, Nr. 11 (1988), S. 1197–1206.

Ders., »Psychosocial Wellness among Spiritual Healing Participants«, in: *Social Science and Medicine* 22, Nr. 5 (1986), S. 579–586.

Grad, B., »The ›Laying on of Hands‹: Implications for Psychotherapy, Gentling and the Placebo Effect«, in: *Journal of the Society for Psychical Research* 61, Nr. 4 (1967), S. 286–305.

Ders., »Dimensions in ›Some Biological Effects of the Laying on of Hands‹ and Their Implications«, in: *Dimensions in Wholistic Healing: New Frontiers in the Treatment of the Whole Person 2*, hrsg. von Herbert Arthur Otto und James William Knight, Chicago 1979.

Ders., »A Telekinetic Effect on Plant Growth«, in: *International Journal of Parapsychology* 5 (1963), S. 117–133.

Greeley, A. M., *Ecstasy: A Way of Knowing*, Englewood Cliffs 1974.

Ders., *The Sociology of the Paranormal*, Beverly Hills 1975.

Hagelin, J., et al., »Effects of Group Practice of the Transcendental Meditation Program on Preventing Violent Crime in Washington, DC: Results of the National Demonstration Project, June–July 1993«, in: *Social Indicators Research* 47, Nr. 2 (1999), S. 153–201.

Haidt, J., et al., »Hive Psychology, Happiness, and Public Policy«, in: *Journal of Legal Studies* 37, Nr. S2 (2008), S. S133–156.

Hall, M. P., *The Secret Teachings of All Ages: An Encyclopedia Outline of Masonic, Hermetic, Qabbalistic and Rosicrucian Symbolical Philosophy*, New York 2003.

Hamilton, D. R., *Why Kindness Is Good for You*, London 2010.

Harris, G., »Healing in Feminist Wicca«, in: *Religion and Healing in America*, hrsg. von Linda L. Barnes und Susan Starr Sered, New York 2005.

Hart, C., Hong, S., »Trajectories of Volunteering and Self-Esteem in Later Life: Does Wealth Matter?«, in: *Research on Aging* 35, Nr. 5 (2013), S. 571–590.

Harung, H. S., et al, »Higher Mind-Brain Development in Successful Leaders: Testing a Unified Theory of Performance«, in: *Cognitive Processing* 113, Nr. 2 (2012), S. 171–181.

Heaton, D. P., et al., »Consciousness, Empathy, and the Brain«, in: *Organizing Through Empathy*, hrsg. von Kathryn Pavlovich und Keiko Krahnke, Oxford 2013.

Hinds, A., *The Complete Sayings of Jesus*, London 2008.

Hubbard, B., *The Untrue Story of You*, London 2014.

Hummer R., et al., »Religious Involvement and U.S. Adult Mortality«, in: *Demography* 36 (1999), S. 273–285.

Hutcherson, C., et al., »Loving-Kindness Meditation Increases Social Connectedness«, in: *Emotions* (2008), S. 720–728.

Hutcherson, C. A., et al., »The Neural Correlates of Social Connection«, in: *Cognitive, Affective, and Behavioral Neuroscience* 15, Nr. 1 (2015), S. 1–14.

Jahn, R. G. et al., »Correlations of Random Binary Sequences with Pre-stated Operator Intention: A Review of a 12-Year Program«, in: *Journal of Scientific Exploration* 11, Nr. 3 (1997), S. 345–367.

James, W., *The Varieties of Religious Experience: A Study in Human Nature*, New York 1902.

Jamieson, R., et al., *Commentary Critical and Explanatory on the Whole Bible: The New Testament: From Matthew to Second Corinthians*, Bd. 3, Charleston 2017.

Jantos, M., et al., »Prayer as Medicine: How Much Have We Learned?«, in: *Medical Journal of Australia* I 86, Supplement 10 (2007), S. S51–53.

Jonas, W. B., et al., *Healing Intention and Energy Medicine: Science, Research Methods and Clinic at Implications*, London 2003.

Kaptchuk, T. J., »Placebo Studies and Ritual Theory: A Comparative Analysis of Navajo, Acupuncture and Biomedical Healing«, in: *Philosophical Transactions of the Royal Society* B 366 (2011), S. 1849–1858.

Kark, J. D., et al. »Does Religious Observance Promote Health? Mortality in Secular vs Religious Kibbutzim in Israel«, in: *American Journal of Public Health* 86 (1996), S. 341–346.

Kast, E. C., »Attenuation of Anticipation: A Therapeutic Use of Lysergic Acid Diethylamide«, in: *Psychiatry Quarterly* 41 (1967), S. 646–657.

Keltner, D., *Born to Be Good: The Science of a Meaningful Life*, New York 2009.

Kirlian, S. D., Kirlian, V. K., »Photography and Visual Observation by Means of High-Frequency Currents«, in: *Journal of Scientific and Applied Photography* 6 (1964), S. 397–403.

Koenig, H. G., et al., »The Relationship between Religious Activities and Blood Pressure in Older Adults«, in: *International Journal of Psychiatry in Medicine* 28 (1998), S. 189–213.

Koenig, H. G., et al., »Attendance at Religious Services, Interleukin-6, and Other Biological Parameters of Immune Function in Older Adults«, in: *International Journal of Psychiatry in Medicine* 27 (1997), S. 233–250.

Ders., »Religious Coping and Health Status in Medically Ill Hospitalized Older Adults«, in: *Journal of Nervous and Mental Disease* 186 (1998), S. 513–521.

Ders., *The Healing Power of Faith: How Belief and Prayer Can Help You Triumph Over Disease*, New York 1999.

Ders., *Medicine, Religion and Health: Where Science and Spirituality Meet*, Conshohocken 2008.

Koenig, H. G., Larson, D. B., »Use of Hospital Services, Religious Attendance, and Religious Affiliation«, in: *Southern Medical Journal* 91 (1998), S. 925–932.

Koenig, H. G., Al Shohaib, S., *Health and Well-Being in Islamic Societies: Background, Research, and Applications*, Berlin und Heidelberg 2014.

Kok, B. E., et al., »Upward Spirals of the Heart: Autonomie Flexibility, as Indexed by Vagal Tone, Reciprocally and Prospectively Predicts Positive Emotions and Social Connectedness«, in: *Biological Psychology* 85, Nr. 3 (2010), S. 432–436.

Kolmakow, S., et al. »Gas Discharge Visualisation Technique and Spectrophotometry in Detection of Field Effects«, in: *Mechanisms of Adaptive Behavior.* Abstracts of the International Symposium in St. Petersburg 1999.

Konikiewicz, L. W., et al., *Bioelectrography-A New Method for Detecting Cancer and Body Physiology,* Harrisburg 1982.

Korotkov, K. G., »Stress Diagnosis and Monitoring with New Computerized ›Crown-TV‹ Device«, in: *Journal of Pathophysiology* 5 (1998), S. 227.

Ders., *Aura and Consciousness-New Stage of Scientific Understanding*, hrsg. vom Russischen Ministerium für Kultur und Wissenschaft, St. Petersburg 1999.

Ders., *Human Energy Field: Study with GDV Bioelectrography*, Paramus 2002.

Ders., »New Conceptual Approach to Early Cancer Detection«, in: *Mind and Physical Reality* [auf Russisch] 3, Nr. 1 (1998), S. 51–58.

Ders., »Aura and Consciousness«, in: *Journal of Alternative and Complementary Medicine* 9, Nr. 1 (2003), S. 25–37.

Ders., *Experimental Research of Human Body Activity after Death*, hrsg. von der Universität St. Petersburg, St. Petersburg 2014.

Ders., »Science of Measuring Energy Fields: A Revolutionary Technique to Visualize Energy Fields of Humans and Nature«, in: *Bioelectromagnetic and Subtle Energy Medicine*, hrsg. von Paul Rosch, Boca Raton 2015.

Ders., »Electrophotonic Analysis of Complex Parameters of the Environment and Psycho-Emotional State of a Person«, in: *WISE Journal* 4, Nr. 3 (2015), S. 49–56.

Korotkov, K., et al., »Assessing Biophysical Energy Transfer Mechanisms in Living Systems: The Basis of Life Processes«, in: *Journal of Alternative and Complementary Medicine* 10, Nr. 1 (2004), S. 49–57.

Korotkov, K., et al., »The Research of the Time Dynamics of the Gas Discharge Around Drops of Liquid«, in: *Journal of Applied Physics* 95 Nr. 7 (2004), S. 3334–3338.

Koss-Chioino, J. »Spiritual Transformation and Healing: Is Altruism Integral?«, in: *Altruism in Cross-Cultural Perspective*, hrsg. von Douglas A. Vakoch, New York 2013.

Kuldeep, K., et al., »Effect of Yoga Based Techniques on Stress and Health Indices Using Electro Photonic Imaging Technique in Managers«, in: *Journal of Ayurveda and Integrative Medicine* 7 (2016), S. 119–123.

Kunkolienker, K. R., »From ›Mind‹ to ›Supermind‹: A Statement of Aurobindonian Approach«, Vortrag beim Twentieth World Congress of Philosophy vom 10. bis 15. August 1998 in Boston, abrufbar unter: https://www.bu.edu/wcp/Papers/Mind/MindKunk.htm.

Leiberg, S., et al. »Short-Term Compassion Training Increases Prosocial Behavior in a Newly Developed Prosocial Game«, in: *PLoS One* 6, Nr. 3 (2011), abrufbar unter: doi:10.1371/ Journal.pone.0017798.

Levin, J., »How Prayer Heals: A Theoretical Model«, in: *Alternative Therapies in Health and Medicine* 2, Nr. 1 (1996), S. 66–73.

Ders., »Spiritual Determinants of Health and Healing: An Epidemiologic Perspective on Salutogenic Mechanisms«, in: *Alternative Therapies* 9, Nr. 6 (2003), S. 48–57.

Ders., »Esoteric Healing Traditions: A Conceptual Overview«, in: *Explore* 4, Nr. 2 (2008), S. 101–112.

Ders., »Bioenergy Healing: A Theoretical Model and Case Series«, in: *Explore* 4, Nr. 3 (2008), S. 201–209.

Ders., »How Faith Heals: A Theoretical Model«, in: *Explore* 5, Nr. 2 (2009), S. 77–96.

Levin, J. S., Vanderpool, H. Y., »Is Frequent Religious Attendance Really Conducive to Better Health? Toward an Epidemiology of Religion«, in: *Social Science and Medicine* 24, Nr. 7 (1987), S. 589–600.

Levin, J., Steele, L., »The Transcendent Experience: Conceptual, Theoretical, and Epidemiologic Perspectives«, in: *Explore* l, Nr. 2 (2005), S. 89–101.

Dies., »On the Epidemiology of ›Mysterious‹ Phenomena«, in: *Alternative Therapies in Health and Medicine* 7, Nr. 1 (2001), S. 64–66.

Lewis, H. S., *The Mystical Lift of Jesus*, San José 2006.

Ders., *The Secret Doctrines of Jesus,* San José 2006.

Lindenberger, U., et al., »Brains Swinging in Concert: Cortical Phase Synchronization While Playing Guitar«, in: *BMC Neuroscience* 10, Nr. 22 (2009), abrufbar unter: doi:10.1186/1471-2202-10-22.

Livingston, K., »Religious Practice, Brain, and Belief«, in: *Journal of Cognition and Culture* 5 (2005), S. 1–2.

Luks, A., »Helper's High: Volunteering Makes People Feel Good, Physically and Emotionally«, in: *Psychology Today* vom Oktober 1988.

Lutz, A., et al., »Long-Term Meditators Self-Induce High-Amplitude Gamma Synchrony during Mental Practice«, in: *Proceedings of the National Academy of Science* 101, Nr. 46 (2004), S. 16369–16373.

Lutz, A., »Attention Regulation and Monitoring in Meditation«, in: *Trends in Cognitive Sciences* 12, Nr. 4 (2008), S. 163–169.

Ders., »Regulation of the Neural Circuitry of Emotion by Compassion Meditation: Effects of Meditative Expertise«, in: *PLoS One* 3, Nr. 3 (2008).

Maslow, A. H., Jeder Mensch ist ein Mystiker, Köln 2014.

McDonough-Means, S. I., et al., »Fostering a Healing Presence and Investigating Its Mediators«, in: *Journal of Alternative and Complementary Medicine* 10, Supplement 1 (2004), S. S25–S41.

McTaggart, Lynne, *Das Nullpunktfeld*, München 2007.

Dies., *Intention*, Kirchzarten 2005.

Dies., *The Bond*, München 2011.

Intentionsexperiment vom 11. bis 18. September 2011: http://teilhard.global-mind.org/intention.110911-18.html

Meintel, D., Massière, G., »Reflections on Healing Rituals, Practices and Discourse in Contemporary Religious Groups«, in: *Ethnologies* 33, Nr. 1 (2011), S. 19–32.

Meyer, M. W., *The Ancient Mysteries: A Sourcebook of Sacred Texts*, New York 1987.

Moll, J., et al., »Human Fronto-Mesolimbic Networks Guide Decisions about Charitable Donation«, in: *Proceedings of the National Academy of Sciences* 103, Nr. 42 (2006), S. 15623–15628.

Monroe, K. R., *The Heart of Altruism: Perceptions of a Common Humanity*, Princeton 1996.

Montagnier, L., et al., »DNA Waves and Water«, in: *Journal of Physics: Conference Series* 306, Nr. 1 (2011), S. 012007.

Dies., »Transduction of DNA Information through Water and Electromagnetic Waves«, in: *Electromagnetic Biology and Medicine* 34, Nr. 2 (2015), S. 106–112.

Dies., »Electromagnetic Signals Are Produced by Aqueous Nanostructures Derived from Bacterial DNA Sequences«, in: *Interdisciplinary Sciences: Computational Life Sciences* 1 (2009), S. 81–90.

Mor, N., Winquist, J., »Self-Focused Attention and Negative Affect: A Meta-Analysis«, in: *Psychological Bulletin* 128, Nr. 4 (2002), S. 638–662.

Müller, V., et al., »Intra- and Inter-Brain Synchronization during Musical Improvisation on the Guitar«, in: *PLoS One* 8, Nr. 9 (2013), S. e73852.

Nash, C. B., »Test of Psychokinetic Control of Bacterial Mutation«, in: *Journal of the American Society for Psychical Research* 78, Nr. 2 (1984), S. 145–152.

Newberg, A., *Why We Believe What We Believe: Uncovering Our Biological Need for Meaning, Spirituality, and Truth*, New York 2006.

Ders., *Der gedachte Gott*, München/Zürich 2003.

Newberg, A., Waldman, M. R., *How Enlightenment Changes Your Brain: The New Science of Transformation*, London 2016.

O'Laoire, S., »An Experimental Study of the Effects of Distant, Intercessory Prayer on Self-Esteem, Anxiety and Depression«, in: *Alternative Therapies on Health and Medicine* 3, Nr. 6 (1997), S. 19–53.

Ogilvie, L. J., *Drumbeat of Love: The Unlimited Power of the Spirit as Revealed in the Book of Acts*, Waco 1976.

Oliner, S. P., *Do Unto Others: How Altruism Inspires True Acts of Courage*, Boulder 2003.

Oloyede, J., *Seven Benefits of Praying Together, hrsg von The Methodist Church in Britain*, abrufbar unter: http://www.methodist.org.uk/media/646259/dd? explore-devotion-sevenbenefitsofprayingtogether-0912.pdf

Oman, D., Reed, D., »Religion and Mortality among the Community-Dwelling Elderly«, in: *American Journal of Public Health* 88, Nr. 10 (1998), S. 1469–1475.

Oman, D., et al., »Volunteerism and Mortality among the Community-Dwelling Elderly«, in: *Journal of Health Psychology* 4, Nr. 3 (1999), S. 301–316.

Orme-Johnson, W., et al., »International Peace Project in the Middle East: The Effects of the Maharishi Technology of the Unified Field«, in: *Journal of Conflict Resolution* 32 (1988), S. 776–812.

Panneck, J., »The Ritual Use of Ayahuasca: The Healing Effects of Symbolic and Mythological Participation«, abrufbar unter: http://psypressuk.com/2015/01/16/the? ritual-use-of-ayahuasca-the-healing-effects-of-symbolic-and-mythological participation. Ursprünglich erschienen im: *Psychedelic Press Journal*.

Pearce, J. C., *The Biology of Transcendence: A Blueprint of the Human Spirit*, Rochester 2002.

Ders., *The Death of Religion and the Rebirth of Spirit: A Return to the Intelligence of the Heart*, Rochester 2007.

Pennebaker, J. W., »Writing about Emotional Experiences.as a Therapeutic Process«, in: *Psychological Science* 8 (1997), S. 162–166.

Pennebaker, J. W., Francis. M. E., »Cognitive, Emotional, and Language Processes in Disclosure«, in: *Cognition and Emotion* 10, Nr. 6 (1996), S. 601–626.

Piliavin, J. A., Sieg, E., »Health Benefits of Volunteering in the Wisconsin Longitudinal Study«, in: *Journal of Health and Social Behavior* 48, Nr. 4 {2007), S. 450–464.

Pillemer, K., et al., »Environmental Volunteering and Health Outcomes over a 20-Year Period«, in: *Gerontologist* 50 (2010), S. 594–602.

Poole, M., *Annotations upon The Holy Bible: Wherein the Sacred Text Is Inserted, and Various Readings Annexed, Together with the Parallel Scriptures*, Welwyn 2015.

Poulin, M. J., »Volunteering Predicts Health among Those Who Value Others: Two National Studies«, in: *Health Psychology* 33, Nr. 2 (2014), S. 120–129.

Poulin, M., et al., »Giving to Others and the Association between Stress and Mortality«, in: *American Journal of Public Health* 103, Nr. 9 (2013), S. 1649–1655.

Poulin, M. J., Holman, E. A., »Helping Hands, Healthy Body? Oxytocin Receptor Gene and Prosocial Behavior Interact to Buffer the Association between Stress and Physical Health«, in: *Hormones and Behavior* 63, Nr. 3 (2013), S. 510–551.

Pyatnitsky, L. N., Fonkin, V. A., »Human Consciousness Influence on Water Structure«, in: *Journal of Scientific Exploration* 9, Nr. 1 (1995), S. 89–105.

Radin, D., Nelson, R., »Evidence for Consciousness-Related Anomalies in Random Physical Systems«, in: *Foundations of Physics* 19, Nr. 12 (1989), S. 1499–1514.

Radin, D. I., et al., »Double-Blind Test of the Effects of Distant Intention on Water Crystal Formation«, in: *Explore* 2, Nr. 5 vom September/Oktober 2006, S. 408–411.

Dies., »Water Crystal Replication Study«, in: *Journal of Scientific Exploration* 22, Nr. 4 (2008), S. 481–493.

Reddish, P., et al., »Let's Dance Together: Synchrony, Shared Intentionality and Cooperation«, in: *PLos One* 8, Nr. 8 (2013), abrufbar unter: doi:10.1371/Journal.pone.0071182

Rein, G., »Corona Discharge Photography of Human Breast Tumour Biopsies«, in: *Acupuncture & Electro-Therapeutics Research* 10 (1985), S. 305–308.

Ricard, M., Altruisim: The Power of Compassion to Change Yourself and the World, London 2013. (dt. *Allumfassende Nächstenliebe*, Hamburg 2016)

Ricard, M., et al., »Mind of the Meditator«, in: *Scientific American* vom November 2014, S. 39–45.

Dies., »Neuroscience Reveals the Secrets of Meditation's Benefits«, in: *Scientific American* vom November 2014.

Roney-Dougal, S. M., Solfvin, J., »Field Study of an Enhancement Effect on Lettuce Seeds-Replication Study«, in: *Journal of Parapsychology* 67, Nr. 2 (2003), S. 279–298.

Ders., »Field Study of Enhancement Effect on Lettuce Seeds: Their Germination Rate, Growth and Health«, in: *Journal of the Society for Psychical Research* 66 (2002), S. 129–143.

Roy R., »A Contemporary Materials Science View of the Structure of Water«, in: *Symposium on Living Systems/Materials Research* vom 28. November 2004 in Boston.

Roy, R., et al., »The Structure of Liquid Water; Novel Insights from Materials Research; Potential Relevance to Homeopathy«, in: *Material Research Innovations* 9, Nr. 4 (2005), S. 1433-075X.

Saguaro Seminar, »Social Capital Community Benchmark Survey« von der Kennedy School of Government an der Universität Harvard, August 2000, abrufbar unter: https://www.hks.harvard.edu/saguaro/communitysurvey/docs/ survey_instrument.pdf

Sanger, J., et al., »Directionality in Hyperbrain Networks Discriminates Between Leaders and Followers in Guitar Duets«, in: *Frontiers of Human Neuroscience* 4, Nr. 7 (2013), S. 234.

Sasaki, S., et al., »Changes of Water Conductivity Induced by Non-Inductive Coil«, in: *Society for Mind-Body Science* 1 (1992), S. 23.

Sauer, S. et al., »Spirituality: An Overlooked Predictor of Placebo Effects?«, in:

Philosophical Transactions of the Royal Society of London, Serie B, Biological Sciences 366, Nr. 1572 (2011), S. 1838–1848.

Schlitz, M., Braud, W., »Distant Intentionality and Healing: Assessing the Evidence«, in: *Alternative Therapies in Health and Medicine* 3, Nr. 6 (1997), S. 62–73.

Schlitz, M., Lewis, N., »Directed Prayer & Conscious Intention: Demonstrating the Power of Distant Healing«, in: *Breast Cancer Beyond Convention: The World's Foremost Authorities on Complementary and Alternative Medicine Offer Advice on Healing*, hrsg. von M. Tagliaferri, I. Cohen, D. Tripathy, New York 2002.

Schlitz, M., Amorok, T., *Consciousness & Healing: Integral Approaches to Mind-Body Medicine*, Atlanta 2005.

Schlitz, M., La Berge, S., »Autonomie Detection of Remote Observation; Two Conceptual Replications«, in: *Proceedings of Presented Papers: 37th Annual Parapsychological Association Convention* in Amsterdam, hrsg. von D. Bierman, Fairhaven 1994, S. 465–478.

Schwartz, G., et al. »Accuracy and Replicability of Anomalous After-Death Communication Across Highly Skilled Mediums«, in: *Journal of the Society for Psychical Research* 65 (2001), S. 1–25.

Dies., »Effects of Distant Group Intention on the Growth of Seedlings«, in: *Emerging Paradigms at the Frontiers of Consciousness and UFO Research*, 27. Jahrestreffen der Society of Scientific Exploration vom 25. bis 28. Juni 2008 in Boulder.

Dies., »Consciousness, Spirituality and Post-Materialist Science: An Empirical and Experiential Approach«, in: *The Oxford Handbook of Psychology and Spirituality*, hrsg. von Lisa J. Miller, New York 2011.

Schwartz, S., Dossey, L., »Nonlocality, Intention, and Observer Effects in Healing Studies: Laying a Foundation for the Future«, in: *Explore* 5, Nr. 5 (2010), S. 295–307.

Semikhina, L. P., Kiselev, V. F., »Effect of Weak Magnetic Fields on the Properties of Water and Ice«, in: *Soviet Physics Journal*, 31 Nr. 5 (1988), S. 351–354, Übersetzung Zabedenii, in: *Fizika* Nr. 5 (1988), S. 13–17.

Seppala, E., »Compassionate Mind, Healthy Body«, in: *Greater Good Magazine* vom 24. Juli 2013.

Sicher, F., et al., »A Randomized Double-Blind Study of the Effect of Distant Healing in a Population with Advanced AIDS: Report of a Small Scale Study«, in: *Western Journal of Medicine* 168, Nr. 6 (1998), S. 356–363.

Siegel, D. J., *The Mindful Brain: Reflection and Attunement in the Cultivation of Well-Being*, New York 2007.

Simmonds-Moore, C. (Hrsg.), *Exceptional Experience and Health: Essays on Mind, Body and Human Potential*, Jefferson 2012.

Spurgeon, C., »The Church on Its Knees: Unleashing the Power of United Prayer«, zitiert nach: http://www.keepbelieving.com/sermon/the-church-on?its-knees-unleashing-the-power-of-united-prayer.

Stanley, E., »Liquid Water: A Very Complex Substance«, in: *Pramana Journal of Physics* 53, Nr. 1 (1999), S. 53–83.

Surowiecki, J., *The Wisdom of Crowds: Why the Many Are Smarter Than the Few and How Collective Wisdom Shapes Business, Economies, Societies, and Nations*, London 2004.

Szekely, E. B., *The Gospel of the Essenes: The Unknown Book of the Essenes/Lost Scrolls of the Essene Brotherhood*, Saffron Walden 2002.

Tewari, S., et al., »Participation in Mass Gatherings Can Benefit Well-Being: Longitudinal and Control Data from a North Indian Hindu Pilgrimage Event«, in: *PLoS One* 7, Nr. 10 (2012), abrufbar unter: doi:10.1371/Journal.pone.0047291

Thaut, M. H., et al., »Temporal Entrainment of Cognitive Functions: Musical Mnemonics Induce Brain Plasticity and Oscillatory Synchrony in Neural Networks Underlying Memory«, in: *Annals of the New York Academy of Sciences* 1060 (2005), S. 243–254.

Thomas, K., *Religion and the Decline of Magic*, London 1971.

Tighe, P., »Sri Lanka Battles Tamil Rebels in Land, Air and Sea Attacks«, auf: Bloomberg.com vom 18. September 2008, abrufbar unter: http://www.bloomberg.com/apps/news?pid=newsarchive&sid=aq0MUmQ01f6o/

Tiller, W., et al., *Conscious Acts of Creation: The Emergence of a New Physics*, Walnut Creek 2001.

Tiller, W A., Dibble, W. E., »New Experimental Data Revealing an Unexpected Dimension to Materials Science and Engineering«, in: *Materials Research Innovations* 5 (2001), S. 21–34.

Travis, F., »Transcendental Experiences during Meditation Practice«, in: *Annals of New York Academy of Science: Advances in Meditation Research: Neuroscience and Clinic of Applications* 1307 (2014), S. 1–8.

Travis, F., Shaw, J., »Focused Attention, Open Monitoring and Automatic Self-Transcending: Categories to Organize Meditations from Vedic, Buddhist and Chinese Traditions«, in: *Consciousness and Cognition* 19 (2010), S. 1110–1119.

Travis, F., et al., »Moral Development, Executive Functioning, Peak Experiences and Brain Patterns in Professional and Amateur Classical Musicians: Interpreted in Light of a Unified Theory of Performance«, in: *Consciousness and Cognition* 20, Nr. 4 (2011), S. 1256–1264.

Underhill, E., *Mysticism: A Study in Nature and Development of Spiritual Consciousness*, New York 1912.

Van Wijk, E. P. A., Van Wijk, R., »The Development of a Bio-Sensor for the State of Consciousness in a Human Intentional Healing Ritual«, in: *Journal of the International Society of Life Information Science* (ISLIS) 20, Nr. 2 (2002), S. 694–702.

Van Wijk, R., Van Wijk, E., »The Search for a Biosensor as a Witness of a Human Laying on of Hands Ritual«, in: *Alternative Therapies in Health and Medicine* 9, Nr. 2 (2003), S. 48–55.

Van Willigen, M., »Differential Benefits of Volunteering Across the Life Course«, in: *Journal of Gerontology Series B: Psychological Science and Social Science* 55, Nr. 5 (2000), S. S308–318.

Williams, D. R., Sternthal, M. J., »Spirituality, Religion and Health: Evidence and Research Directions«, in: *Medical Journal of Australia*, Supplement 10 (2007), S. S47–50.

Wilson, H., »The Healing Stones: Why Was Stonehenge Built?«, BBC History vom 17. Februar 2011, abrufbar unter: http://www.bbc.co.uk/history/ancient/british_prehistory/healing_stones.shtml

Wiltermuth, S. S., Heath, C., »Synchrony and Cooperation«, in: *Psychological Science* 20, Nr. 1 (2009), S. 1–5.

Wootton, D., *The Invention of Science: A New History of the Scientific Revolution*, London 2015.

Yakovleva, E. G., et al., »Identifying Patients with Colon Neoplasias with Gas Discharge Visualization Technique«, in: *Journal of Alternative and Complementary Medicine* 21, Nr. 11 (2015), S. 720–724.

Dies., »Engineering Approach to Identifying Patients with Colon Tumors on the Basis of Electrophotonic Imaging Technique Data«, in: *Open Biomedical Engineering Journal* 2 (2016), S. 72–80.

Anmerkungen

1   Eine genauere Anleitung erhalten Sie in Kapitel 22, »Die Acht versammeln«, auf Seite 313.

2   B. R. Grad, »A Telekinetic Effect on Plant Growth«, in: *International Journal of Parapsychology* 5 (1963), S. 117–133. B. R. Grad, »A Telekinetic Effect on Plant Growth II. Experiments Involving Treating of Saline in Stopped Bottles«, in: *International Journal of Parapsychology* 6 (1964), S. 473–498. S. M. Roney-Dougal, J. Solfvin, »Field Study of Enhancement Effect on Lettuce Seeds: Their Germination Rate, Growth and Health«, in: *Journal of the Society for Psychical Research* 66 (2002), S. 129–143. S. M. Roney-Dougal, J. Solfvin, »Field Study of an Enhancement Effect on Lettuce Seeds – Replication Study«, in: *Journal of Parapsychology* 67, Nr. 2 (2003), S. 279–298.

3   E. P. A. Van Wijk, R. Van Wijk, »The Development of a Bio-Sensor for the State of Consciousness in a Human Intentional Healing Ritual«, in: *Journal of International Society of Life Information Science* 20, Nr. 2 (2002), S. 694–702.

4   G. E. Schwartz et al., »Effects of Distant Group Intention on the Growth of Seedlings«, in: *Emerging Paradigms at the Frontiers of Consciousness and UFO Research*, Tagungsakten des 27. Jahrestreffens der Society of Scientific Exploration vom 25. bis 28. Juni 2008 in Boulder, Colorado.

5   Den Beweis der Nicht-Lokalität schreibt man Alain Aspect zu, dem mit seinem Pariser Team 1982 die entscheidenden Versuche gelangen. Siehe dazu. A. Aspect et al., »Experimental Tests of Bell's Inequalities Using Time-Varying Analyzers«, in: *Physical Review Letters* 49 (1982), S. 1804–1807. Und: A. Aspect, »Bell's Inequality Test: More Ideal Than Ever«, in: *Nature* 398 (1999), S. 189–190.

6   Mehr zum Thema finden Sie in: Lynne McTaggart, *The Bond*, München 2011, Kap. 1.

7   S. D. Kirlian, V. K. Kirlian, »Photography and Visual Observation by Means of High-Frequency Currents«, in: *Journal of Scientific and Applied Photography* 6 (1964), S. 397–403.

8   Seine wichtigsten Werke zu diesem Thema sind: *Human Energy Field: Study with GDV Bioelectrography*, Paramus 2002. Und: *Aura and Consciousness – New Stage of Scientific Understanding*, St. Petersburg 1999.

9   L. W. Konikiewicz, L. C. Griff, Bioelectrography, *A New Method for Detecting Cancer and Body Physiology*, Harrisburg 1982. G. Rein, »Corona Discharge Photography of Human Breast Tumour Biopsies«, in: *Acupuncture & Electro-Therapeutics Research* 10 (1985), S. 305–308. K. Korotkov, »Stress Diagnosis and Monitoring with New Computerized ›Crown-TV‹ Device,« Journal of Pathophysiology 5 (1998): 227; K. Korotkov et al.,

»Assessing Biophysical Energy Transfer Mechanisms in Living Systems: The Basis of Life Processes«, in: *Journal of Alternative and Complementary Medicine* 10, Nr. 1 (2004), S. 49–57. P. Bundzen et al., »New Technology of the Athletes«, Psycho-Physical Readiness Evaluation Based on the Gas-Discharge Visualisation Method in Comparison with Battery of Test«, in: *SIS-99 Proceedings des Internationalen Kongresses*, St. Petersburg 1999, S. 19–22. P. V. Bundzen et al., »Psychophysiological Correlates of Athletic Success in Athletes Training for the Olympics«, in: *Human Physiology* 31, Nr. 3 (2005), S. 316–323. K. Korotkov et al., »Assessing Biophysical Energy Transfer Mechanisms in Living Systems: The Basis of Life Processes«, in: *Journal of Alternative and Complementary Medicine* 10, Nr. 1 (2004), S. 49–57.

10 Zum Beispiel von: C. A. Francomano, W. B. Jonas, R. A. Chez, *Measuring the Human Energy Field: State of the Science*, in: *Proceedings des Kongresses vom Gerontology Research Center, National Institute of Aging, National Institutes of Health*, 17.–18. April 2002 in Baltimore.

11 S. Kolmakow et al., »Gas Discharge Visualization Technique and Spectrophotometry in Detection of Field Efffects«, in: *Mechanisms of Adaptive Behavior*, Abstracts des Internationalen Symposiums in St. Petersburg (1999), S. 79. Sowie mehrere Interviews mit K. Korotkov im März 2006.

12 K. Korotkov, *Aura and Consciousness*, St. Petersburg 1999.

13 E. Del Giudice, G. Preparata, and G. Vitiello, »Water as a Free Electric Dipole Laser«, in: *Physical Review Letters* 61, Nr. 9 (1988), S. 1085–1088.

14 L. P. Semikhina, V. F. Kiselev, »Effect of Weak Magnetic Fields on the Properties of Water and Ice«, in: *Soviet Physics Journal* 31, Nr. 5, (1988), S. 351–354, übersetzt von Zavedenii, in: *Fizika* Nr. 5 (1988), S. 13–17. S. Sasaki et al., »Changes of Water Conductivity Induced by Non-Inductive Coil«, in: *Society for Mind-Body Science* 1 (1992), S. 23.

15 C. Cardella et al., »Permanent Changes in the Physico-Chemical Properties of Water Following Exposure to Resonant Circuits«, in: *Journal of Scientific Exploration* 15, Nr. 4 (2001), S. 501–518. L. Montagnier et al., »DNA Waves and Water«, in: *Journal of Physics: Conference Series* 306, Nr. 1 (2011), S. 012007. L. Montagnier et al., »Electromagnetic Signals Are Produced by Aqueous Nanostructures Derived from Bacterial DNA Sequences«, in: *Interdisciplinary Sciences: Computational Life Sciences* 1 (2009), S. 81–90. Siehe auch: I. Bono et al., »Emergence of the Coherent Structure of Liquid Water«, in: *Water* 4 (2012), S. 510–532.

16 K. Korotkov, »Aura and Consciousness«, in: *Journal of Alternative and Complementary Medicine* 9, Nr. 1 (2003), S. 25–37. K. Korotkov et al., »The Research of the Time Dynamics of the Gas Discharge Around Drops of Liquid«, in: *Journal of Applied Physics* 95, Nr. 7 (2004), S. 3334–3338.

17 M. Emoto, *The Hidden Messages in Water*, New York 2005; dt. *Die Botschaft des Wassers*, Burgrain 2010.

18 D. I. Radin et al., »Effect of Distant Intention on Water Crystal Forma-

tion«, in: *Explore* 2, Nr. 5 (September/Oktober 2006), S. 408–411. D. I. Radin et al., »Water Crystal Replication Study«, in: *Journal of Scientific Exploration* 22, Nr. 4 (2008), S. 481–493.

19   Der volle Titel von Newtons Hauptwerk lautet *Philosophiae Naturalis Principia Mathematica*, also »Die mathematischen Grundlagen der Naturwissenschaft«. Allein dies zeigt schon, wie er sein Werk tatsächlich verstand.

20   W. Stukeley, *Stonehenge, a Temple Restored to the British Druids*, London 1740, S. 12, zitiert nach: http://www.voicesfromthedawn.com/stonehenge/

21   H. Wilson, »The Healing Stones: Why Was Stonehenge Built?«, BBC History Webseite, Veröffentlichung vom 17. Februar 2011. Siehe auch: http://www.bbc.co.uk/history/ancient/british_prehistory/healing_stones.shtml. Sowie das Interview der Autorin mit Timothy Carvill vom 26. Januar 2016.

22   M. P. Hall, *The Secret Teachings of All Ages: An Encyclopedia Outline of Masonic, Hermetic, Qabbalistic and Rosicrucian Symbolical Philosophy*, New York 2003, S. 584–591.

23   Interview mit Jan-Klaas Bakker vom 7. Oktober 2016.

24   Im Besonderen sind es diese folgende Abschnitte: Apostelgeschichte 13, 1–23; Esra 8, 22–23, und Jona 3, 6–10. Siehe auch: Jonathan Oloyede, *Seven Benefits of Praying Together*, zitiert nach: http://www.methodist.org.uk/media/646259/dd-explore-devotion-sevenbenefitsofprayingtogether-0912.pdf. Material zur Hl. Teresa von Ávila finden Sie in: Mario Beauregard, Denyse O'Leary, *The Spiritual Brain: A Neuroscientist's Case for the Existence of the Soul*, London 2007, S. 284.

25   C. Spurgeon, »The Church on Its Knees: Unleashing the Power of United Prayer«, zitiert nach: http://www.keepbelieving.com/sermon/the-church-on-itsknees-unleashing-the-power-of-united-prayer.

26   Alle Bibelzitate in dieser Ausgabe beziehen sich auf die Einheitsübersetzung der Bibel, Stuttgart 1980.

27   C. Spurgeon, »The Church on Its Knees«. Alle griechischen Übersetzungen von *homothumadon* habe ich entnommen: http://biblehub.com/greek/3661.htm.

28   Viele der Ideen zum *homothumadon* und anderen Dingen in diesem Kapitel verdanke ich folgender Quelle: http://www.studylight.org/commentaries. Siehe auch: A. Barnes, »Commentary on Acts 1:14,« in: *Notes on the New Testament*, Grand Rapids 2001. Siehe auch: http://www.studylight.org/commentaries/acc/acts-1.html.1870

29   R. Jamieson, A. R. Fausset, D. Brown, »Commentary on Acts 1:14«, in: *Commentary Critical and Explanatory on the Whole Bible*, Bd. 3, Veröffentlichung der CreateSpace Independent Publishing Platform vom 16. Februar 2017. Siehe auch: http://www.studylight.org/commentaries/fju/acts-1.html. 1871–78.

30   M. Poole, »Commentary on Acts 1:14«, in: M. Poole, *Annotations upon The Holy Bible: Wherein The Sacred Text Is Inserted, and Various Readings Annexed, Together With the Parallel Scriptures*, Gale Eighteenth Century

Collections 2015, abrufbar unter: http://www.studylight.org/commenta-ries/mpc/acts-1.html. 1685.

31 F. W. Farrar, »Commentary on Acts 1:14«, in: *Cambridge Greek Testament for Schools and Colleges*, abrufbar unter: http://www.studylight.org/com-mentaries/cgt/acts-1.html.

32 P. Pett, »Commentary on Acts 1:4«, in: *Peter Pett's Commentary on the Bible*, abrufbar unter: http://www.studylight.org/commentaries/pet/acts-1.html.

33 L. J. Ogilvie, *Drumbeat of Love*, Waco 1976, S. 19–20.

34 L. J. Ogilvie, *Drumbeat of Love*, a. a. O., S. 20.

35 M. Black, *An Aramaic Approach to the Gospels and Acts,* Peabody 1967, S. 10.

36 A. Clark, »Commentary on Acts 2:4«, in: *The Adam Clarke Commentary*, in: http://www.studylight.org/commentaries/acc/acts-2.html

37 Siehe: http://www.studylight.org/commentaries/acc/acts-2.html

38 Zur Definition des Begriffes »ekklésia« siehe : http://biblehub.com/greek/1577.htm

39 M. C. Dillbeck et al., »The Transcendental Meditation Program and Crime Rate Change in a Sample of 48 Cities«, in: *Journal of Crime and Justice* 4 (1981), S. 25–45.

40 J. Hagelin et al., »Effects of Group Practice of the Transcendental Medita-tion Program on Preventing Violent Crime in Washington, DC: Results of the National Demonstration Project, June–July 1993«, in: *Social Indicators Research* 47, Nr. 2 (1999), S. 153–201.

41 W. Orme-Johnson et al., »International Peace Project in the Middle East: The Effects of the Maharishi Technology of the Unified Field«, in: *Journal of Conflict Resolution* 32 (1988), S. 776–812.

42 »Sri Lanka's Return to War: Limiting the Damage«, in: *Asia Report*, Nr. 146 vom 20. Februar 2008, abrufbar unter: http://www.refworld.org/pdfid/47bc2e5c2.pdf.

43 P. Tighe, »Sri Lanka Battles Tamil Rebels in Land, Air and Sea Attacks«, in: Bloomberg.com vom 18. September 2008, abrufbar unter: http://ourlanka.com/srilankanews/sri-lanka-battles-tamil-rebels-in-land-air-and-sea-at-tacks-bloomberg.com.htm.

44 S. Kumara, »Fighting intensifies as Sri Lankan army advances on LTTE stronghold«, Meldung auf der Word Socialist's Website vom 29. September 2008, abgerufen unter: http://www.wsws.org/en/articles/2008/09/sril-s29.html

45 Siehe: T. Butler-Bowdon, *50 Spiritual Classics: Timeless Wisdom from 50 Great Books of Inner Discovery, Enlightenment and Purpose*, London 2005, S. 255. Und: M. Beauregard, D. O'Leary, *The Spiritual Brain: A Neuroscientist's Case for the Existence of the Soul*, London 2007, S. 191.

46 *The Course in Miracles*, London 1985, S. 280.

47 A. Maslow, *Jeder Mensch ist ein Mystiker*, Wuppertal 2014, S. 36.

48 Siehe dazu: L. McTaggart, *Das Nullpunktfeld*, München 2007, S. 22.

49 W. James, *Die Vielfalt religiöser Erfahrung*, Olten 1979.

50 Dr. R. M. Bucke, zitiert nach: W. James, *Die Vielfalt religiöser Erfahrung*, Olten 1979, S. 372f.

51 W. James, *Die Vielfalt religiöser Erfahrung*, Olten 1979, S. 75f.

52 A. Greeley, *The Sociology of the Paranormal*, Beverly Hills 1975, hier zitiert nach: J. Levin, L. Steele, »The Transcencence Experience: Conceptual, Theoretical, and Epidemiologic Perspectives«, in: *Explore 1*, Nr. 2 (2005), S. 89–101.

53 A. Newberg, M. R. Waldman, *How Enlightenment Changes Your Brain: The New Science of Transformation*, London 2016, S. 43.

54 A. Newberg, *Der gedachte Gott*, München 2003.

55 Newberg, Waldman, *How Enlightenment Changes Your Brain.*, a. a. O., S. 53.

56 Newberg, Waldman, *How Enlightenment Changes Your Brain.*, a. a. O., S. 52.

57 Newberg, *Der gedachte Gott*, München 2003, S. 163f.

58 Newberg, Waldman, *How Enlightenment Changes Your Brain.*, a. a. O., S. 94.

59 Newberg, *Der gedachte Gott*, München 2003, S. 169.

60 Ebda., S. 175.

61 Newberg, *Der gedachte Gott*, ebda.

62 K. Livingston, »Religious Practice, Brain, and Belief«, in: *Journal of Cognition and Culture* 5 (2005), S. 1–2.

63 A. Newberg, M. R. Waldman, *Why We Believe What We Believe: Uncovering Our Biological Need for Meaning, Spirituality, and Truth*, New York 2006, S. 195.

64 E. Underhill, *Mysticism*, New York 1912 (dt. *Mystik*, München 1928).

65 Newberg, Waldman, *How Enlightenment Changes Your Brain.*, a. a. O., S. 92.

66 Newberg, Waldman, *How Enlightenment Changes Your Brain.*, a. a. O., S. 91.

67 Zitiert nach: J. Levin, L. Steele, »The Transcendence Experience: Conceptual, Theoretical, and Epidemiologic Perspectives«, in: *Explore 1*, Nr. 2 (2005), S. 89–101

68 A. Greeley, *Ecstasy: A Way of Knowing*, Englewood Cliffs 1974.

69 A. Newberg, *Der gedachte Gott*, München 2003, S. 179. Und: Newberg, Waldman, *How Enlightenment Changes Your Brain.*, a. a. O., S. 64–65.

70 E. C. Kast, »Attenuation of Anticipation: A Therapeutic Use of Lysergic Acid Diethylamide (LSD)«, in: *Psychiatry Quarterly* 41 (1967), S. 646–657.

71 Zitiert nach: J. Levin, L. Steele, »The Transcencence Experience: Conceptual, Theoretical, and Epidemiologic Perspectives«, in: *Explore 1*, Nr. 2 (2005), S. 89–101.

72 Zitiert nach: J. Levin, L. Steele, »The Transcencence Experience: Conceptual, Theoretical, and Epidemiologic Perspectives«, in: *Explore 1*, Nr. 2 (2005), S. 89–101.

73 B. Ehrenreich, *Dancing in the Streets: A History of Collective Joy*, London 2007.

74 G. Harris, »Healing in Feminist Wicca,« in: L. L. Barnes and S. S. Sered (Hrsg.), *Religion and Healing in America*, New York 2005, S. 258–260.

75 D. C. Glik, »Symbolic, Ritual and Social Dynamics of Spiritual Healing«, in: *Social Science & Medicine* 27 Nr. 11 (1988), S. 1197–1206.

76 T. J. Kaptchuk, »Placebo Studies and Ritual Theory: A Comparative Analysis of Navajo, Acupuncture and Biomedical Healing«, in: *Philosophical Transactions of the Royal Society* B 366 (2011), S. 1849–1858.

77 Ebda.

78 R. Davis-Floyd, »Research Paper on Rituals,« unveröffentlicht, zitiert nach: Eugene G. d'Aquili et al., *The Spectrum of Ritual: A Biogenetic Structural Analysis*, New York 1979.

79 T. J. Kaptchuk, »Placebo Studies and Ritual Theory: A Comparative Analysis of Navajo, Acupuncture and Biomedical Healing«, in: *Philosophical Transactions of the Royal Society* B 366 (2011), S. 1849–1858.

80 É. Durkheim, *Die elementaren Formen des religiösen Lebens*, Frankfurt a. M. 1981, S. 297.

81 J. Haidt et al., »Hive Psychology, Happiness, and Public Policy«, in: *Journal of Legal Studies* 37, Nr. S2 (Juni 2008), S. S133–S156.

82 S. Tewari et al., »Participation in Mass Gatherings Can Benefit Well-Being: Longitudinal and Control Data from a North Indian Hindu Pilgrimage Event«, in: *PLoS One* 7, Nr. 10 (2012), abrufbar unter: doi:10.1371/journal.pone.0047291.

83 R. Fischer et al., »The Fire-Walker's High. Affect and Physiological Responses in an Extreme Collective Ritual«, in: *PLoS One* vom 20. Februar 2014, abrufbar unter: https://doi.org/10.1371/journal.pone.0088355

84 B. Bittman et al., »Composite Effects of Group Drumming Music Therapy on Modulation of Neuroendocrine-Immune Parameters in Normal Subjects«, in: *Alternative Therapies in Health and Medicine* 7, Nr. 1 (2001), S. 38–47.

85 Veröffentlichung von S. Krippner in: M. Schlitz et al., *Consciousness & Healing: Integral Approaches to Mind-Body Medicine*, Atlanta 2005, S. 179.

86 F. Travis, »Transcendental Experiences during Meditation Practice«, in: *Annals of New York Academy of Science: Advances in Meditation Research: Neuroscience and Clinical Applications* 1307 (2014), S. 1–8. Sowie: F. Travis, J. Shaw, »Focused Attention, Open Monitoring and Automatic Self-Transcending: Categories to Organize Meditations from Vedic, Buddhist and Chinese Traditions«, in: *Consciousness and Cognition* 19 (2010), S. 1110–1119.

87 P. Reddish et al., »Let's Dance Together: Synchrony, Shared Intentionality and Cooperation«, in: *PLoS One* 8, Nr. 8 (2013), abrufbar unter: doi:10.1371/journal.pone.0071182. Siehe auch: S. Wiltermuth, C. Heath, »Synchrony and Cooperation«, in: *Psychological Science* 20, Nr. 1 (2009), S. 1–5, doi:10.1111/j.1467-9280.2008.02253.x.

88 M. P. Aranda, »Relationship Between Religious Involvement and Psychological Well-Being: A Social Justice Perspective«, in: *Health and Social Work* 33, Nr. 1 (2008), S. 9–21. M. P. Aranda et al., »The Protective Effect of Neighborhood Composition on Increasing Frailty Among Older Mexican

Americans: A Barrio Advantage?«, in: *Journal of Aging and Health* 23, Nr. 7 (2011), S. 1189–1217.

89 J. Levin, »How Faith Heals: A Theoretical Model«, in: *Explore* 5, Nr. 2 (2009), S. 77–96.

90 J. Levin, Interview mit der Autorin vom 2. September 2015. Siehe auch: Beauregard, O'Leary, *The Spiritual Brain*, London 2007, S. 291

91 A. Maslow, *Jeder Mensch ist ein Mystiker*, Köln/Kasse 2014, S. 122.

92 E. Underhill, *Mysticism*, London 1911.

93 S. Aurobindo, Kamaladevi R. Kunkolienker, »From ›Mind‹ to ›Supermind‹: A Statement of Aurobindonian Approach«, Vortrag auf dem Twentieth World Congress of Philosophy« vom 10. bis 15. August 1998 in Boston, abrufbar unter: https://www.bu.edu/wcp/Papers/Mind/MindKunk.htm.

94 D. Meintel, G. Mossière, »Reflections on Healing Rituals, Practices and Discourse in Contemporary Religious Groups«, in: *Ethnologies* 33, Nr. 1 (2011), S. 19–32.

95 J. W. Pennebaker, »Writing about Emotional Experiences as a Therapeutic Process«, in: *Psychological Science* 8 (1997), S. 162–166. J. W. Pennebaker, M. E. Francis, »Cognitive, Emotional, and Language Processes in Disclosure«, in: *Cognition and Emotion* 10, Nr. 6 (1996), S. 601–626, zitiert nach: J. Levin, »How Faith Heals: A Theoretical Model«, in: *Explore* 5, Nr. 2 (2009), S. 77–96.

96 H. Dienstfrey, »Disclosure and Health: An Interview with James W. Pennebaker«, in: *Advances in Mind-Body Medicine* 15, Nr. 3 (1999), S. 161–163.

97 C. B. Nash, »Test of Psychokinetic Control of Bacterial Mutation«, in: *Journal of the American Society for Psychical Research* 78 (1984), S. 145–152.

98 E. Stanley, »Liquid Water: A Very Complex Substance«, in: *Pramana Journal of Physics* 53, Nr. 1 (1999), S. 53–83.

99 Das anarchische Verhalten von Wasser finden Sie (in englischer Sprache) sehr schön beschrieben auf der Webseite der Londoner South Bank University: www.lsbu.ac.uk/water.

100 R. Roy et al. »The Structure of Liquid Water: Novel Insights from Materials Research: Potential Relevance to Homeopathy«, in: *Materials Research Innovations* 9, Nr. 4 (2005), S. 1433–075X.

101 Korrespondenz mit R. Roy vom Frühling 2009.

102 B. Grad, »Dimensions in ›Some Biological Effects of the Laying on of Hands‹ and Their Implications«, in: H. A. Otto, J. W. Knight (Hrsg.), *Dimension in Wholistic Healing: New Frontiers in the Treatment of the Whole Person* (Chicago 1979), S. 199–212.

103 L. N. Pyatnitsky, V. A. Fonkin, »Human Consciousness Influence on Water Structure«, in: *Journal of Scientific Exploration* 9, Nr. 1 (1995), S. 89.

104 L. Zuyin, *Scientific Qigong Exploration*, Malvern 1997, zitiert nach: R. Roy et al., »The Structure of Liquid Water: Novel Insights«, in: *Materials Research Innovations* 9, Nr. 4 (2005), S. 1433 – 075X.

105 B. Grad, »The ›Laying on of Hands‹: Implications for Psychotherapy, Gentling and the Placebo Effect,« in: *Journal of the Society for Psychical Research* 61, Nr. 4 (1967), S. 286–305.

106 Unser Wert lag bei p < 0,07, der Wert der statistischen Signifikanz liegt bei einem Minimum von p < 0,05.

107 W. Tiller et al., *Conscious Acts of Creation: The Emergence of a New Physics*, Walnut Creek 2001, S. 175 und 216.

108 L. Wheeler, *Engaging Resilience: Heal the Physical Impact of Emotional Trauma*, Charleston 2017.

109 Nelson's Global Consciousness Project hat eine umfassende Analyse unserer Resultate veröffentlicht: http://teilhard.global-mind.org/intention. 110911-18.html

110 Mahatma Gandhi, zitiert nach http://www.mkgandhi.org/my_religion/01 definition_of_religion.htm

111 R. Braunstein et al., »The Role of Bridging Cultural Practices in Racially and Socioeconomically Diverse Civic Organizations«, in: *American Sociological Review* 79, Nr. 4 (August 2014), S. 705–725.

112 L. McTaggart, *The Bond*, München 2011, Kap. 4. Und: V. Gallese et al., »Action Recognition in the Premotor Cortex«, in: *Brain* 119, Nr. 2 (1996), S. 593–609.

113 M. Ricard et al., »Mind of the Meditator«, in: *Scientific American* vom November 2014, S. 39–45.

114 L. McTaggart, *Intention*, Kirchzarten 2008, Kap. 5.

115 A. Lutz et al., »Long-Term Meditators Self-Induce High-Amplitude Gamma Synchrony during Mental Practice«, in: *Proceedings of the National Academy of Science* 101, Nr. 46 (2004), S. 16369–16373.

116 S. Leiberg et al., »Short-Term Compassion Training Increases Prosocial Behavior in a Newly Developed Prosocial Game«, in: *PLoS One* 6, Nr. 3 (2011), abrufbar unter: doi:10.1371/journal.pone.0017798.

117 Interview mit M. Beauregard vom 14. Oktober 2015.

118 R. B. Cialdini et al., »Reinterpreting the Empathy-Altruism Relationship: When One into One Equals Oneness«, in: *Journal of Personality and Social Psychology* 73, Nr. 93 (1997), S. 481–494.

119 Der Name »George« ist ein Pseudonym. Seine Geschichte wurde dokumentiert von Candy Gunther Brown, Associate Professor für Religious Studies an der Indiana University. Sie hat sie auch in ihrem Buch *Testing Prayer: Science and Healing* (Cambridge 2012) veröffentlicht.

120 R. Clark, *Changed in a Moment*, Mechanicsburg 2010.

121 S. O'Laoire, »An Experimental Study of the Effects of Distant, Intercessory Prayer on Self-Esteem, Anxiety and Depression«, in: *Alternative Therapies on Health and Medicine* 3, Nr. 6 (1997), S. 19–53.

122 K. Pillemer, »Environmental Volunteering and Health Outcomes over a 20-Year Period«, in: *Gerontologist* 50 (2010), S. 594–602.

123 M. J. Poulin, E. A. Holman, »Helping Hands, Healthy Body? Oxytocin Re-

ceptor Gene and Prosocial Behavior Interact to Buffer the Association between Stress and Physical Health«, in: *Hormones and Behavior* 63, Nr. 3
(2013), S. 510–17. M. J. Poulin,»Volunteering Predicts Health among
Those Who Value Others: Two National Studies«, in: *Health Psychology* 33,
Nr. 2 (2014), S. 120–129. M. Poulin et al.,»Giving to Others and the Association between Stress and Mortality«, in: *American Journal of Public
Health* 103, Nr. 9 (2013), S. 1649–1655.

124 N. Mor, J. Winquist,»Self-Focused Attention and Negative Affect: A Meta-
Analysis«, in: *Psychological Bulletin* 128, Nr. 4 (2002), S. 638–662.

125 W. M. Brown et al.,»Altruism Relates to Health in an Ethnically Diverse
Sample of Older Adults«, in: *Journal of Gerontology Series B: Psychological
Sciences and Social Sciences* 60, Nr. 3 (Mai 2005), S. P143–52.

126 H. G. Koenig,»Religious Coping and Health Status in Medically Ill Hospitalized Older Adults«, in: *Journal of Nervous and Mental Disease* 186
(1998), S. 513–521.

127 D. Oman et al.,»Volunteerism and Mortality among the Community-Dwelling Elderly«, in: *Journal of Health Psychology* 4, Nr. 3 (1999), S. 301–316.

128 Siehe: The Saguaro Seminar,»Social Capital Community Benchmark Survey«, durchgeführt von der Kennedy School of Government an der Universität Harvard, August 2000, abrufbar unter: https://www.hks.harvard.
edu/saguaro/communitysurvey/docs/survey_instrument.pdf

129 A. Luks,»Helper's High: Volunteering Makes People Feel Good, Physically
and Emotionally«, in: *Psychology Today* vom Oktober 1988.

130 D. Keltner, *Born to Be Good: The Science of a Meaningful Life*, New York
2009.

131 D. Keltner, *Born to Be Good*, a. a. O., S. 232–235.

132 C. Hutcherson et al.,»Loving-Kindness Meditation Increases Social Connectedness«, in: *Emotions* (Oktober 2008), S. 720–728.

133 Siehe: D. Hamilton, *Why Kindness Is Good for You*, London 2010.

134 M. Clodi et al.,»Oxytocin Alleviates the Neuroendocrine and Cytokine Re-
sponse to Bacterial Endotoxin in Healthy Men«, in: *American Journal of
Physiology, Endocrinology and Metabolism* 295, Nr. 3 (2008), S. E686–91.
Siehe auch: D. Hamilton, *Why Kindness Is Good for You*, a. a. O., S. 90.

135 Siehe: D. Hamilton, *Why Kindness Is Good for You*, a. a. O., S. 108.

136 F. Gauthier,»Les HeeBeeGeeBee Healers au Festival Burning Man. Trois
Récits de Guérison«, in: *Ethnologies* 33, Nr. 1 (2011), S. 191–217.

137 B. L. Fredrickson et al.,»A Functional Genomic Perspective on Human
Well-Being«, in: *Proceedings of the National Academy of Science* 110, Nr. 33
(2013), S. 13684–13689.

138 P. Arnstein et al.,»From Chronic Pain Patient to Peer: Benefits and Risks of
Volunteering«, in: *Pain Management in Nursing* 3, Nr. 3 (2002), S. 94–103.

139 H. G. Koenig et al.,»The Relationship between Religious Activities and
Blood Pressure in Older Adults«, in: *International Journal of Psychiatry in
Medicine* 28 (1998), S. 189–213.

140 H. G. Koenig et al., »Attendance at Religious Services, Interleukin-6, and Other Biological Parameters of Immune Function in Older Adults«, in: *International Journal of Psychiatry in Medicine* 27 (1997), S. 233–250.

141 H. G. Koenig, D. B. Larson, »Use of Hospital Services, Religious Attendance, and Religious Affiliation«, in: *Southern Medical Journal* 91 (1998), S. 925–932.

142 D. Oman, D. Reed, »Religion and Mortality among the Community-Dwelling Elderly«, in: *American Journal of Public Health* 88 (1998), S. 1469–1475.

143 R. Hummer et al., »Religious Involvement and U.S. Adult Mortality«, in: *Demography* 36 (1999), S. 273–285.

144 J. D. Kark et al., »Does Religious Observance Promote Health? Mortality in Secular vs Religious Kibbutzim in Israel«, in: *American Journal of Public Health* 86 (1996), S. 341–346.

145 H. G. Koenig et al., »Attendance at Religious Services«, in: *International Journal of Psychiatry in Medicine* 27 (1997), S. 233–250.

146 C. G. Brown et al., »Study of the Therapeutical Effects of Proximal Intercessory Prayer (STEPP) on Auditory and Visual Impairments in Rural Mozambique«, in: *Southern Medical Journal* 103 (2010), S. 864–869.

147 B. Hubbard, *The Untrue Story of You*, London 2014.

148 A. Newberg, M. R. Waldman, *How Enlightenment Changes Your Brain: The New Science of Transformation*, London 2016, S. 91.

149 Ebda.,

150 U. Lindenberger et al., »Brains Swinging in Concert: Cortical Phase Synchronization While Playing Guitar«, in: *BMC Neuroscience* 10, Nr. 22 (2009), abrufbar unter: doi:10.1186/1471-2202-10-22.

151 V. Müller et al., »Intra- and Inter-Brain Synchronization during Musical Improvisation on the Guitar«, in: *PLoS One* 8, Nr. 9 (2013), S. e73852.

152 E. Filho et al., »The Juggling Paradigm: A Novel Social Neuroscience Approach to Identify Neuropsychophysiological Markers of Team Mental Models«, in: *Frontiers in Psychology* 8 (2015), S. 799.

153 K. Korotkov, »Electrophotonic Analysis of Complex Parameters of the Environment and Psycho-Emotional State of a Person«, in: *WISE Journal* 4, Nr. 3 (2015), S. 49–56.

154 L. Denizeau, »Soirées miracles et guérisons«, in: *Ethnologies* 33, Nr. 1 (2011), S. 75–93.